全国教育科学"十三五"规划 2018 年度教育部重点课题

"以跨界学习提升教师专业素养的行动研究"

（批准号 DHA180417）之研究成果

跨界学习

面向未来的教师专业发展新路向

张 怡 著

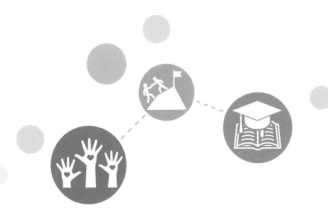

上海教育出版社

SHANGHAI EDUCATIONAL
PUBLISHING HOUSE

序　言

走向跨界学习的教师专业发展新实践

随着"双新"政策的推行,特别是义务教育新课程方案中"各学科用不少于10％课时设计跨学科学习"的政策规定的推出,预示着我国义务教育阶段的课程改革将全面进入以核心素养为聚焦点的深化阶段,其中,跨学科主题学习(课程、教学)是深化课程改革的生长点和主要抓手。跨学科主题学习政策的推出以及最近对科学教育的加强,都预示着未来我国义务教育阶段的课程建设进入一个新的阶段。纵观21世纪以来的我国课程改革,可以说,我们正在经历一个过程,这个过程可以大致描述为:从教学话语到课程话语,从课程思维到课程体系,从学校治理到课程治理,从"双基""三维"到核心素养的整体概念转型。在这样一个课程改革大变动时期,预示着未来课程育人方式将更加走向综合、融通、实践、创新、整合、关联、贯通、融合等特点突出,张力充分,纵横贯通,五育融合,聚焦主动性的育人体系建设。课改的要求,对教师专业发展提出了挑战,如果说国家课程方案是一张蓝图的话,教师专业能力建设则是方案落地的关键,否则,再好的方案也是一纸空文,无法落地实施。其中,在教师专业能力发展中,跨界学习能力则成为教师专业发展的关键,也是促使课程有效落地的重要基础,即教师的跨界学习能力。

上海市卢湾中学致力于跨界学习的研究,在学生学习中推行"无边界课程",在教师学习中致力于教师跨界素养和跨界学习能力的培训实践。其中,全国教育科学规划课题"以跨界学习提升教师专业素养的行动研究"的成果专著《跨界学习:面向未来的教师专业发展新路向》即将出版。由于我持续跟踪了卢湾中学"无边界课程""跨界学习"等相关课题研究,张怡校长让我写个序,我欣然答应,谈谈自己的学习体会。

《跨界学习:面向未来的教师专业发展新路向》一书是在新角度、新内涵、新背景下,以正向建构和逆向建构为不同取向,从宏观到中观到微观,提出了具有实践意义的教师专业发展新路向。通读全书后,这里就跨界学习与新路向的关系谈点自己的认识。

如果说把跨界学习作为教师专业发展新路向来理解的话,那么,整本书提供给我们的新路向究竟是一种什么样的新路向呢?

首先是一种聚焦教师跨界学习能力提升的校本内生路向。纵观全书,介绍并详细描述了学校教师专业发展之跨界学习能力的自下而上,特别是与学生的跨界学习能力或者说跨学科学习能力提升的一个互动共生、同步推进的内生式的路向。

其次,是一个基于核心概念的体系建设路向。教师跨界学习素养的提升,不是一件简单事情,作为一种教师学习方式变革以及教师专业发展模式变革的教师跨界学习素养提升实践,学校从跨界学习的内涵到教师跨界学习的定义,到聚焦五大能力建设以及内涵、要素、路径、机制、环节、操作等系统化的构建,其目标是提升教师可持续发展的专业品质,说其是教师可持续发展的专业品质提升工程,也不为过。

第三,是一个课题引领教师专业发展的新路向。借助于课题研究的形式,从"有界"到"无界"之间,从边界、业界、学界到世界、生活世界等,以承认无知、喜欢未知、反思有知、走向创知的方式,边建边构。这样一个借助于课题研究的形式,点上实验,面上推进的策略方式符合学校实际,成果有效转化,逐步覆盖全校的课题决策机制本身值得借鉴和学习。

第四,是校本化教师跨界学习内涵拓展的新路向。跨界学习是一种跨学科学习。跨界学习是一种深度学习。跨界学习是一种素养提升的学习。跨界学习是一种问题解决式的学习。书中对于概念进行了提炼和内涵挖掘,例如从学习方式来看,跨界学习是探究式学习;从学习效果来看,跨界学习追求的是问题解决;从学习资源平台来看,跨界学习本质上是学习资源的整合和多学科知识融合;从跨界的内涵来说,跨界主要是跨学科边界、组织边界和时空边界;从学习情境来说,跨界学习实际上是一种主题式的多样性的情境学习。与跨界学习相匹配,书中提出了跨界学习素养的创新框架,包括平台、破界、情境和问题解决,按照校本化的概念就是:"无边界思维坊"的平台;破界即破学科、组织、时空边界;多样化学习情境;问题解决和探究式学习是其特征。在此实践概念框架中,借助于教师跨界素养的概念转化为"五大"能力建设。

第五,是教师专业学习组织方式变革的新路向。跨界学习客观上要求改变中小学的传统教师研修模式,即以学科为中心的教研组研修模式。这种模式是一种纵向的、自上而下的教研模式。随着跨学科性的跨界学习的实践,书中提出了一种针对传统教研模式的自上而下式的行政组织方式,进行了"去中心化"而代之以"多中心化"的网络式的学习共同体的教研机制建设,这种以走进异域和多域融合,进而实现学校的全域视界下的教师学习新视野,提出了一个未来学校的教师治理新概念。在这个意义上,全域素养也许就是一种跨越学科文化冲突的跨主体性教师发展素养新境界。

复旦大学高等教育研究所

徐冬青

2023 年 7 月

目录

第一章

面向未来的教育者

21 世纪之后,教师专业发展观逐渐转向教师主体和"生态取向",突破了以往只注重其知识体系、教学技能及课堂管理技巧等的狭隘视角,更关注从整体和全局的视角来看待教师专业发展途径。教育是面向未来培育人的事业,需要我们有前瞻性思考与创造性行动。今天,教师的使命已不只是将预设好的知识体系和价值观念简单传递给学生,更要思考自身如何为未来社会培养人的角色定位,担当起为党育人、为国育才的新时代使命,同时还必须思考自身如何适应未来教育的挑战,如何为自身走向未来做好准备。

造就一批面向未来的教育者,一直是卢湾中学教师队伍建设的理想与追求。那么,面向未来的卢湾教育者应该是什么样的? 他们应具备什么样的专业能力和素养? 这是本章力求回答的问题。学校的创新性与学生的创造力是面向未来教育的核心要求,为此卢湾中学在造就面向未来的教育者的路上一直以创新型教育的思考、探索和实践作为教师发展路径,努力让当下的卢湾教师能面向未知的未来。学校教师专业发展以培育教师面向未来的"全域素养"为目标,坚持以"学习共同体""共享文化""学科创新"等为关键词,以"跨界学习"作为教师深度学习的新路向,实现教师在专业发展上的"二次突破",以"全人"育"完整人"。

面向未来的教师"全域素养"具体包含"与时俱进的知识力、突围创新的思考力、深度学习的领导力、数字运用的胜任力、自我导向的学习力"五大核心能力,涉及教师作为教育者的基本认知、核心素养、自我态度三个层面。其中,基本认知层面是指与时俱进的基本知识和认识,是一种国际视野与本土观照的结合,包含教师面对未来新时代、新技术及其教育应用的综合认知。核心素养层面主要包含突围创新的思考力、数字运用的胜任力和深度学习的领导力,三者区分了面向未来的教师核心素养的不同领域,涉及不同学科教师在不同专业发展阶段下的不同内容,体现了面向未来的教育者运用新技术改进教学、善用创新思维开展学科整合、以跨学科和项目学习引领学生深度学习,实现自身专业发展的能力矩阵。自我态度层面是指自我导向的学习意识和情感态度,反映教师对未来教育新理念、新方法、新技术及其实践的根本看法和价值认同,具备主动学习和应用技术的意识。

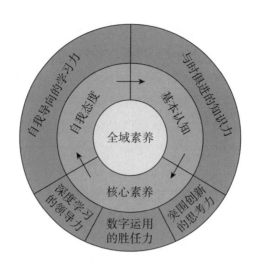

图 1-1 面向未来教育者的全域素养圈层图

面向未来的教师"全域素养"其五大核心能力从提升教师的基本认识出发,到发展教师的三大核心素养,再到促进教师形成正确的自我态度,力图以跨界学习和教学创造为路径,循序渐进改变教师知识结构单一、认知思维线性、教学方法固化、自我发展被动、学科创造缺乏等制约自身适应未来教育挑战的现状问题,进一步优化教师的课程思维和课程理解,让教师胜任新课标提出的"学科+"课程实践,成为课程的"设计者"和学程的"设计者",进而激活教师的学习意识和内驱力,并形成提升"全域素养"的"回环式"动态循环和"恒常式"发展态势。

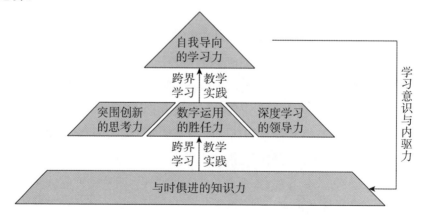

图 1-2 "五大核心能力"结构关系图

一、与时俱进的知识力

（一）什么是与时俱进的知识力

何为教师知识？通常探讨最多的是以学科教学法知识为核心的"内容知识"和着眼于默会所得的"实践性知识"。但有学者指出，这两类知识由于时代拘囿与自身单一化所限，其普适性受到质疑。① 而近 20 年来，由经济合作与发展组织（Organization for Economic Cooperation and Development，简称 OECD）发起的关于教师、学生的国际调查与测评在国际上影响深远，其中不乏对教师知识的洞悉。本部分试图以此为视角，通过分析 OECD 对教师知识研究的动向，为我国教师专业化发展、教师知识研究提供思路。

1. PISA 项目：关注教师的一般教学法知识

由 OECD 组织的国际学生评估项目（Program for International Student Assessment，以下简称 PISA），自 2000 年首测至 2023 年已历经 8 次调查。PISA 以学生评估为主，也涉及一部分的教师调查。虽然教师调查只是很小一部分，却颇有意义：通过评估学生四种科目知识的实际应用水平，揭示出教师在课堂教学中存在的各种问题，帮助其加以修正和改进；通过关注与探究教师知识对学生学习进展的具体影响，分析与提炼出哪种教学行为对学生最为有效。② 虽然 PISA 教师问卷不是专门针对教师知识而设计的，但在其具体的问卷中对相关问题的描述明确彰显了教师专业知识维度。依据问卷提出的具体问题，可以发现 PISA 关注了 5 类教师知识，分别是：(1)学科内容知识；(2)一般教学法知识；(3)课堂管理知识；(4)职业辅导知识；(5)学校管理。除了学科内容知识，其余 4 种知识类别从广义上说可以划分到一般教学法知识这个范畴。由此不难看到，PISA 在教师的知识类别上比较偏重于广义上的一般教学法知识这个类型。

---

① 傅蝶.教师知识研究新转向——基于 OECD 教师测评的分析[J].外国中小学教育,2019(4):64.
② 迈克·诺伊布兰德,马永鑫,杨向东.学生所知道的 教师所知道的——理论、工具和结果 [J].全球教育展望,2012(2):3-11.

表 1-1 PISA 教师问卷教师知识分类

教师专业知识	学科内容知识	TC018 您的教师教育或培训计划或其他专业资格中是否包含以下任何内容,并且您是否在当前学年教导 15 岁儿童这些学习内容: 1. 阅读、写作和文学 2. 数学 3. 科学 4. 技术 5. 社会学系 6. 现代外语 7. 古典语言 8. 艺术 9. 物理教育 10. 宗教或者其他 11. 实践或职业技巧
	一般教学法知识	TC045 以下所列的任何专题是否包括在您的教师教育或培训方案,或者您的专业发展和其他专业资格发展活动中? Q2 教授我的学科领域的教学能力 Q4 学生评估实践 Q5 ICT(信息和通信技术)教学技能 Q8 个性化学习的途径 Q9 教育有特殊需要的学生 Q10 多元文化或多语言环境下的教学 Q11 教授跨课程技能(例如解决问题,学习到学习) Q13 学校内部评价或自我评价 Q14 评价结果的使用
	课堂管理知识	TC045 以下所列的任何专题是否包括在您的教师教育或培训方案,或者您的专业发展和其他专业资格发展活动中? Q6 学生行为与课堂管理
	职业辅导知识	TC045 以下所列的任何专题是否包括在您的教师教育或培训方案,或者您的专业发展和其他专业资格发展活动中? Q12 学生职业指导及辅导
	学校管理知识	TC045 以下所列的任何专题是否包括在您的教师教育或培训方案,或者您的专业发展和其他专业资格发展活动中? Q7 学校管理和行政

（表 1-1 出处：PISA 2015 Assessment and Analytical Framework：Mathematics，Reading，Science and Financial Literacy[M]. Oecd Publishing，2016：181—195.）

2. TALIS 项目:关注教师内容知识的实践转化

OECD 开展的"教师教学国际调查项目"(Teaching and Learning International Survey,以下简称 TALIS)调研范围广、规模大,主题贴近教师教学实践并且调查结果颇具代表性和国际认可度。该调查分为教师版与校长版。教师版的调查对象为初中教师,旨在了解参与调查的各国教师的职业发展现状、教学信念与教学实践、教师工作评价与反馈、教师工作认可度、学校领导力、管理能力以及工作场所等相关情况[①]。

迄今为止,TALIS 已经历了 3 轮大规模国际调研:2008 年第一次调研共有 24 个国家参加,2013 年第二次调研吸引了 34 个国家参加,2018 年第三次调研吸引了 48 个国家和经济体的 26 万名教师参加。至此,TALIS 也被誉为是规模最大、参与国家最多的国际教师调查项目,它通过收集各类具有时效性、可靠性且又异质化的教师信息,调查教师的"教"与"学"以及与之关系密切的特征,帮助不同国家与地区反思教师的教学行为,并依此制订出高质量的教育政策,打造出高水平的教师队伍[②]。

TALIS 测评中很多问题指标都显示出了对教师知识这个主题的关注,问卷中的问题直白地显示出了教师知识的类别。在背景信息这个一级指标维度,TALIS 提到了教师需关注的知识:(1)所教学科内容知识;(2)所教学科教学知识;(3)课程知识;(4)课堂实践知识;(5)学校管理知识。除此之外,问卷在具体问题描述上,还特意强调了教师所掌握的知识的程度,即知识的执行及使用情况,偏重于教师理论知识的实践生成能力。TALIS 在教师职业发展、教师反馈、教学情况三个指标里反复强调了教师对学科领域的知识和理解、学科领域教学能力、学生评价和评估实践能力、学生行为和课堂管理情况、学校管理和行政能力等。可以看出,TALIS 除了关注教师应该掌握什么知识,还强调了教师知识的实践构建能力,重视教师在实践中的"默会知识"。

3. ITEL TKS 项目:关注以一般教学法知识为核心的教师知识

2016 年,OECD 实施了"为促进有效学习的创新教学教师知识调查"试点研究项目(the Innovative Teaching for Effective Learning Teacher Knowledge

① Teaching and Learning International Survey (Talis) 2013[J]. Oecd Publishing, 2013.
② 朱小虎,张民选.教师专业发展的可能路径——基于 TALIS 2013 上海和芬兰的比较分析[J].中国教育学刊,2017(9):1-8.

Survey Pilot Study,以下简称 ITEL TKS),此次调查涉及 5 个国家,分别是爱沙尼亚、希腊、匈牙利、以色列和斯洛伐克共和国。为了更好地理解教师教学知识的特征与本质,ITEL TKS 重点探查教师在当前时代背景下是如何构建他们的知识结构的,并剖析其知识结构的演变,借此帮助各国在职前教师教育、在职教师专业发展方面制定相关政策[①]。

ITEL TKS 认为,教师教学知识水平的高低是判断他们是否具备专业能力的一个重要指标,也是促进其有效教学的因素。步入 21 世纪,培养学生的核心素养已成为全球共识,"教"是为"学"服务的,教师知识与核心素养接轨,将学生培养成具备 21 世纪核心技能(如创造力、批判性思维、问题解决、协作和沟通等)的人才已成为必然要求。这些新的形势变化就要求教师改变传统教学方法,创造新的教授方式,重新思索教师当下的知识结构是否与时俱进,是否需要更新,以及要进行多大程度的更新才能与 21 世纪的步伐接轨。就近些年国际上对教师知识的研究而言,对学科教学法知识和学科知识的研究已相当丰富,对教师一般教学法知识的研究则寥寥,ITEL TKS 非常重视一般教学法知识。该项目认为,一般教学法知识对于教师教学质量的提升有着积极的作用。为便于研究,项目将这类知识定义为独立于学科之外的为了促进有效教学和为所有学生营造学习氛围的专门知识[②]。

综合上述国际调查项目,不难看出在教师知识结构上都特别关注到"一般教学法知识",TALIS 和 ITEL TKS 还强调教师实践性知识的重要性。ITEL TKS 甚至将一般教学法知识量化,设定了测量维度,使之可测量,有效地将有关教师知识的理论与实践结合起来。虽然早在 20 世纪 80 年代,美国教育心理学家李·舒尔曼(L.Shulman)就将教师知识概括为"学科内容知识,一般教学法知识,课程知识,学科教学法知识,学习者及其特点的知识,教育背景的知识,教育宗旨、目的、价值观及其哲学和历史背景的知识"七类,其中,学科教学法知识(pedagogic content knowledge,PCK)尤为受到关注,认为

① Sonmark, Kristina Révai, Nóra Gottschalk, Francesca Deligiannidi, Karolina Burns, Tracey. Understanding Teachers' Pedagogical Knowledge: Report on an International Pilot Study. OECD Education Working Papers Series.[M]. Paris: Oecd Publishing, 2017:11,16.

② Sonmark, Kristina Révai, Nóra Gottschalk, Francesca Deligiannidi, Karolina Burns, Tracey. Understanding Teachers' Pedagogical Knowledge: Report on an International Pilot Study. OECD Education Working Papers Series.[M]. Paris: Oecd Publishing, 2017:17.

其体现了教师职业的知识特点。但今天从 OECD 发起的以 PISA、TALIS、ITEL TKS 为代表的国际调查与测评项目所反映的内容看来，面向未来，教师需要学习与发展的与时俱进的知识力似乎也在发生某种转向，即教师不仅要精通自己任教学科的内容知识，还要触类旁通，掌握"独立于学科之外的为了促进有效教学和为所有学生营造学习氛围的专门知识"，也即 ITEL TKS 所定义的"一般教学法知识"。

（二）为什么要发展教师与时俱进的知识力

1. 应对信息时代对教育的挑战

随着人工智能、云计算和大数据等新兴技术的协同发展，机器学习、数据挖掘变得越来越先进和复杂，机器的信息处理能力在未来终将超越人脑。[①] 所以，在未来信息智慧时代，教师若是没有学会应用像人工智能这样的新技术开展教学创新的本领，势必会发生人类教师岗位认同缺失这样的问题。由于先进的机器或技术一定会取代教师的部分工作，甚至延伸到教师的某些岗位，对目前的教学工作体制机制产生重大影响，在未来，教师或许将不再是一种全职职业，它将不受年龄、职称、学历的限制，只要某个人专长于某个领域，就可以在这个领域灵活地教学生[②]。目前摆在我们面向未来的教育者面前，非常紧迫且重大的挑战课题，就是如何更好地促进传统教师升级转型发展。要回答人工智能应不应该取代人类教师抑或是否真的会完全替代人类，以及人类教师该如何发挥与凸显人工智能所不能取代的作用等这些问题，就需要教师不断发展自身与时俱进的知识力，从互联网上获取信息时代最先进的知识和工具，为我们的学生提供信息时代最佳的智慧教育方案并能够创造性地使用新技术，让未来人类教师能够与人工智能技术共通、共融、共生，成为智慧型教育创新主体，从而转变并提升未来教师对智能技术的应用意识和创新能力。

2. 符合教师自身职业的专业要求

教师这份职业赋予了教师必须不断学习的使命。首先，一些学科领域尤其是如自然科学、信息技术等的知识本身是在不断发展的，这需要教师跟上知识

---

① Holmes, W., Bialik, M., &Fadel, C. Artificial Intelligence in Education: Learning[M]. Boston: Center For Curriculum Redesign, 2019.

② 荀渊.未来教师的角色与素养[J].人民教育,2019(12):36.

更新的脚步;其次,随着时代发展,对培养人的要求发生变化,教育教学的理念和方法也在发生变化,这也需要教师做出顺势的反应。例如今天越来越强调的跨学科学习、项目式学习等,这些都需要教师在知识上不断优化,构建符合其专业要求的与时俱进的知识体系。

与时俱进的知识力为教师持续性的专业发展提供支持与动力,帮助教师认识到获取新知的重要性,驱动其知识创新并改进自己的教学实践,把终身学习和专业发展融入整个教师职业生涯历程当中。教师能力的发展是一项长期的追求,贯穿着整个职业生涯。无论职前教育多么扎实,也培育不出教师整个职业生涯历程中所需的全部技能和素养。为了提高教学的有效性,满足学习者日益变化的学习需求,教师自身需要在具体的学校教学环境中反思他们的学习要求,通过不断发展自身与时俱进的知识力,对自己的终身学习负责,以持续更新和改进教师个体的知识与能力。①

3. 促进学生个性化发展之需

PISA 测试结果表明,教师是影响学生发展的最为重要的学校因素②。一项涉及 52637 项研究、数亿名学生的 800 多项元分析的综合报告表明,在排名前20 位的影响学生学业成就的相关因素中,教师以及与其密切相关的课程、教学因素共占了 15 项③。可见,教师对学生发展的影响是巨大的。在信息技术特别是人工智能的应用对教师的这种影响带来的挑战面前,我们也要看到,学生发展始终是情感、认知和行为前后一致的综合素养提升,学生处在社会性这样的学校环境中,一定面临价值和思想、学习和压力、交友和生活等诸多人工智能可能无法回应的方面。所以,未来教师开展教育教学工作的重要前提是不断深入认识学生学情。当然,对学生情况的认识难点之一,就是如何深入了解学生个人经历、思想认识、价值观念、生活背景和情绪心理等比较复杂的问题,并创造性地回应学生,以支持每一个学生的最佳学习。这都需要教师能够不断提升与时俱进的知识力,掌握基本的心理学知识、生涯指导、信息技术等,掌握每一个

---

① 苗学杰,秦妍.欧盟教师核心素养框架及其培育路径探析[J].外国教育研究,2020(7):20.

② 陈启山,雷雅缨,温忠麟,等.教师指导、学习策略与阅读素养的关系:基于 PISA 测评的跨层中介模型[J].全球教育展望,2018(12):51-61.

③ 约翰·哈蒂.可见的学习:对 800 多项关于学业成就的元分析的综合报告[M].彭正梅,等,译.北京:教育科学出版社,2015:347.

学生的情况，从而基于每一个学生的个体情况差异，制定与之匹配的个性化学习安排、计划进度和相应评价方式，对学生创造性学习赋予创造性的支持与帮助，促进学生的个性发展和全面发展。

（三）跨界学习何以发展教师与时俱进的知识力

跨界学习是卢湾中学多年来为应对信息时代挑战，发展学生核心素养而探索开发的教师专业学习的新模式，是教师以跨越学科知识边界和领域边界的方式开展的自主学习或合作学习活动。教师的跨界学习活动，通过设置跨界学习素养模块的课程学习，突破教师原有的"最近发展区"，进入相对"陌生"的发展领域，为教师的知识创新和实践创新打开了新的更广阔的发展空间，提升了教师与时俱进的知识力。

1. 跨界学习优化教师学科内容知识

跨界学习是教师跨越学科知识和领域边界的专业学习活动，对每个参与学习活动的教师的首要要求即是——跨越个体日常工作的边界，进入另一新的知识领域的拓展性学习。由此，跨界学习对教师学科知识的直接作用就是拓展了学科知识的内容空间和资源整合。教师学科知识领域的拓展，不仅表现在知识数量的增加，而且表现为知识性质的变化，如异质性知识比重的提高，以及学科知识结构的某种质的改进。首先，教师在不同学科知识的学习中，通过对不同学科概念内涵、方法范式的差异和联系的把握，其学科知识出现了质的飞跃；其次，教师在两个或更多学科领域的知识学习中，不同学科的知识的互相碰撞，使新知识的产生和知识深度把握的可能性都大大增强。

2. 跨界学习优化教师一般教学法和学科教学法知识

跨界学习促进教师一般教学法知识的新的增长。跨界学习及相应的跨学科教学，一般要求教师对不同学科的教学目标和教学内容进行衔接、补充和融合。在这样的相互作用中，知识在新的情境中得到运用，进而引发教师对教学目标和教学内容等一般教学法知识新的理解，即教师从跨界学习中获得了某种新的一般教学法知识。此外，也是对其所熟悉的本学科教学法的某种"打破"或"拓展"，是对教师本学科的学科教学法知识的优化。

二、突围创新的思考力

（一）什么是突围创新的思考力

何为思考力？思考力是学习者在思维过程中所产生的具有创造性与积极性的作用力。借鉴物理学中对"力"的界定，思考力也包含方向、大小和作用点这三个基本要素。首先，思考力取决于学习者掌握的关于特定思考对象的信息量与知识量的大小，知识量和信息量越大，思考就越加具体、全面和完整。其次，思考是有方向的，是有目的、有计划的思维活动，漫无目的想不能称之为思考。再次，思考力有作用点指的是思考需要集中在特定的对象上，具有集中性，这决定了思考的强度和力度。本节重点关注的不是普遍意义上的思考力，而是当前教师普遍较弱，但又非常重要的两种具体的思维能力：批判性思维能力和创造性思维能力，它们本身也是要培养的学生应具备的未来通用素养。

1. 教师的批判性思维

（1）批判性思维的内涵

美国"非形式逻辑与批判性思维协会"（AILACT）前任主席罗伯特·恩尼斯（Robert Ennis）在杜威提出的"反思性思维"基础上，开拓了批判性思维的研究，他认为批判性思维是"针对相信什么或做什么的决定而进行的合理的反省思维"，并提出了批判性思维者应具备的 12 条标准[①]。美国批判性思维国家高层理事会主席理查德·保罗（Richard Paul）和琳达·埃尔德（Linda Elder）将其定义为"是一种对思维方式进行思考的艺术，该艺术能够优化我们的思维方式。它包括三个紧密联系、互相影响的阶段：分析思维方式阶段、评估思维方式阶段和提高思维方式阶段。"[②]

就批判性思维的结构而言，格拉泽（Edward Glaeser）认为是由知识、态度、

---

① ［美］罗伯特·恩尼斯，［加］仲海霞.批判性思维：反思与展望[J].工业和信息化教育，2014(3)：20 - 21.

② 理查德·保罗，琳达·埃尔德.批判性思维工具[M].侯玉波，姜佟琳，译.北京：机械工业出版社，2013.

技能三个元素构成。一个具有批判性思维的人必须有质疑的态度、逻辑论证知识以及进行分析、综合、评价的认知技能[①]。尼德勒(Kneedler)则提出批判性思维能力包括三个方面，分别是：定义和明确问题、判断相关信息、解决问题或做出结论。其中"解决问题或做出结论"方面由识别材料的适当性和预测可能的结果这两种技能组成。奥斯丁(Ornstein.A.C)提出批判性思维是由批判性思维技能和批判性思维精神两方面构成[②]。

综合以上观点，我们将教师批判性思维分解为教学领域基本知识、批判性思维倾向与批判性思维技能三部分。其中，批判性思维建立在对原有知识的批判上，教学领域的基本知识是教师进行批判性思维的先决条件。批判性思维倾向涉及情感态度，包含求真、思想开放、分析性、系统性、自信、好奇等[③]。批判性思维技能包括微观技巧和宏观能力：微观技巧是构成批判性思维的一般性、基础性思维技巧，主要含解释、分类、比较、综合、概括、推断等；宏观能力由教学文本的批判性分析能力，教师提出批判性问题的能力，评估和建构、论证教学理论的能力，教学谬误分析的能力具体构成。

（2）批判性思维者的特征

批判性思维作为一种主体对客体的认识活动，它需要理性的思考和清晰的判断，批判性思维强的人具有以下核心特征：

勇于提出质疑。具有批判性思维的人善于对通常被接受的结论提出疑问和挑战，而不会全盘接受所谓"专家"和"权威"的结论；总是充满了好奇心，遇到不清楚的问题，勇于提出自己的疑问。批判性思维强的教师也是一样，在教学中甚至敢于质疑教材，勇于用批判的眼光研究教学内容，还注重创新教学模式，注重培养学生的批判性思维。

勤于分析推理。批判性思维不是毫无根据地到处怀疑，而是针对疑问和挑战，能够用分析性和建设性的讨论方式，基于有说服力的论证和推理给出解释和判断。这样的教师在课堂上也会注重通过陈列事实性材料、提出问题、分析

---

① Glaeser E.An Experiment in the Development of Critical Thinking[M]. New York：Teachers college,Columbia University,1941.

② Ornstein，A. C. Strategies for Effective Teaching(2th)[M]. Brown & Benchmark Publishers，1995.

③ 张殷，罗星凯，张红霞.科学教师批判性思维倾向与课堂行为的研究[J].全球教育展望,2018(8)：59-68.

论证、形成概念等教学环节,培养学生的批判性思维。

善于主动反思。批判性思维是对思维的再思维。当教师形成某种观点或想法后,能主动对其进行审查,看其是否符合事实,是否解释合理,根据是否充分,分析是否全面,等等。这种对思维的反思,对做出决策、明晰思维、正确推论有十分重要的意义。

2. 教师的创造性思维

(1) 创造性思维的内涵

创造性思维是人类思维的高级过程,是伴随着创造过程而产生的思维。学界多认同创造性是指个体产生新观点、发现和创造新产品的能力,也可称为创造力(creativity),而创造性思维是参与创造活动的思维过程,也属能力范畴。OECD 发布的《PISA 2021 创造性思维框架草案(第三版)》中将创造性思维定义为:有效地参与想法产生、评价和改进,从而形成原创且有效的解决方案、促使知识提升和想象力有效表达的能力。这个定义凸显了创造性思维的能力属性,确定创造性思维属于可测、可培养的具体能力,并明确其表征形式,同时强调了创造性思维培养的目标[1]。

林崇德教授团队在长期的研究中,将创造性思维的表现概括为五方面[2]:(1)创造性思维是新颖、独特且有意义的思维活动,是求"新"与"好"的统一体。(2)创造性思维以"思维加想象"为内容,就是通过想象,然后加以构思,解决别人所不能够解决的问题。(3)创造性思维过程中,新形象和新假设带有突然性,表现为"灵感"。(4)创造性思维是分析思维和直觉思维的统一,既遵循严密的逻辑规律、逐步推导,又同时具有快速性、直接性和跳跃性。(5)创造性思维是辐合思维和发散思维,即求同与求异的辩证统一。

(2) 创造性思维的特征

就教师的创造性思维而言,是教师在教育教学过程中有自己的独到见解,能够选择恰当的教学方法,并时刻注意如何吸收新出现的教育教学理论,还能将其积极实践于行动的过程,同时又能够对学生随时出现的创造性表现给予积极反馈,并努力培养学生自身创造性思维与行动的教学能力。结合教师实践,

---

① 张羽,王存宽.PISA2021 创造性思维测试述评[J].比较教育研究,2020(1):19-25.
② 林崇德.创造性心理学[M].北京:北京师范大学出版社,2018:204-209.

我们将高创造性思维者的特征概括为以下几个核心方面：

开拓创新性。不断寻求突破、开拓创新是创造性思维的基本特征，表现为创造性地认识新旧事物、解决历史问题，不局限于原有的任何经验，能够独立总结出一种新经验、新理论、新观点与新方法。这些不仅可以是对原始理论的拓展或补充说明，而且可以是在理论与实践上开辟一种全新的领域。

思维开阔性。创造性思维要求思维具有宽度和广度，对问题的解决有广泛的选择范围，能够从一个事物联想到另一个相同或相反的事物。有学者进而将创造性思维的含义等同于发散性思维，这种说法虽不一定准确，但思维的开放性确实在创造性思维含义中具有非常重要的地位。

变通灵活性。创造性思维不会恪守一种稳定的有序性，而是允许思维自由跳跃，不受束缚、不守规矩，思路一直处于灵活变动之中，当一种想法行不通时，能够迅速转换问题解决思路。

跨界综合性。现代科学技术的发展既高度分化又高度综合。各门学科之间密切联系、相互渗透，出现了许多交叉学科、边缘学科和综合学科，学科与学科交界处往往是创新的生长点。所以在学科边缘地带和交叉处常常是创造性思维最容易迸发的丰收区。不同学科教师在一起交流对孕育创造性的想法具有积极的意义。

（二）为什么要提升教师突围创新的思考力

1. 应对人工智能时代带来的挑战

人工智能、元宇宙等高科技产业的发展，对人类的工作与生活产生重要影响。人工智能既可以帮助人提高生产力，也可以替代人的很多工作。对教师来说，人工智能时代的教育需求和人才培养目标已发生改变，倒逼教育发生系统性变革。人工智能在更具智能的教与学空间、数字原生代的受教育者、重视能力培养的跨学科教学内容以及开放的教育公共服务供给方面都给教师带来新的挑战。因此，面对人工智能扑面而来的迅速发展，我们面向未来的教育必须做出调整，调整努力的方向就是使教育出来的人能够完成机器所不能完成的工作，即具有创造性的工作。在这个意义上，如何尽快提升教师突围创新的思考力有其紧迫性。面对这种压力和挑战，我们应把提升教师批判性思维和创造性思维放在首要位置。

2. 实现教师自身专业发展的跃升

哈佛大学原校长博克（Derek Bok）基于对美国大学生的观察，将他们的思维模式分为三个阶段。第一阶段是"无知的确定性"，这是一个盲目相信的阶段，认为学到的知识是千真万确的，这个确定性来源于知识的有限性。第二阶段是"有知的杂乱性"，这是进入到一个相对主义的阶段。学生经过学习成长，已经接触到各种各样杂乱的知识，虽然知识增加了，但无法独立判断究竟哪种说法更加有道理。博克观察出大多数人的思维水平都仅仅是停留在第二个阶段。只有少数人的思维水平可以进入到第三个阶段，即批判性思维水平的阶段。这是一个思维已经成熟的阶段，学生们通过在各种不同说法之间使用分析、推理、取证等不同方式进行判断，最终论证到底哪一种说法才更有说服力。这一对美国大学生的认识也同样适用于教师。教师也需要以第三阶段为发展目标，实现从"知识"到"批判性思维"的跃升。

3. 培养具有批判性思维和创造性思维的学生

OECD 教育研究和创新中心指出，创造力和批判性思维是两种截然不同又相互关联的高阶思维技能[①]，二者都是学生需培育的重要素养。而事实上，国外的调查显示教师缺乏开展相关教学的必要的策略性知识[②]；国内调查也显示类似的结果，教师自身具有一定的批判性思维倾向，但课堂中培养批判性思维的教学行为发生频率较低。[③] 面对一线教育工作者在理解批判性和创造性这些高阶思维技能的内涵以及开展相关教学活动时存在障碍这一事实，OECD 教育研究和创新中心以"培养和评估学校教育中的创造力和批判性思维技能"为主题开展国际研究，并于 2019 发布了《培养学生的创造力和批判性思维》研究报告，开发一套教学资源。[④] 要培养学生的批判性思维和创造性思维，教师需要在这方面进行充分学习，提升自身对批判性思维和创造性思维的认识和能力，并掌

---

① 李谦.面向全体学生的创造力和批判性思维教学——OECD《培养学生的创造力和批判性思维》概述[J].上海教育科研,2020(3):51-55.

② 李晶晶,潘苏东,廖元锡.国外批判性思维研究的启示——教师准备的视角[J].教育科学研究,2017(9):81-87.

③ 张殷,罗星凯,张红霞.科学教师批判性思维倾向与课堂行为的研究[J].全球教育展望,2018(8):59-68.

④ 李谦.面向全体学生的创造力和批判性思维教学——OECD《培养学生的创造力和批判性思维》概述[J].上海教育科研,2020(3):51-55.

握相应的培养策略。

（三）跨界学习何以提升教师突围创新的思考力

上海市卢湾中学自 2013 年起尝试跨学科教学，在国家课程单学科教学的基础上，通过要素联通、知识融通、学科整合、概念重构、问题驱动，为学生开设无边界校本课程。研发并实施高质量的无边界课程，所需的前提即开展高质量的教师跨界学习，通过设置跨界思维训练课程模块，以跨界学习有力促成教师在批判性思维和创造性思维上的发展。

1. 跨界学习提升教师批判性思维

（1）跨界思维训练发展教师的批判性思维技能

批判性思维是可习得的。跨界学习的思维训练模块就是基于这样一种理念：通过训练教师主动质疑、探索、分析信息并寻求知识产生的经验基础、方法和逻辑过程的能力，改善教师的学习策略，让教师学会学习的方法，提升认知水平。

如跨界思维训练中，学校采用了"柯尔特思维课程"，运用 PMI 思维法（一种对观点或建议进行全面分析的思维方法）和 CAF 思维法（考虑所有因素思考法），要求参与者练习使用思考工具，掌握思考的方法和培养思考的习惯。跨界思维训练课程对批判性思维等各种思维形式及其训练课程间的关系作了系统性、综合性的关联。该课程是具卢湾中学特色的、系统的教师思维训练体系，很好地发展了教师的批判性思维技能。

（2）"无边界思维坊"提升教师批判性思维品质

学校的"无边界思维坊"是一个研究跨界教学的创新团队，是集聚了不同学科教师的学习共同体，旨在打破学科的横向壁垒，突破年级学段的纵向屏障，开展"无边界"教研活动。思维坊以跨学科的综合性问题解决为导向，所探讨的问题前沿，以灵活多样的方式联结不同学科的老师，还聘请社会各领域专业人士来校授课。思维坊的成员通过交叉融通、整合教材、优势互补，协作开发了诸多"无边界课程"，带给学生多视角的全新课程体验。思维坊一方面拓宽教师的知识视野，另一方面为教师提供机会，让教师有意识地分析、评判各种现象，并用审视的眼光来看待问题及问题解决方案，进而提升批判性思维品质。

（3）跨界学习评价确保教师落实批判性思维效果

教师的批判性思维品质和关键能力难以用学生成绩来评判，因此学校采用多种评价方式全面反映教师批判性思维的发展情况。在跨界学习中，学校采用隐性评价、发展性评价、综合性评价相结合的方式，促进教师跨界学习的积极性，落实教师批判性思维培养。其中，隐性评价模式主要是预判教师在跨界学习中知道什么和能做什么，不断地提供与其能力相匹配的任务，进而检测教师跨界问题解决技能。发展性评价模式则突出教师在评价中的主体地位，鼓励教师积极参与自主评价，是一种有温度的评价。此外还有档案袋评价和成果评价相结合的综合性评价方式，其注重对过程材料的收集，引导教师自我评价与反思，调节和完善批判性思维教学活动，并检测教师对批判性思维的认识和利用批判性思维解决问题的能力，用恰当的方式落实教师批判性思维的培养和训练。

2. 跨界学习提升教师创造性思维

（1）跨界教研模式提升教师创造性思维方式

卢湾中学的跨界教研模式通过多学科的交流与交汇，使教师看待问题的视野与思考问题的空间维度更为开阔、多元。参与跨界学习的教师"取众人之长"，突破原有思维局限，融合多视角提出问题和解决问题，优化自己的思维模式，在将这种思维模式运用到实践中后形成新的动态的创造性思维提升链。例如，在"一带一路"主题跨界教研中，教师发现历史、地理、道德与法治学科都有关于"一带一路"和"古丝绸之路"的知识点交集，为此教师们从自身学科出发，寻找学科知识之间的联结点与整合点。在合作、交流、共探、共享中诞生了无边界课程"'一带一路'上的中国新'思'路"，其中包括交融历史与地理的"驼铃声声"、融合历史与道德与法治的"历史回响"、场馆探究课程"我眼中的'一带一路'"（赴琉璃馆和钱币馆）和文化交流学习项目"我是'一带一路'小使者"。跨界探索把教师从固有的思想框架下解放出来，实现了教学创新，创造性地学会了课程整合，学会了课程转化，学会了课程创生，从而研发并实施了跨学科课程。

（2）跨界学习空间激发教师创造性思维产生

创造性思维的产生需要创造性的学习环境来激发，因此对教师的学习环境加以设计也很重要。这个环境要能允许并促发教师质疑、想象、幻想、表达，所以环境常常是以一种非正式学习空间或形式表现。卢湾中学为教师的跨界学习提供支持性的学习环境,优化非正式学习空间,形成跨界学习的物理支持。在卢湾中学,图书馆、咖啡吧、屋顶的空中花园、舒心驿站等场所,处处是舒适的休闲空间、可组合变化的桌椅、随处可写可画的屏幕和区域,吸引很多志同道合的学习者卷入、驻足,成为教师分享知识和沟通交流的场所,让人和人的联结、思想和思想的联结变得自然流畅,让学习随处可见。

除硬件环境以外,信任与宽容的学习氛围是创造性思维发展的软性文化土壤。跨界学习中,有来自于不同文化、不同价值观、不同学科、不同学段、不同领域、不同身份的学习者和专家,大家在价值认同、人际交往理念、思维以及行为方式上存在诸多差异。面对这些差异,跨界学习中允许建设性的冲突和分歧,在组织内部形成能够容纳不同观念碰撞、异质思想交锋、不同智慧摩擦、各学科知识互补互促的环境。在这样的氛围里,每一位成员都能分享创意、彼此联结,营造良好的创造性思维发展的生态。

三、深度学习的领导力

(一) 什么是深度学习的领导力

深度学习(Deep Learning)是一种基于理解的学习,是指学习者以高阶思维的发展和实际问题的解决为目标,以整合的知识为内容,积极主动地、批判性地学习新的知识和思想,并将它们融入原有的认知结构中,且能将已有的知识迁移到新的情境中的一种学习。深度学习以学习者主动参与为前提、重视知识结构的建立和认知策略的元认知过程。发现学习、问题解决学习、项目学习、体验学习、调查学习等,均属于深度学习的范畴[①]。

深度学习必须满足以下几个要点:深度学习是教学中的学生学习而不是一般的学习者的自学,必有教师的引导和帮助;深度学习的内容是有挑战性的人类已有认识成果;深度学习是学生感知觉、思维、情感、意志、价值观全面参与、

[①]　钟启泉.深度学习:课堂转型的标识[J].全球教育展望,2021(1):14.

全身心投入的活动；深度学习的目的指向具体的、社会的人的全面发展，是形成学生核心素养的基本途径。

深度学习是学习的高级发展阶段，属于高投入的学习模式和复杂的认知进程。深度学习的必然追求是知识的再建构、意义的再生成和能力的再发展。只有掌握深度学习的技能，才能促进学生深入理解课程内容，形成问题意识和探索精神，逐步掌握解决问题的方法和思路。采用这种高质量学习能够改变学生的存在方式和发展状态。

自 20 世纪 80 年代以来，教师领导力理论开始兴起，教师领导力逐渐成为一种决定课堂教学质量好坏、衡量教师专业发展水平高低的关键因素。随着国家和社会对培育学生素养的要求逐渐提高，教师也被委以新的责任，教学不仅是"传道，授业，解惑"，而是培养学生能自行问道、解惑和创造性解决问题的能力。我们提出的深度学习的领导力，就是一种教师引领学生开展深度学习的领导活动和专业能力，以发展学生核心素养为目标，以引领和指导学生构建自主发展的深度学习方式为重点，其关键在于促发学生以高阶思维进行深度学习。

（二）为什么要发展教师深度学习的领导力

1. 引领课程发展和改革趋势

面对急速变化的未来社会，单纯灌输知识的教育方式必然会落后于时代。正如美国教师教学发展领域的代表人物芬克（L. D. Fink）指出，深度学习中"学习的意义，超越了单纯知识的习得，而是旨在发展广泛的技能、态度（能力），培育作为学习者的人格（人性）的成长。可以说，它是立足于转换学习范式的一种学习观"。习得知识虽然重要，但更需要重视的是能否直面周围环境所产生的各种问题，与不同的合作者协作，共同探索最优化的解决方案。也就是说，"能够做什么"——要能够拥有自己的思考、能够运用各种信息和知识、能够创造出新观念——才会格外重要。

2014 年，教育部基础教育课程教材发展中心在全国多个实验区开展了"深度学习教学改进"项目研究。努力在自觉的教育实验活动中探索教学规律，促进学生核心素养的发展，使教学活动真正成为培养人的理智活动，成为能够回应时代和社会发展要求的社会实践活动。

深度学习是针对传统学习模式中的接受性、灌输性学习和网络移动学习模式中的快餐性、浅显性学习等弊病,根据学习规律和时代发展要求提出的新学习方式。深度学习概念的提出,不仅是对时代挑战的积极回应,也是对传统教学规律的客观尊重。深度学习的几个主要特征,提供了如何理解教学活动的新视角,也从理论上支持了如何消解各种二元对立的新观念。深度学习的种种探索与实践,向学生确立了个人经验与人类总体历史文化的无限相关性,并在教学活动中落实了学生的主体地位,使他们能够在参加教学活动过程中仿真性地"体验"到人类社会发展历史,形成自身有助于面向未来发展的核心要素,教师的作用和价值也在深度学习这一过程中得到充分展现。

以学生深度学习为关注重心,是学生学习规律对教师深度学习领导力的内在要求,也是时代发展对教师深度学习领导力变革和深化的呼唤。对深度学习的重点关注,使教师在帮助学生重塑学习方式和学习生活的同时,也实现了教师专业发展本身的角色转变、模式更新和质量提升。

2. 引导学生促发自身深度学习

深度学习并不能自然发生,它需要促发条件。其中,先决条件是教师的自觉引导,此外,至少还依赖以下条件:

第一,学生思考和操作的学习对象,是经过教师精心设计、具有教学意图的结构化的教学材料。也就是说,教材内容并不等同于教学内容,更不等同于学生的学习对象。学生的学习对象,必须隐含着知识及其复杂而深刻的意义,却又必须是以学生当下水平能够直接操作(思维与动作)的材料。如此,便需经过两个转化:由抽象的"知识"转化为含有学生品质发展目标的"教学内容";由"教学内容"转化为学生可以操作的具体教学材料。[①]

第二,教学过程必须有预先设计的方案,要在有限的时空下,有计划、有序地实现丰富而复杂的教学目的。在教学中通过一个个精心设计的问题,既为学生搭建思维的阶梯,又帮助学生进行深入的思考,而这样的过程,是教师精心设计的。[②]

第三,要有平等、宽松、合作、安全的互动氛围。教学活动本身是严肃紧张的,因此更需要营造安全的心理氛围。给学生充分表达自己见解的机会,不以

---

① 郭华.深度学习及其意义[J].课程・教材・教法,2016,36(11):29.
② 郭华.深度学习及其意义[J].课程・教材・教法,2016,36(11):30.

任何理由压制、嘲讽、打击学生的积极性，善于倾听、给予回应，与学生平等地展开讨论，等等，是保证学生全身心投入教学活动、开展深度学习的重要条件。[①]

第四，依据反馈信息对教学活动进行及时调整与改进。教学过程虽然是预设的，但依然是流动的、即时的，因而必须依据现场情形进行及时调整。当然，这需要教师有清晰的评价意识，有明确而细化的教学目标，能及时发现学生行为和反应的教学意义，只有这样，才能收集到有意义的教学反馈信息，并依据这些信息对教学做进一步的调整。[②]

从深度学习的促发条件可知，没有教师，虽会有学习但不会有教学中的学习。教师的教学意识与能力水平，决定着学生能否发生深度学习。教师与学生的深度学习是相互成就的。所谓"学然后知不足，教然后知困"，没有好的教师，不可能有学生的深度学习；同样，在不断引发学生深度学习的过程中，教师也得到持续的发展。

在信息时代，教师不再只作为知识的传递者而存在。引起学生的学习愿望，引导学生的学习活动，帮助学生学得迅捷、愉快、彻底，启发学生在学习过程中质疑、批判、深入思考，是教师存在的最根本的理由和价值，也是教师不能被虚拟技术所替代的根本原因。对于教学中的教师而言，从来没有所谓的"教师中心"，教师的所有愿望及一切工作的出发点，都只是为了学生的学习。深度学习要求教师自觉地赋予自己更丰富的职责，把社会的期望转化为学生个人的愿望，把教学内容转化为教学材料，引导学生去思考和体会教学材料所蕴含的复杂而丰富的思想和情感内容，带领学生从自在的个体成长为有思想、有能力、有高级的社会性情感、有积极的态度和正确的价值观的未来社会的主人，这样的教师，是为学生成长服务的教师，也是成就自己、实现自己存在价值的教师。

3. 引发课堂转型的新教学法

富兰认为，社会生活变化发展万千，但学校教育教学仍旧一成不变。这种教学方式不仅"使年轻人在受教育的当下感到沉闷和无意义，而且对年轻人将来的工作和生活亦无甚指导意义"[③]。为此富兰主张，应该实施一种以深度学习

---

① 郭华.深度学习及其意义[J].课程·教材·教法,2016,36(11):30.
② 郭华.深度学习及其意义[J].课程·教材·教法,2016,36(11):30.
③ Fullan,M.,& Langworthy,M. A Rich Seam——How New Pedagogies Find Deep Learning[M].London:Pearson,2014:1-2.

为最终目标的新教学法,这种新教学法不是特指一些具体执行策略,而是整合新型伙伴学习关系、数字技术资源与深度学习任务这三大核心素养的教学模型。

以促进深度学习为目标的新教学法强调各要素间的相互关联,期望以此激发学生学习与教师教学的动力。此外,新教学法还提出了自我有效性的评价标准,涵盖教学法的运用、任务与评价方式、师生对技术的运用三个维度。例如:有效的新教学法需要教师和学生共为学习者,教师给予学生适合他们能力水平的学习选择和学习导引,并逐步建立学生管理学习过程的能力;相应的任务和评价包括跨学科学习复杂的、交织型的任务,带有明确学习目标和清晰评价标准的深度学习任务,以及持续、有效的反馈和导向教学目标的形成性评价;在技术使用上,教师能识别和使用数字技术及资源支持深度学习任务,帮助学生把握学习过程,运用数字技术分析过程性数据以改进教与学的策略[1]。

同时,我们不应该一味追求深度学习教学的形式,而逐渐淡化了要能深度理解学习内容的本质。因此,一方面要积极倡导深度学习新教学法的优势,另一方面还要考虑不同学习方式之间的协调统一,毕竟没有一种方法能够适用于各种学科课堂。

(三) 跨界学习何以发展教师深度学习的领导力

卢湾中学的教师跨界学习始终围绕教师发展的核心要义,试图解决边界内无法解决的问题,通过不同边界和不同视界的彼此交织,形成优势互补。教师跨界学习依据异质共同体的优势,其研修活动秉持深度学习观,倡导"学习是一个发展进阶"的观念,以学生素养本位创生设计跨学科课程或项目学习活动,并组织、实施和评价。跨界学习有利于教师在教学实践中既形成宏观学习"大视野",又描绘微观学习的"路线图",构建素养本位的学习体系,在让每一个学生实现深度学习中展现教师深度教学的专业能力。

1. 跨界学习打开深度学习知识融合之门

学生学习能够达到的深度在一定程度上取决于教师对课程理解所达到的深度。日本学者佐藤学认为,教师进行的是"反思性教学",资深教师应对变化

---

[1]　张侨平,陈敏,金轩竹.理解深度学习 促进深度教学[J].教育科学研究,2021(4):53.

的即兴式思考，对于情境积极的、感性而熟悉的参与，整合课堂现象理解中的多元视点、问题的表象与解决中语脉化思考、实践过程中不断的问题构成与再构等实践性思考，为深度学习提供了重要条件。

无论是学生对知识的深度理解还是学生核心素养的发展，都需要确立整合取向的教育观。学科专业知识具有片面性特征，容易造成对知识整体性的忽视，不利于学生对知识的整体理解和整体素养的发展。因此，如何更有效地帮助学生实现学科知识的整合学习，是教师最重要的职责之一。这既需要教师熟练掌握所教学科的知识，又要求教师跨越学科壁垒，结合学生学习实际（学生的已有经验水平）有选择地去学习相关学科知识，使教学更科学有效。①

教师跨界学习是扎根于培养学生素养目标基础上的知识互相涉猎、融会贯通的手段。素养表现在问题解决全过程里，解决问题的能力是素养核心的表现。国际学生评估项目（PISA）2003 将问题解决定义为个人运用认知过程来面对并解决一个真实的、跨情境问题的能力，在此情境中解决问题的办法并不是一目了然的，并且解决问题所用到的知识技能也不局限于某个单一领域②。跨界学习让教师在日常教学中无意识地做出"融合"工作，比如把生活和知识相融合、旧知识和新知识相融合、不同课程学科相融合。通过多门类学科知识的融合呈现，帮助学生从多学科多角度深度理解知识。因此素养提升、能力升华是教师跨界学习活动的主旨之一。

通过跨界学习，教师不仅能够学习其他领域的知识，拓宽知识眼界，还能够打破分科教学课程的壁垒，联通分科教学课程之间的联系点，实现多学科多知识点的融会贯通，借鉴其他学科领域的思考方式，跳出固有学科思考模式，拓宽思考问题的角度，实现教育教学创新，加深学生对知识的理解。通过跨界学习活动，可以帮助教师打破原来的认知局限，运用跨界思维创新性解决学科学习问题，帮助学生找到各个学科领域知识的关联性，促进学生更加全面而深刻地理解课程内容，也逐步打开学科知识融合之门。

2. 跨界学习助推深度学习走向深度教学

温格等人曾指出，跨界学习会促使学习者以新的眼光看待并反思他们长

---

① 杜启达,李如密,阎浩.教师跨界学习:内涵、价值及策略[J].教育与教学研究,2022,36(5):68.
② 王宽明.论问题解决与数学课程改革[J].教育评论,2021(7):141-147.

期从事的课程教学实践活动,因而有助于提供创新或改善课堂教学的机会①。从这个意义上说,跨界学习是提高教师创新水平的有效方式,也是促进课堂教学创新的好方法,也有助于引导学生产生学习兴趣并促进学生自己深度学习。在跨界学习活动中,教师通过不断提升自己的综合文化素养,广泛涉足其他学科领域课程知识,一方面尊重本学科课程的基础内容,同时深入研究其他学科领域的上下联系,敢于创新,大胆实施不同学科之间的深度融合教学。

深度学习能够走向深度教学,也是教学一致性和相融性所共同决定的。为了追求学生的核心素养发展,应该克服浅层次教学的局限性,实施深层次教学,引导学生学会深度学习。深度教学的根本在于学习观与知识观的深度转变,强调处理知识的充分深度、充分广度与充分关系度,突显学习的沉浸性、丰富性与层进性,通过突出学习知识的文化多元性与敏感性,增加课堂的立体画面感,促进批判性思维与反思性学习,实现知识生成的意义与价值多样性。

引发学生深度学习的重要条件是教师的深度教学。教师恰当的、有效的支持和引导是学生学习取得良好效果的基本原因和条件。"人非生而知之者,孰能无惑? 惑而不从师,其为惑也,终不解矣。"相对于成年人,中小学生的认知处于发展不够成熟的阶段,具有这一发展阶段的学习特征。学生年龄愈小,则学习经验愈加缺乏,所能掌握的学习方法也愈少,更加需要教师提供必要的帮助与引导。除了在知识的学习方面,他们在道德和社会性学习方面也同样如此。只有学校提供特定的学习环境,教师给予学生指导性的学习点拨,学生学习才会到达深处。教师的劝诫、点拨、补充、启迪等都是指导学生进行深度学习的基础方式。学校教师对教学周边环境的巧妙设计,对学习全程的精心布局,都可以促进学生更积极参与教学活动,从而实现深度学习。同时,学生深度学习的程度也受制于教师对课程的理解度。保障学生开展深度学习的前提是教师对课程知识的深度理解。美国课程理论家施瓦布(Joseph J. schwab)认为,课程是由教师、学生、教材与环境四个要素构成的。舒伯特(William H. Schubert))也认为"对教师、学生、教材或环境的某一个方

———————

① Wenger E., Mcdermortt R., Snyder, W. M. Cultivating Communities of Practice: A Guide to Managing Knowledge[M]. Boston, MA: Havard Business School Press, 2002: 153.

面关注过多或关注过少,都会打破班级或其他教育情境的'生态平衡'"。只有教师首先对课程知识有了深度理解,才能开展深度教学,从而引导学生进行深度学习。

依托教师的跨界学习,有利于实现知识的优化和教学方式的质的飞跃,也使得学生的深度学习和教师的深度教学之间相辅相成、相互促进。跨界学习促使教师建立新的知识观和学习观,从而促使深度学习发生,在很大程度上也助推了教师教学的变革,促进了教师领导力的提高。

3. 跨界学习突破深度学习模式和组织边界

教师的跨界学习本身就是一种深度学习领导力的释放、发挥和发展的学习过程,同时又是一种在新的学习模式中引发深度教学发生结构性质变的过程。跨界学习在使教师知识更广博,知识结构更多元,思维更敏锐,眼界更开阔的同时,也使深度学习领导力产生了质的飞跃。

学校依据突破深度学习共同体组织边界、融合深度学习共生的策略,在校内形成跨越学科边界的"无边界思维坊"、跨越时空边界的"酷课·创学中心组"、跨越项目边界的"科学创智 home"、跨越师徒边界的"1+3+N 工作室"和跨越生活边界的"青年教师创意沙龙"等跨界深度学习群体。同时在校外与高中高校联盟,与公司企业合作,跨领域共建。多维度的跨界深度学习共同体区别于传统组室,用"去中心化"形成"分布式领导",以结构开放促动力内化,激活深度学习共同体组织,优化教师跨界、交叉、联想、创生等思维品质。

学校精心设计"教师跨界学习课程",包含跨界学习素养、跨界思维训练、跨界实践能力三个板块。跨界学习素养课程从文史哲、社科、艺术等方面开展教师通识教育;跨界思维训练课程培养教师的思维技能,促进横向思维、创意思维、整体思维等的发展;跨界实践能力课程则从课程宏观到学科中观再到课堂微观,立足"无边界"课程实践。在跨界学习中形成主题派对式、问题研讨式、项目开发式、游戏沉浸式、海报分享式等新型跨界教研方式,催生深度学习共同体组织的知识创想,打造了"跨界读书会""跨界讲坛""项目体验""走进场馆"等特色深度学习研修活动。

跨界学习激活了教师深度学习共同体组织,拓宽了教师深度学习的"知识半径",实现了课程创生,教师"跳出学科教学科",研发 50 多门跨学科课程,实现了更深层次的专业发展,提升了"全域素养"。尤其在培养学生跨界思维、综合思维,多角度创新思考、用创新思维解决问题上收到了良好的效果。

四、数字运用的胜任力

（一）什么是数字运用的胜任力

人工智能时代,网络技术、全息投影、增强与虚拟现实技术等数字仿真技术在教育教学领域的应用越来越广泛,面向未来的人类学习方式和教育生态正在悄然发生着一场革命性变化。教师需要积极适应未来教育与学习的变革,具备更高更全面的数字运用方面的专业胜任能力。

21 世纪初,不少国家与组织就相继发布了教师数字胜任力框架。如美国颁布《教师国家信息和通信技术能力标准》(National ICT Competency Standard for Teachers),联合国教科文组织发布《联合国教科文组织教师信息和通信技术能力框架》(UNESCO ICT Competency Framework for Teachers),英国基于 DigComp 公民框架提出英国教师的通用数字能力框架。欧盟发布了《欧盟教育工作者数字胜任力框架》(European Framework for the Digital Competence of Educators)等,深刻地推动了欧洲教师数字能力的理论与实践研究。[1] 我国教育部也在 2022 年 11 月 30 日最新发布了教育行业标准——《教师数字素养》(JY/T0646－2022),明确提出教师应具备的利用数字技术创新、优化并变革教育教学活动的能力、意识与责任,扎扎实实推进国家教育数字一体化战略行动计划,进一步完善教育系统信息化标准和体系。然而,究竟什么是教师数字运用的胜任力,或许我们可以从概念的历史演变角度和数字胜任力内涵本身进行理解。

1. 从数字技能到数字胜任力

20 世纪 80 年代最常用的术语之一是"计算机素养"(Computer Literacy)。随着技术自身的不断发展以及人们对信息技术的深入认识,逐渐出现了如信息

---

① 韦林翠,林琦. 国际视野下教师数字胜任力的特征及启示[J].黑龙江高教研究,2023(2):111－119.

素养(Information Literacy)、媒体素养(Media Literacy)、网络素养(Internet Literacy)等提法，但"这些术语都主要聚焦于教师的数字技能"①。

1997 年，保罗·吉尔斯特(P.Gilster)在他所著的《数字素养》一书中首次提到"数字素养"，他明确指出"数字素养是一种更为综合的能力，而不仅仅是打字等基本技能"，它是多维的互动的，是寻找信息和评估信息的能力②。从他的理解中可看到"数字素养"与"数字技能"是区分开来的，是将计算机素养与其他(包括信息评估和知识重组)的"软"技能以及一系列的数字理解、数字态度等相结合③。

而有学者认为，"数字素养"还不足以体现教师实践智慧的丰富性。根据 2022 年教育部发布的《教师数字素养》教育行业标准，我国的教师数字素养框架共包含数字化意识、数字技术知识与技能、数字化应用、数字社会责任、专业发展 5 个一级维度，这 5 个一级维度分别由 13 个二级维度组成，13 个二级维度由其下 33 个三级维度组成，层次分明，内容相当丰富。该标准主要用于对教师数字素养的培训与评价，具体包括能够掌握在教育教学中选择数字化设备、软件、平台的原则与方法；能够运用数字评价工具对学生的学习情况进行分析，应用智能阅卷系统、题库系统、测评系统对学生知识准备、学习能力、学习风格进行分析；能够利用数字技术资源发现学生学习差异，开展针对性指导等。④

教师数字素养虽然也是指教师具备的数字知识、技能、态度的综合体，强调各个组成部分的重要性，但教师数字胜任力更强调的是整体，是以教师所能解决的问题或达成任务的复杂度、完成度及整个过程中的综合行为表现来衡量的，更强调教师的数字综合能力⑤。有学者对"数字胜任力"和"数字素养"二者做了如下对比：

---

① 孙晓红，李琼."学习者中心"的教师数字胜任力框架国际经验[J].比较教育学报，2022(1)：28－40.

② Pool, C. R. A New Digital Literacy：A Conversation with Paul Gilster[EB/OL]. https://www.ascd.org/el/articles/a-new-digital-literacy-a-conversation-with-paul-gilster

③ 孙晓红，李琼."学习者中心"的教师数字胜任力框架国际经验[J].比较教育学报，2022(1)：28－40.

④ 熊丙奇.提高师生数字素养，不等于纳入"必考科目"[N].济南日报，2023－03－23.

⑤ 孙晓红，李琼."学习者中心"的教师数字胜任力框架国际经验[J].比较教育学报，2022(1)：28－40.

表 1-2　数字素养和数字胜任力要素对比(来源:仇晓春,肖龙海,2021)①

	数字素养	数字胜任力
出现时间	1997 年	2010 年
地域主体	英国、美国、亚洲	欧洲大陆、南美
领域主体	健康与人文	教师教育和经济学
主要目标	实践或教学变化、发展教育系统	发展教师和学生胜任力
概念内涵	基础或常识性能力是数字胜任力的基础	综合性、竞争性、实践性基础和必备能力
数据收集方法	混合的、调查、访谈、个案研究、行动报告	混合的、调查、个案研究、视频分析
主要应用领域	教育政策和实践(涉及电子包容)	教育研究(涉及数字知识、技能和态度的功能性、融合性使用)

可见,从"技能"到"素养",再到"胜任力",表明数字能力观超越了技能,涵盖了知识,并不断融合态度、性格、心态和价值观等内涵。并且,教师的数字胜任力还要跟所胜任的具体情境相结合,才能更充分地理解它。

2. 数字胜任力的内涵与结构

从结构上来说,教师数字胜任力主要由基本知识、核心能力和伦理态度构成。其中,基本知识是基础,是教师对人工智能及 ICT 教育应用的综合认知;核心能力是关键,是教师运用人工智能数字技术改进教学、实现自身专业发展的能力的集中体现;伦理态度是灵魂,反映教师对数字时代智能教育及其实践的根本看法和价值观念。②

(1) 基本知识

包括与数字教育相关的理论性知识、实践性知识和技术性知识。其中,理论性知识不仅包括学科内容知识和教学法知识,还包括对人工智能时代教育原理、特征、方法等的认知和理解。实践性知识是教师在数字智能教育环境下开展教育教学实践而形成的个性化和情境化的感悟、经验、反思等。技术性知识是教师对信息化、人工智能等技术的认知,以及如何在教学中使用技术的知识。

---

① 仇晓春,肖龙海.教师数字胜任力框架研究述评[J].开放教育研究,2021(5):110-120.
② 刘斌.人工智能时代教师的智能教育素养探究[J].现代教育技术,2020,30(11):14.

（2）核心能力

教师在这方面的核心能力与其胜任的情境密切关联,要同时考虑其教学情境,也要考虑其专业发展情境。因此核心能力包括:数字环境下的教学能力和自主发展能力。其中,数字运用的教学能力是教师在智能教育环境下实施教育教学活动的能力,体现在教学的各个环节,包括教学设计、实施与管理、诊断与评价等。而数字环境下的自主发展能力则表现为教师利用数字技术包括大数据、云计算、人工智能等解决专业发展问题的能力,如开展创新学习,挖掘教与学过程数据开展教学反思和教学研究,实现自我成长等。

（3）伦理态度

伦理态度是指教师对待数字技术如人工智能及其数字教育的理性态度与合乎伦理道德的实践。理性的态度如:充分认识数字技术在教育中的优势及其潜在风险,避免"唯技术主义";理性看待自身职业,认识到教师无法被人工智能取代的必然结果;理性对待和评估人工智能教育应用的影响等。合乎伦理道德的实践是指教师在开展智能教育教学实践过程中要遵循伦理道德规范,以人(学习者)为中心应用人工智能技术,加强数据管理与人工智能技术治理、尊重学习者和教师的自主性等①。

（二）为什么要发展教师数字运用的胜任力

数字运用的胜任力在当前的大数据、人工智能时代越来越重要。教师须学会运用甚至开发数字化学习资源、创设数字化学习环境的本领,实现内容、方法、资源、技术和策略的高度统一融合,从而将种种信息的运用技能融合在数字化学习资源、课程环境的建设与运用中。

1. 服务于教育高质量发展战略

习近平总书记在党的二十大报告中对加快建设教育强国做出一系列重要部署,强调"推进教育数字化,建设全民终身学习的学习型社会、学习型大国"。教育数字化发展是教学活动和数字技术融合统一发展的结果,也是更进一步推动教育教学改革向前推进的重要动力。

---

① 张慧,黄荣怀,李冀红,等.规划人工智能时代的教育:引领与跨越——解读国际人工智能与教育大会成果文件《北京共识》[J].现代远程教育研究,2019(3):3-11.

提升教师数字运用的胜任力对于适应教育数字化,服务我国教育高质量发展战略具有重要现实意义。尤其是随着人工智能与教育的融合发展,教师的存在价值、角色定位及其能力要求成为教育领域关注的重要议题,国家教育层面也逐渐认识到需要对教师的角色及其所需的能力重新审视并界定[①]。UNESCO 在发布的《教育中的人工智能:可持续发展的挑战和机遇》报告中,将"提升教师的人工智能素养"作为构建人工智能时代教育生态系统的重要内容[②];我国教育部在先后颁布的《高等学校人工智能创新行动计划》《教育部办公厅关于开展人工智能助推教师队伍建设行动试点工作的通知》《教师数字素养》教育行业标准等文件中,也提出了"培养教师实施智能教育的能力"[③]"开展教师智能教育素养提升行动"[④]"应用数字技术资源促进学校家庭社会协同育人的能力"[⑤]等目标和举措。可见,随着人工智能教育应用的逐步深入,未来国家教育战略将为更多地区和学校提供人工智能 ICT 教育应用方面的政策支持和资金扶助,所以我们需要发展教师数字运用的胜任力,以推动国家政策层面教师人工智能教育素养提升行动的落地。

2. 适应未来教育和教师角色转型

随着智能数字技术应用所带来的一系列社会形态转型和生产力变革,教育行业的人才培养系统需要更加适应社会对教育人才的需求,更加注重对学习者如何应对未来社会职业挑战、工作生活的高阶思维和素质的培养。同时智能技术在教育系统中的深度应用也会引发教学环境、教学活动、教学模式、学习方式、管理方式等的转变,推动教育主体观、教育交往观、知识观等的转变[⑥],致力

---

① UNESCO.Beijing consensus on artificial intelligence and education[OL].＜https://unesdoc.unesco.org/ark:/48223/pf0000368303＞

② Pedro, F., Subosa, M., Rivas, A., et al. Artificial Intelligence in Education: Challenges and Opportunities for Sustainable Development[R].Paris: United Nations Educational, Scientific and Cultural Organization, 2019:29.

③ 中华人民共和国教育部.教育部关于印发《高等学校人工智能创新行动计划》的通知[EB/OL].http://www.moe.gov.cn/srcsite/A16/s7062/201804/t20180410_332722.html.

④ 中华人民共和国教育部.教育部办公厅关于开展人工智能助推教师队伍建设行动试点工作的通知[EB/OL].http://www.moe.gov.cn/srcsite/A10/s7034/201808/t20180815_345323.html.

⑤ 中华人民共和国教育部.教育部关于发布《教师数字素养》教育行业标准的通知[EB/OL].http://www.moe.gov.cn/srcsite/A16/s3342/202302/t20230214_1044634.html.

⑥ 中华人民共和国教育部.教育部办公厅关于开展人工智能助推教师队伍建设行动试点工作的通知[EB/OL].http://www.moe.gov.cn/srcsite/A10/s7034/201808/t20180815_345323.html.

于教育生态环境的系统性重塑和变革。

这些变革势必将倒逼教师角色、身份的转变。由教师、学生、课程构成的传统的三维结构将转变为新的四维结构，即学生、数字化学习环境、数字化学习资源和教学支持服务。①未来教师将成为基于数字化技术环境、教学资源，向学生提供全面学习活动的服务者和支持者。所以面向未来的教师需要在教学活动中担任更加多样化和专业性的角色，同时积极适应面向未来的教育和学习变革，并且具备更全面更高水平的专业化素养。发展教师数字运用的胜任力，可以帮助教师扮演更加多样的角色，包括学习指导者、个人教育顾问、社区智库规划员、教育巡查员、社会人力平台开发员、测评设计师等。②很明显，在面向未来的学习和教学行为活动中，传统学校线下模式那种单纯以传授知识为主导、以教师为中心角色的特征形态将逐步消融，日渐式微，面向未来的教师角色即将被重新塑造，以呈现更加符合面向未来教育、学习和教学改革需要的多样化和基于教学、学习和数字智能技术统一互融的专业化。

3. 解决教师数字能力不足的现实矛盾

早在 2015 年和 2018 年，"教师教学国际调查项目"（TALIS）的数据就显示，上海地区教师在要求学生利用信息与通信技术完成学习项目的能力上，占比虽然已经出现较大幅度提升，但和经合组织的平均比例数相比，仍存在较大的差距。教师在信息技术应用于教学中的态度、认识和相关技能方面都需要进一步提升。③

而在人工智能发展愈演愈烈的当下，教师对人工智能及其教育应用的认知还非常缺乏，教师的相关能力还难以适应人工智能时代的人才培养需要，对于如何在人工智能环境下掌控教学节奏、合理运用技术、实施个性化教学、培养学生高阶思维等问题的解决更是无从下手④，因此，发展教师数字运用的胜任力，探索与人工智能时代相适应的数字运用 ICT 教育素养需求日益迫切。随着人工智能教育的快速发展，教师要尽快调整角色定位，重新思考教师知识体系和

---

① 单从凯.未来教师的角色与素养[J].中国远程教育，2014(1)：10-11.

② 邓莉，彭正梅.全球学习战略 2030 与中国教育的回应[J].开放教育研究，2017(3)：18-28.

③ 朱小虎，张民选.教师作为终身学习的专业——上海教师教学国际调查（TALIS）结果及启示[J].教育研究，2019(7)：138-149.

④ 钟绍春，唐烨伟.人工智能时代教育创新发展的方向与路径研究[J].电化教育研究，2018(10)：15-20，40.

能力结构;再加上人工智能时代要求教师强化终身学习理念,因此教师需充分发挥主动性,通过提高自身的数字运用胜任力,从终身学习、教学融合、数字伦理等方面促进自身专业发展。

(三) 跨界学习何以发展教师数字运用的胜任力

卢湾中学的跨界学习逻辑起点是现实问题的存在,与传统的接受式教师学习有着本质区别,它在问题解决中学习,在学习中解决问题,不断推动教师的教研形态发生改变。通过一系列的教师跨界学习,突破领域边界,教师学习人工智能领域前沿知识,用新的数字工具、新的数字 ICT 技术链接全学科、全世界,助力教学新样态的逐步生成,发展着自身的数字运用胜任力与教学深度融合的数据思维。

1. 跨界学习从组织层面支持教师数字运用的胜任力

卢湾中学在跨界学习探索中,在更加"数智化"的未来新技术支持下积极打造以学习者为中心的非正式学习空间——混合式校本平台(包含智慧课堂互动教学平台、学情分析系统、课程教学管理系统、自主学习资源中心、教师数字化教研系统、应用教学资源系统等六个子系统),拓展教师学习的时空,提供"技术—要素—过程"三维融合的教学支撑,实现教学资源—课程教学—学生学习—教师教研—学校管理一体化。混合式校本平台的支撑,让教师在跨界学习中突破时空边界,突破技术领域边界,基于技术和资源开展深度教研,聚焦技术支持下的学习新样态,形成新的教学应用场景,从教学本质、技术融合、交互设计、深度学习、学习服务和课堂评价等多个维度实现了技术与教学的最优融合。基于人工智能领域和技术赋能课堂的教师跨界学习,促进了教师融合技术的学科教学知识与能力的发展,呈现出生态开放、尊重个性、因材施教、深度学习、数据实证的跨界学习新样态。同时从学校和组织层面支持教师发展数字运用的胜任力,包括制度环境、课程与教学、培训支持、平台资源等。其中,学校情境化、互动式、体验感、数字化的跨界"学习场"环境可以弥补教师信息技术能力发展动机不足并且发展基础较弱的难题,为提高教师数字技术应用水平提供有力支撑。

2. 跨界学习从学科层面提升教师数字运用的胜任力

卢湾中学的教师跨界学习不仅聚焦学科边界的突破和淡化,也同时注重突破时空边界,将"数字赋能"作为教师跨界学习素养课程内容中的一部分,开展教师信息能力提升工程——"数字赋能"TPCK 三级研修课程,将数字潜能转变为现实的跨界学习主题选择和路径研究方向,以实现在学科教学中不断提升教师数字运用胜任力。跨界学习助力提升教师的数字素养和数字技能,并促进教师基于智能数字技术和资源,研发课程、设计教案,形成基于"技术—要素—过程"的"三维"设计路径,在教学中凸显丰富资源、数据采集、实证分析、数字交互、个性指导等特质;同时依托信息技术和资源,准确地运用学科跨界知识,引导学生综合运用不同知识和技能去解决各个学科领域的学习问题。由此可见,教师跨界学习也进一步促进其自身数字运用胜任力的提升。

五、自我导向的学习力

(一) 什么是教师自我导向的学习力

1. 自我导向学习

1966 年,成人教育专家塔夫(Allen Tough)首次提出自我导向学习(Self-directed Learning)理论。他认为,自我导向学习主要是强调学习者自己制定计划,有别于其他学习方式之处在于能够自主引导自己开展学习活动。1975 年,成人教育学者诺尔斯(M. Knowles)则从与儿童学习相比较的角度来提,认为成人具有独立自主的、成熟的自我概念,认为自己是一个自我导向的独立个体,能够自我决定、自我管理,并为自己的行为承担后果。他提出自我导向学习是"在他人帮助下或独立完成学习活动的过程,但前提是学习者本身对于学习活动是自主的而非被动的,在这个过程中学习者了解自己的需要、制定计划、寻求资源、选择合适的策略并对结果进行评价"。诺尔斯对自我导向学习的动机、过程、结果等方面行了比较全面的描述。此后还有其他西方学者提出对自我导向学习的见解。

有学者在比较和分析西方自我导向学习理论后,得出一些基本观点:首先,自我导向学习充分强调学习者的主体地位;其次,自我导向不是指学习者单独学习,而是强调学习者不断转化学习的过程,即学习者根据学习需求制订学习目标和学习策略、寻求学习资源、实施学习计划和对学习结果进行评价,并不断地通过批判性的自我反省,进行意义观点和意义体系的转化[1]。此外,从西方对

---

① 刘奉越.西方成人自我导向学习理论发展的比较研究[J].现代远距离教育,2014(2):28-33.

自我导向学习认识的发展角度来看,越来越重视这种自我导向学习实践应用情况以及学习情境作用情况等方面。

可以认为,自我导向学习是一种学习理念与学习能力,也是一种学习方式方法。教师运用自我导向学习符合其作为成人学习者这一角色的特点,同时也需要放在教师这一职业情境下来理解。例如,国内学者结合课改背景,认为课程变革的"常态性""问题性""情境性"和"生成性"为教师自我导向学习提供了契机,教师自我导向学习是一个内外统一的发展过程。其中,教师的自我引导、经验建构、反思、知识转化、共性成长是其自我导向学习的特征,而教师自主学习意识的觉醒,学校场域下教师学习精神、制度、物质及管理环境的创设是教师自我导向学习的生成基础。[①]

2. 自我导向学习能力的构成

研究者基于文献研究以及实证检验,指出自我导向学习能力是由多种能力构成的综合体,包括认知、元认知和非认知属性[②]。

自我导向学习能力的认知方面,主要包括问题解决、批判性思维和信息素养。其中,学习者在学习中要能够定义和识别问题,寻求问题解决方案并实施最佳解决办法;批判性思维则是学习中自我监控的判断过程;此外,信息时代要求学习者在学习中掌握必要的信息素养,尤其是当在线学习越来越成为日常。

自我导向学习能力的元认知方面,主要包括学习计划和自我监控。这也是自我导向学习理论最初所强调的重点。在我国,已形成了从国家到校本的五级研修网络,教师的各种学习、研修、培训往往被制度化地安排妥当,教师很容易陷入"被动参与"的境地,这种情况下更加需要教师学会对自己的所有研修、学习进行计划和监控,发挥学习的主体性。

自我导向学习能力的非认知方面,主要包括学习动机、学习责任、人际沟通。学习动机是激发和维持学习者学习的内外部因素,高水平自我导向的学习者具有强烈的内在动机,能够设定目标,选择适当的策略来实现这些目标。学习责任则体现了学习者愿意为自己的学习负责,是积极的态度体现。良好的人

---

① 董静.课程变革下教师自我导向学习的意蕴与生成基础[J].内蒙古师范大学学报(教育科学版),2013(4):57-60.

② 刘博文,颜婷,孟凡星,吴永和,罗恒.全方位刻画:自我导向学习能力框架的构建与验证[J].远程教育杂志,2022(6):54-64.

际关系对自我导向的学习具有积极作用,在跨界学习中,需要教师之间互相协助,借助彼此的资源、经验来共同解决问题。

(二)为什么要提升教师自我导向的学习力

自我导向学习力是教师专业素养中关联自我态度和学习意识的部分。它决定着教师在未来学习型社会中的生存,是决定教师职业生涯中专业学习活动有效性的关键因素,教师学习力的内在价值不仅仅局限在教师自身,它更加关系到教师可以为学生建构出怎样一种课堂生态,从而直接或间接影响学生未来发展,是教师和学生、教学建立互动关系的重要内驱力,从某种意义上来说,教师的自我导向学习力既是激活教育生命的动力源泉,也是实现教师专业成长的动力源泉。

1. 回应学习型社会的挑战和新课程纵深推进的要求

人类社会发展进入 21 世纪,这是一个学习型社会发展的新时代,知识爆炸、信息暴增,信息资源更新的周期频繁加快,人类的学习模式已从个体的独立学习逐渐演化为组织的统一学习、社会的共同学习。21 世纪的教师在面对新知识、新技术、新技能时不可避免会出现捉襟见肘的问题,所以必须不间断地获取、补充新知识与新信息,保持自我更新,不断提升自己的竞争能力、创新能力与自我导向的学习能力,才可能在教育领域的不断发展变化中保持住自己的独特优势,使自己的教学充满活力。

与此同时,2022 年 4 月,新版义务教育课程方案及各学科课程标准正式颁布。新课标中明确提出了要坚持以核心素养为未来导向,探索使用大项目、大概念或大任务来组织课程教学内容,体现出育人的根本目的,这将是今后相当长的一段时间内课堂教学改革的风向标。《义务教育课程方案和课程标准(2022 年版)》要求优化课程内容结构,"设立跨学科主题学习活动,加强学科间相互关联,带动课程综合化实践,强化实践性要求"。新课改的纵深推进对教师的学习提出了更高的要求。此外,新课改还要求教师同时成为教学活动的研究探索者,这不仅是时代对教师提出的更高要求,也是面向未来教师成为学生自主学习的引导者与促进者的必要前提。未来教师应该更加善于发现自己教学实践中出现的各种问题,更加深入探索研究、更加努力思考问题解决的方法,方能不断提高自身的教学水平,促进自身专业化的全面发展。

2. 助推教师成为自主学习的终身学习者

从 20 世纪 70 年代,联合国教科文组织发布的报告——《学会生存——教育世界的今天和明天》开始,终身学习、继续教育的思想就逐渐在全球传播开来,随后又逐渐演变为终身学习的行业思潮。而"教育"转向"学习"的变化则表明了时代变化及其对教师提出的新要求。社会对教师职业的认识程度随着教师研究的深入程度而逐渐加深,由此会带来教师教育的基本观念由培训(外部)变为学习(内部),教育教学的主体由教授转变到学习,教师专业角色从传道、授业、解惑者转变为多重角色的叠加,如学习者、引导者、支持者、研究者等,这里面最重要的变化是观念上的改变和学习主体的改变。

教师实现自身专业学习的出发点是专业成就的动机、教育实践的要求和自我实现的愿望,是教师积极面对教育环境挑战、积极改变专业自我角色、赢得行业领域共同体认可的成长需要。专业学习需要伴随教师专业成长的每个阶段,专业学习内驱力是推动教师持续学习的动力。而专业学习内驱力的源头来自于教师对外界教育环境失调产生的不适,不管是外界教育情境的发展变化超出了教师专业原本自然成长的节奏,还是教师对专业自我实现的主观需求超出了教育教学实践的一般需求,都可能会带来教师新的专业学习内驱力。当教师的专业学习进入"自主追求"的状态,意味着内在的"学习力"已经形成、发展,它将推动教师成为自觉的终身学习者。

(三) 跨界学习何以提升教师自我导向的学习力

1. 跨界学习提升教师自我导向学习的认知和元认知方面

跨界学习是教师共同解决"真实问题"的过程。其中的问题发现、问题分析理解、问题关联、问题整合、问题解决与传统意义上的教师学习有很大差别,教师在跨界学习中要面对许多综合性的问题,具有新颖性、复杂性和挑战性。教师在此过程中不断学会合作解决问题,在此过程中进行批判性的思考,这些都是自我导向学习中认知方面的能力。

在元认知方面,自我导向学习强调学习计划和自我监控的能力,跨界学习恰恰对教师在这方面提出了新的要求和挑战。如,跨界学习不同于一般的聚焦于特定能力(如 ICT 能力、课题研究能力、文本解读能力)的教师学习,其目标、内容的确定往往更复杂,学习计划的制定往往难度更高,且有更多的不确定性。在共同的问题解决过程中,需要教师随时监控自己或团队的学习过程,根据情况做出调整等,因此对自我监控也要求更高,一系列实践促进了教师在自我导向学习的元认知方面的能力。

2. 跨界学习提升教师自我导向学习的非认知方面

在持续的跨界学习中，教师自我导向学习中的动机也发生着深刻的变化。跨界学习拓展了教师视野，拓宽了教师的"知识半径"，深化了教师对学科的理解，提高了专业思考的深度，引起了思维方式的转变。所有这些内在的变化以及效能感的提升，深刻作用于教师学习的动机和兴趣，提升了教师学习驱动力。

另一个典型的非认知方面的增长则是教师人际沟通或社会能力方面。教师跨界学习主要是以跨学科学习共同体为组织开展的。异质性的群体中，每位教师都有自己独特的学习经历、经验，以及个性化的知识结构、信念体系和思维方式，有时还有校外社会资源的引入。教师需要在不同的异质性团队中沟通想法、协商方案，甚至开展辩论。教师在获得可贵的多元经验、学习不同思维方式的同时，更是借助不同力量解决问题，实现跨界学习的追求。

六、"五大核心能力"培养的校本化诠释

在学校生态文化中，最为核心的就是教师状态，唯有激活教师，实现专业发展自治自主，方能面向未来教育变革课程形态，适应新课程提出的素养导向的课程改革需求，才能实现育"完整人"的教育追求。为此学校将教师专业发展纳入生态化管理系统之中，通过跨界学习，关注教师的智力流动、体力流动、物质循环和信息传递，兼顾成事与成人，将团队建设和个体发展相融合，并不断提升教师"与时俱进的知识力、突围创新的思考力、深度学习的领导力、数字运用的胜任力、自我导向的学习力"五大核心能力，打造一支能面向未来教育、具有"全域素养"的教师队伍，以"全人"胜任育"完整人"的新时代教育要求。

要实现教师"全域素养"的发展，学校从系统观念整体出发，以"全域素养模型"为理论素养，将较为琐碎、碎片化的每一种能力的具体表现进行统整，通过自上而至下的情境分析与自下而上的质性研究两种途径相结合，对"五大核心能力"进行校本化的分解诠释，构建了包含 5 个一级维度、12 个二级维度的 35 个具体表现要素。一级维度是"全域素养"的能力维度；二级维度是该能力的具

体组成特质;三级维度是由以上两种途径析出的具体构成要素,是可供教师对照的表现点(见表1-3)。三级指标体系形成"指标—表现—改进"的教师发展路径,贯穿于教师"发展链"的五大方面。

表1-3　"五大核心能力"校本构成要素

一级维度	二级维度	具体表现描述
与时俱进的知识力	1. 一般教学法知识 2. 学科内容知识	(1) 了解本学科发展前沿; (2) 了解初中学段跨学科内容相关知识; (3) 具备人文社科、自然科学等通识知识; (4) 了解社会热点、流行文化等社会常识; (5) 掌握当前面向未来的教学方法、教育技术; (6) 了解人工智能、云计算和大数据等新兴技术知识; (7) 掌握学生心理发展和成长特征的相关知识; (8) 理解学生学习的相关理论。
突围创新的思考力	1. 批判性思维 2. 创造性思维	(1) 能够提出质疑; (2) 能够分析推理; (3) 能够对自我进行反思; (4) 能够把多学科的知识关联并进行跨学科设计和实施; (5) 能够不断开拓创新; (6) 能够举一反三、思维开阔发散; (7) 能够灵活变通、问题迅速切换; (8) 能够跨界综合、多学科互相融通。
深度学习的领导力	1. 自身深度学习改进教学 2. 引导学生发展深度学习	(1) 确立跨界整合教育观,帮助学生实现学科知识的深度学习; (2) 运用跨界学习理念,实现课堂教学新时空的深度融合; (3) 打破原有认知方式局限,运用跨界思维创造性地解决问题; (4) 广泛涉猎其他学科,加深理解本学科课程,纵横联系、大胆创新,实施多学科融合的深度教学; (5) 融合活用新技术,凸显多维度跨界学习和深层次内容交互; (6) 培养学生跨界思维,促进反思性学习引导,保障学生实现自身深度学习。

（续表）

一级维度	二级维度	具体表现描述
数字运用的胜任力	1. 基本知识 2. 核心能力 3. 伦理态度	（1）具备对人工智能时代教育原理、特征、方法等的认知和理解； （2）能够在数字智能教育环境下开展教育教学实践并掌控教学节奏、合理运用技术、实施个性化教学； （3）利用大数据、云计算等数字技术开展自身学科创新学习； （4）通过人工智能挖掘教与学过程数据，开展教学反思、实现自我成长； （5）充分认识数字技术在教育中的优势及其潜在风险； （6）开展智能教育教学实践过程中做到遵循伦理道德规范； （7）胜任学习指导者、个人教育顾问、社区智库规划员、教育巡查员、社会人力平台开发员、测评设计师等多重教师角色。
自我导向的学习力	1. 认知 2. 元认知 3. 非认知	（1）自己制定计划，自己引导自己开展学习活动； （2）自己定义和识别问题，寻求问题解决方案并以最佳解决办法实施； （3）学会对自己的研修学习进行监控和反思，发挥学习的主体性； （4）拥有积极的学习态度和良好的人际关系，学会合作解决问题； （5）具备专业学习内驱力，是自觉的终身学习者； （6）能够在不同的异质性团队中沟通想法、协商方案、开展辩论。

"五大核心能力"聚焦教师专业发展，其校本构成要素是五种能力的具体表现，也可谓五大核心能力的校本转换点，能让教师明晰该能力的标准，明确发展目标导向，唤起强烈指向发展目标的工作方法、过程，也可以在学校教育教学过程中和自我发展方面根据表现要求进行自我改进，加快了改进信息的反馈速度。"指标—表现—改进"的教师发展路径，实现了目标价值引领，促进了内部循环和修正，以科学合理的指标体系健全跨界学习的运作机制，进而累加跨界学习的效应，形成促进教师专业成长的学校文化。

第二章

教师跨界学习的内涵与要素

　　本书所指的跨界学习是教师在职学习的一种，它以正式或非正式的方式推动教师在职学习，更多地表现为非正式学习。跨界学习随时随地地发生于教师每日的教育教学实践，对教师专业发展有着不可低估的影响。

　　跨界学习是教师学习的一种形式，是一种存在于学习共同体内的学习活动。它是跨越学科边界、学段边界、时空边界、领域边界等的学习；也是一种基于边界资源的学习，它是突破教师原有的最近发展区边界，进入相对"陌生"的发展领域，根据学习主题，跨越教师个体日常工作的边界，寻求多元素交叉并整合学习资源，最终完成多元知识融合，以达到最佳学习效果的一种教师学习方式。

　　概括来说，本书所指的跨界学习有两重含义：

　　其一，跨界学习是以解决真实问题为核心的教师深度学习。它以教师在教育情境中遇到的真实问题为起点，这些问题仅依靠单一学科内的传统研修难以解决。跨界学习的过程不是教师被动接受、理解知识，而是对跨越边界的知识和信息的主动消化和吸收，进而达到充分理解"陌生"的知识。跨界学习不只是关注收获了多少知识，更加关注知识的转化、实践与迁移，在转化、实践与迁移中生成问题解决的智慧。

　　其二，跨界学习是打破空间、认知、情感边界的异质群体的教师学习活动。在校内，不同学科教师打破学科边界组成项目组或课题组，与学科教研员、专家学者等围绕问题开展探讨与交流；小、初、高不同学段的教师围绕学科课程中学段边界的问题开展研讨。在学区内，来自不同学校的教师开展集体教研、同课异构等。在这些跨界情境中，教师的学习突破了过去的学科边界、学段边界、地理边界，也突破了社会文化和知识的边界，在交流与共享中实现专业成长和集体创新。

一、愿景：以解决"真实问题"为追求

　　跨界学习是以真实问题解决为核心的学习形式，解决真实问题是跨界学习的出发点。传统的教师学习往往从本学科教学内容出发，从教师要提升的学科专业知识和学科教学技能出发，而跨界学习从教师的问题出发，从兴趣出发。这样的学习，让每个学习者主动参与，主动整合已有的知识进入未知领域。

　　然而，跨界学习要解决教师怎样的"真实问题"？这是我们首先要回应的。教师跨界学习要解决的应是教师在通常的分科教研、集中培训、自主阅读等学习中难以解决或解决起来比较低效的问题,这样的跨界学习对教师来说才具有价值。

宽泛地说,如何基于本学科立场,统筹关联学科,运用整体认知思维,提升教师的跨界意识、思维以及跨界实践能力,就是教师跨界学习要解决的问题。背后折射的是教师面临的两重困境:一是教师自身发展的困境,包括知识的"窄化"和思维的"固化";二是因为教师自身发展困境带来的教学实践的困境,即当下如何高质量推进学生的跨学科实践。

(一) 教师知识"窄化"的问题

《中学教师专业标准》对教师要掌握的"专业知识"做了明确规定,包括要掌握"一般教育知识、学科知识、学科教学知识、通识性知识"。但现实中,因为长期以来的分科教学,教师往往更重视自己所教学科的学科知识和学科教学知识,对学生知识及通识性知识的关注度相对低一些。其次,知识本身是不断发展的,尤其涉及科学、技术等方面的学科本体性知识,以及随着课程改革的推进所带来的新的理念与教学法。教师面临外部世界的变化,以及教育内部的革新,如果只囿于自己长期以来学科教学所熟悉的知识和经验,势必会困于这种被自己"窄化"了的知识内涵。跨界学习就是要充分拓展教师的知识边界,将自己的学科与其他学科相关联,与现实生活相关联,与未来世界相关联。

(二) 教师思维"固化"的问题

一方面,教师的工作如果不主动求新求变求进,很容易落入日复一日的重复性劳动中。而重复性工作容易养成人的惯性思维,形成僵硬、机械和陈旧的观念。另一方面,分学科教学也让不同学科教师在既定的领域里形成一套具有自身话语体系、思维方式的做法和习惯,语文有语文通常的教学方式,数学有数学的思维习惯,艺术有艺术的实践特点等,它们各自彰显学科特点的同时,某种程度上也树立了学科和思维的"壁障"。

李政涛教授认为教师的发展根本在于思维品质的发展,思维品质的高低决定了其职业生涯的高度、深度和广度[①]。在教师需要具备的诸多思维品质中,他提到

---

① 李政涛.判断教师思维品质的八个基本维度[J].中小学管理,2021(9):10-11.

教师要有思维的"开阔度""创新度"。开阔度就是要求教师打破已有的视角依赖和方式依赖,从封闭走向开放,从单一走向多元,用多元、多维、多向的视角和思维方式来思考探究教育教学;创新度就是要教师有新颖独特且不可替代的教育思想、观念与策略、方法等。这些思维品质的提升与跨界学习具有密切关联。

(三)教师应对跨学科实践挑战的问题

此外,教师所面对的真实实践问题是"如何面向学生开展跨学科教学"。当前,教学改革的一项重要任务是推进跨学科主题学习。《义务教育课程方案(2022年版)》明确提出,要"设立跨学科主题学习活动,加强学科间相互关联,带动课程综合化实践,强化实践性要求"。之所以认为这是教师面对的挑战,是因为:设计并实施跨学科主题学习是熟悉了分学科教学的教师所"不熟悉"的;教师自身知识结构和思维模式的不足,难以支撑教师开展这样的实践。

因此,教师的跨界学习显得尤为必要,它既试图解决教师知识"窄化"、思维"固化"的自身问题,同时也解决"如何应对跨学科实践的挑战"这一教学改革提出的问题。我们可以把二者的关系理解为:教师在跨界学习中通过共同解决"如何设计与实践学生的跨学科学习"这一问题(水面上的冰山,显性的),进而拓展和更新教师自身的知识,同时打破思维僵局(水面下的冰山,隐性的)。这两重困境、三个问题的关系可以用图2-1表示:

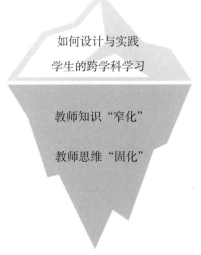

图2-1 教师跨界学习要解决的真实问题

二、组织：去中心化的"异质"共同体

在教师跨界学习中，参与人员角色和身份各不相同，既包括不同学科的教师，也包括学校管理人员、外聘专家、家长智囊团成员等。在这一教师跨界学习共同体中，成员之间形成多重联系，教师通过与来自不同经验和实践背景的参与者的互动、协商，发展出跨越边界的能力。这一能力的提升对教师来说是"横向技能"的发展，是一种"拓展性学习"。与学校里通常的教研组、备课组等教师学习组织不同的是，跨界学习所发生的组织具有自身特征，我们把它概括为"去中心化""异质性""学习共同体"三点。

（一）去中心化的内涵与特征

1. 去中心化的内涵

在传统的以行政为中心的学校组织中，存在着四种常见的边界，妨碍了教师创意和学习的交流。这四种常见的边界是：不同人员行政等级之间的垂直边界；不同职能、不同年级和不同学科之间的水平边界；学校和家长、校外机构、教育监管部门之间的外部边界；不同场所、不同文化以及不同学校之间的地理边界。跨界学习就试图穿透这四类边界，跨越障碍，让跨界学习共同体这一组织中的创意、信息、决策、人才和行动流动起来，让学习的组织更具创新、活力和效率。

变革跨界学习的组织，"去中心化"意味着打破层级驱动的安排，打破内部职能分工的壁垒，打破传统管理的"组织僵化"，破除组织中自上而下的结构，打破学校与社会的边界，建立和谐共享、沟通流畅的学习者关系。"去中心化"的组织是一种允许多个中心存在的联结网络，由节点来自由选择中心、自由决定中心，是一种新型研修组织中的关系形态。同时，"去中心化"在跨界学习中也可谓是一种内容产生形态，依据研究主题和子项目的不同，任何人都可以成为"一个中心"，这样才能让每个个体的创造力被激发出来，这是"去中心化"要实现的目标。

2. 去中心化的特征

如果一个学习组织的垂直边界、水平边界、外部边界和地理边界都变得可以穿越，那么具有活力的、面向未来的学习组织就开始成形了。"去中心化"就具有显著的"打破边界"特征，以更加弹性、开放、自由、网状的组织结构，自主驱动，自由组合，跨界协作。

（1）突破垂直边界

垂直边界指一个组织内部的层级，区分地位、职权的"地板"和"天花板"。突破垂直边界的组织不存在复杂的流程制约和管理程序，更加关注谁有出色的创意，而不是谁有更高的身份和地位。好的创意可以来自任何人。无边界组织不会试图消除所有的垂直边界，那会导致混乱，但是可穿透这一边界，以利于由更适合的个体做出更迅速、更出色的决策。

（2）突破水平边界

水平边界是指存在于不同的年级，不同的组室之间的边界。它就像不同房间之间的墙壁。不同年级和组室间的严格边界，会加速可能互相冲突的流程的形成，也会形成组织内共同的思维固化。突破水平边界，组合更加自由，信息传输更加便捷，新鲜元素更易融入。创意、资源、人才、信息和能力能够自由穿越水平边界，那么组织将更加富有活力。

（3）突破外部边界

外部边界指存在于学校和家长、校外机构、教育监管部门之间的边界，是组织和外部世界的一道障碍。传统的学习组织在自己人和外面人之间划定了清晰的界限，这些障碍很多是心理上的，源自各种各样的身份感以及固有文化。这导致大多数组织和外部群体之间形成了某种形式的对立。突破外部边界，成员异质性更加丰富，组织内成员的知识背景、资源、爱好不尽相同，彼此之间的交流互动，能让多元知识更加高效共享，组织内外的沟通将更高效，更有利于思想创新、课程创新。

（4）突破地理边界

地理边界是指存在于不同场所、不同文化以及不同地域的学校之间的边界。这种边界可能隔绝创新性的实践和优秀的创意。由于信息技术的发展和人才的流动，地理边界正在快速消失。那些突破地理边界而取得成功的组织更重视地区差别，并将此视为创新的源泉。

在去中心化的学习组织中,不同的学科之间互有联系,教师互帮互助,不同老师之间有丰富的交流,学习的知识源自多样化、不同学科背景的信息源,21世纪必备综合能力会得到发展,而且与生活和真实世界有关的问题和机会能够得到体现。

(二) 异质性的内涵与特征

跨界学习的组织中,因为参与者来自不同学科、学段,甚至不同学校和领域,大家有自己独特的经验、知识结构、信念体系和思维方式等,于是就构成了一个异质性的群体。而这种多样性和差异性本身就是一种重要的学习资源。

1. 异质性的内涵

组织中的异质性,也可理解为多样性,体现的是成员在性别、年龄、学科、价值观和人格等方面的特征是比较接近还是相差很大。一般情况下,研究者会将团队异质性分为任务相关(task-related)的异质性和关系取向(relations-oriented)的异质性,以及易观察特质(readily-detectable)的异质性和深层特质(underlying diversity)异质性 ①。丽莎·佩尔德(Lisa.H. Pelled)根据个人特征与团队任务的相关性,将团队构成变量分为"低工作相关的特质"和"高工作相关的特质",前者指与所要完成的团队任务有较低相关的特征,如性别、年龄等,它更多的是与团队的社会关系而非客观的任务目标相连;后者指与所要完成的任务有直接关系的特征,如教育水平、任职年限等,它更多地反映了与任务相关的经验、观点的差异。凯伦·耶恩(Karen Jehn)在研究中将团队异质性分为社会类别异质性(social category diversity),信息异质性(informational diversity)和价值观异质性(value diversity)。

对跨界学习有正向影响的异质性,能带来更多的知识源,提供看待问题的多角度,提出更多解决方案,产生更高的跨界学习实效。

2.异质性的特征

跨界学习组织中,成员间的异质性带来更多碰撞和创新。当各种专业、各个领域、各类学科的教师的思维产生交叉、碰撞的时候,平时我们熟悉的各种观念或撞击或融汇,最终产生创意。当我们站在异质的交叉点上,更容易产生创

---

① 刘嘉,许燕.团队异质性研究回顾与展望[J].心理科学进展,2006(4):636-640.

意。人们在交叉点上爆发出来的非凡的创新思维,被称为"美第奇效应"(Medici Effect)①。当学习者长期在一个学科或者领域工作时,基本上他只能在该学科或领域当中把概念联系起来,形成沿特定方向演化发展的想法。这种方式称为单向想法(directional ideas),而当他步入交叉点,可以将多个领域里的概念联结在一起,生成可以在许多方向上跳跃发散的想法时,弗朗斯·约翰松(Frans Johnsson)称之为交叉想法(intersection ideas)。单向思维与交叉思维之间的一个重要的区别是:对于前者,我们知道思维的触角应当伸向何方,这种思维方式具有方向性;而交叉思维在新的方向上跳跃式地改变了世界的面貌,它常常为一个新领域的出现铺平道路。也就是,交叉点意味着创新,这也成为异质性的显著特征。

(三)学习共同体的内涵与特征

学校教师跨界学习的实践已经持续了数年,我们也一直在探索如何构筑更有活力的跨界学习共同体,保障每一个教师作为研究型教育者的成长。通过开展活动式、探究式、合作式等方式的学习,让教师在跨界学习组织中实现每一位参与者的学习权,给他们提供超越自我的学习机会。

1. 学习共同体的内涵

日本教育学者佐藤学(Manabu Sato)认为,在学校创建"学习共同体"要遵循三个基本原则——公共性、民主主义和卓越性②。"公共性"是指学校是各种各样的人共同学习的公共空间,是为了实现所有学生和教师的学习权、建设民主主义社会的公共使命而组织起来的。"民主主义"指的是在学校的教师学习共同体中,每一个人都是"主角",每个人的学习权和尊严,各种各样的思考都应受到尊重。同时,学习共同体是以追求"卓越性"为目标。

卢湾中学的跨界学习组织正是由以上三个原则所支撑的学习共同体。在跨界学习共同体中,教师作为学习者认真倾听同事的声音,同时向他人敞开心胸,体现宽容、尊重多样性的精神。跨界学习共同体中的教师、管理者等结成平

---

① [美]弗朗斯·约翰松.美第奇效应:创新灵感与交叉思维[M].刘尔铎,等,译.北京:商务印书馆,2006.

② 蒋武超.课堂学习共同体理念的内涵分析[J].教学研究,2023,46(1):17-22.

等关系，每个人都是学习共同体内的"主角"，实现各自权利，承担各自责任。跨界学习共同体中每个学习者都追求卓越，努力成为"学"的专家，成为反思型实践者。

2. 学习共同体的特征

佐藤学教授认为，学习共同体有两种类型：一种是有同样的教育故事、同样的言词、同样的愿望，实现同样的学习的共同体。在这种共同体中，人的差异性被消解。另一种是每个人的个性特长得以展示碰撞的共同体。正如交响乐团是运用不同乐器演奏出一曲交响乐那样，每个人丰富的个性化经验得以交流与交欢的共同体就是"交响式沟通"。在这种"和而不同"的共同体中，每个人的多样性是一个前提，每个人通过主动探究，形成与众多异质的其他学习者的关系，从而构成包容丰富多样性的学习共同体①。

卢湾中学的教师跨界学习共同体属于后者。这样的跨界学习共同体中：首先，教师的个性和多样性得到尊重。例如，教师自己根据教学中的真实问题确定学习内容，并寻求支持个人研究的合作团队和导师，实施自选合作团队的跨界学习，实现了个人研究和合作学习的结合。最初抱怨"不知道该找谁合作"的教师，在跨界学习机制下形成稳固而自由的合作伙伴关系，明确各自的研究专长。其次，信息得到最大程度共享。在跨界学习共同体中，教师间建立"智慧教研"网络空间和研修微信群，实现跨职能部门的信息共享；学校还建设了供"无边界思维坊"研修的"咖吧驿站"和"酷课·创学中心组"研修的"未来教室"这样的创意物理空间，鼓励教师们在那里自由地互相交流等。再次，教师被赋予自主决策的权力。跨界学习团队自行决定如何组织一次跨界研讨活动，如何研发跨年级跨学科的无边界课程和项目学习等，学校则提供相应的激励。赋权是赋予每个教师成长为"跨界学习专家"的机会。

去中心化的跨界学习共同体中，富有异质特征的教师群体自由地穿越垂直边界、水平边界、外部边界和地理边界去获取信息，去交流合作，去共探共享。边界的打破，大大缩减了信息传递的路径，减少了信息交流的阻碍，每个个体的创造力被激发并有效合作，共同体内的每个成员都有机会发挥出他们隐含的天

---

① 卢谦.名师共同体：教师专业发展的新路径——以苏州工业园区星湾学校为例[J].中小学教师培训,2013(5):10－12.

赋才能和才华,从而营造出流畅、共享与创新的学习氛围,让学习共同体更具活力和效率。

三、内容:充分理解"陌生"的知识

在许多关于跨界学习的研究中,绕不开的一个概念就是去框定"跨界"中的"界"在何处,从而确定从怎样的"界"内跨至"界"外。当教师作为学习者,跨出自己原有的界限与外界沟通互动后获得的又是什么? 要回答这个问题,必须厘清教师在跨界学习中所面向的学习内容本质,且这一本质又是何以影响教师专业素养的提升的。

(一) 理解的起点:直面"不知"和"限度"

在英语释义中,跨界即 boundary crossing,其中 boundary 在英文释义中含有"壁垒或者是边线"的意思。但是不难发现"界"也用于"境界""眼界"这类没有实体或外延的词语,在英文释义中亦有"跳跃"之意。另外,boundary 和 bound 两个词同源同义,bound 在专业领域表示"限度、约束"。

在跨界学习的研究中,阿克尔曼(S. F. Akkerman)和巴克尔(A. Bakker)对"边界"的定义被广泛引用。其中提及"边界同时也暗示出两者的相似性和连续性"[①]也印证了边界应当是一个模糊地带,它同时具有多个领域的特质。同时,跨界学习的组织中,许多研究者会以此去关联"第三空间"理论,希望组织并构建共同体来打破二元性,突显异质矛盾状态下产生的创新性。

基于此,我们认识到:跨界学习中的"界"既可以是有边线的"边界、界限",也可以是没有明确实体或定义外延的"境界、眼界、限度"。跨界即发现自己的"约束和限度",从而拓宽自己的"眼界",提升自己的"境界"。在时代巨变的今天,无论是个体还是群体都会遇到很多陌生点。在当今的教育教学中,教师也是如此,他们一方面面对许多界限与约束,另一方面又要急需拓展和打开边界

---

① Akkerman, S. F., Bakker, A. Boundary Crossing and Boundary Objects［J］. Review of Educational Research,2011, 81(2):132 - 169.

与眼界,直面未来人的培养。

在人际沟通理论中,美国心理学家乔瑟夫(Joseph Luft)和哈里(Harry Ingram)于 20 世纪 50 年代提出了乔哈里视窗理论(Johari Window)。乔哈里视窗根据"自己知—自己不知"和"他人知—他人不知"这两个维度被分为 4 个区域:开放区、隐秘区、盲目区、未知区。这为我们解释教师在跨界学习面前自身的起点在哪里提供了理论基础。

	我知	我不知
你知	Public 开放	Blind 盲目
你不知	Private 隐秘	Potential 未知

图 2-2 乔哈里视窗

对教师个体而言:"开放区"里聚集的往往是学科相同、教育背景和社会文化类似的人,大家对教育教学中问题的看法比较近似;属于他"盲目区"的往往是跟自己学科、岗位、教育背景不同的人,他们有很多熟悉和了解的知识、观点、思维方式是自己所缺乏的;"隐秘区"则是反过来,自己所熟悉和了解的知识、观点、思维方式为他人所不知,除非自己主动分享、交流;"未知区"则很大程度指向教师专业领域之外,即无论是自己还是教师同行,大家普遍感到陌生的领域。我们认为,跨界学习内容的主要突破口就是隐秘区和盲目区,还有部分未知区。

综合东西方对于"界"的定义以及乔哈里视窗的象限划分,我们认为教师跨界学习的起点在于对"限度"与"约束"的认知,对自己"已知"与"不知"的客观认识。限度与约束包括来自学科的或是非学科的、教师专业的或是日常生活的、个人的或是集体的、短期的或是职业生涯长期的等。教师跨界学习指向的是开阔眼界、转换思维、融通知识,并非指向获得某个明确具体的知识和技能。跨界学习使教师得以突破固有约束,朝着目标方向进步,换句话说,离开熟悉的区域,走出教师本位的舒适圈,逐渐去往陌生且模糊的界外。当一名教师认知到自己某个方面的限度或约束,承认自己的"不知",他就踏出了跨界学习的第一步。

（二）理解的指向："学什么"与"如何学"

教师参与跨界学习是一个不断触碰"陌生"的过程。"陌生"意为事先不知道，没有听说过和见过的，或有所知道但较为生疏的。对教师而言，他们所面临的"陌生"体现在很多方面，如自己学科、专业之外的，与自身不同的思维模式，自己所不熟悉的文化历史经验，当前科技发展的前沿，对人类发展的未来思考等。而理解这些"陌生"对于教师培养面向未来的学生具有重要价值。概括来说，这些有价值的"陌生"可以分为两大类：一类是关于知识领域本身，即"学什么"；一类是有关认知的方式，即"如何学"。

1."陌生"的知识领域

教师囿于自己的学科将很难满足今天鼓励学生开展主题式、项目化、跨学科学习的需要。教师只有开拓自己的领域视野，才能更好地服务本学科课堂教学。从这个角度来说，教师要理解的"陌生"知识即当下以及未来需特别受关注的领域内容，诸如，人文社会科学、工程技术、经济商业、数理科学、艺术审美和健康运动领域内容，这些内容与当下学生跨学科主题学习和项目学习内容趋势相融合，也构成我校教师跨界学习的重要组成部分。

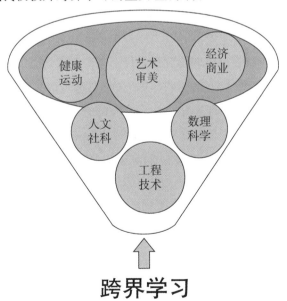

图 2-3 教师跨界学习内容六大知识领域图

工程技术方面的跨界学习可以帮助教师更好地适应数字化教学时代，掌握先进的教学技术和教育科技，同时也认知工程与技术前沿知识的发展，提高自身工程思维与运用新技术的能力，从而更好地指导学生探究。

艺术审美方面的跨界学习可以帮助教师更好地赏析艺术、理解艺术的语言和审美的特点，从而更好地开发学生的创造性和审美能力。

人文社科方面的跨界学习可以帮助教师更好地理解人类文化和历史的演变，从而更好地教育和引导学生的道德、伦理和人文素养。

数理科学可以推动教师了解科学前沿领域发展动态，培养教师的科学素养和逻辑思维，提高教师的分析和推理能力，更好地理解自然规律和科学原理，提高创造力。

健康与运动科学的知识可以更好地助力教师指导学生的健康生活方式和体育锻炼，帮助学生提高身体素质和健康水平，形成健康的生活方式和积极的人生态度，促进学生身心健康和全面发展。

而经济学也许在当下并未成为跨界学习的主流方向，但早已渗透进教育教学的方方面面，例如生涯教育、全员导师制、学校管理、课程机制等。教师的职责不仅是传授知识，还要帮助学生在未来的职业生涯中取得成功。经济学、商业和创业是现代社会中非常重要的领域，它们与学生的职业发展密切相关。教师了解这些领域的基本原理和趋势，可以帮助学生更好地了解未来职业发展的机会和挑战，以及如何为自己的职业规划打下基础。

对于相关学科的教师来说，这些知识或许"熟悉"，但是视角非高位，因此对于他们来说是"陌生"的；对于非相关学科的教师来说则更是很少涉及的"陌生"领域。

基于以上六个方向的探索，我校生成了教师跨界学习的校本课程领域与模块：

表 2-1 我校教师跨界学习课程领域与模块

领域	主要课程模块（部分）			建议课时（每学期）
工程技术	人工智能	上海梦想隧道	3D 创意设计	乐高创造	3—4 课时
艺术审美	走进剧场	生活艺术 DIY	鼓圈演奏	VR 绘画	3—4 课时

（续表）

领域	主要课程模块（部分）				建议课时（每学期）
人文社科	经典常读	社会热点聚焦	社区智慧联运	红色宣讲	3—4 课时
数理科学	数学趣谈	走进实验室	逻辑思维	天文宇宙及地球生态	3—4 课时
健康运动	趣味创意运动	药膳中的知识	心阅工坊	冬奥无边界	2—3 课时
经济商业	走进银行	寻找"兴趣岛"	统计的方法	新闻与传媒	1—2 课时
总计					15—21 课时

例如，在工程技术领域中的"人工智能"课程模块中，根据教师需求，学校细化设置了如下表所示的具体学习菜单，多形式多层次地更新教师的数字技术理念，发展教师的数字技术教学能力。

表 2-2　跨界学习讲坛——"人工智能"学习菜单

序号	主题	形式	聚焦内容
1	一场已经到来的教育革命	专家讲座	聚焦前沿教育信息化技术，就慕课、翻转课堂等近期新兴教育教学信息化形式进行学习。
2	和 Apple 一起创造学习环境	观摩体验	聚焦苹果人工智能、增强现实、智慧学习等；iPad 智慧课堂管理与部署；iPad 智慧教育工作坊课堂互动。进一步了解最新的教育核心技术、课堂教学理念。
3	VR＋课堂教学应用	同伴分享	聚焦虚拟现实技术，物理教师余菲带领大家体验 VR 技术。
4	3D 打印实地体验	观摩体验	聚焦 3D 打印技术，前往八号桥 4 期 IVY・MAKER-东方 1 号上海运营中心，体验 3D 打印技术，将业界最前沿的创新思维、方法、技能与技术引入教师的观念中。
5	大数据的前沿理论与发展进程	专家讲座	聚焦大数据前沿知识，提升相关专业理论知识。
6	人工智能时代	观摩体验	聚焦人工智能，了解人工智能相关知识，包括对 Python 基础与实验、经典分类、深度学习、音频识别、视频理解、AI 竞赛介绍、聚类、文章识别、机器创作等内容的学习。

（续表）

序号	主题	形式	聚焦内容
7	人工视觉系统芯片	专家讲座	聚焦人工智能芯片，学习人工智能芯片相关知识。
8	无人机基础技术及运用	观摩体验	聚焦无人机，在老师的带领下体验无人机构造原理，进行试飞。
9	人工智能教学	观摩体验	聚焦人工智能的运用，体验智能批改、智能陪练、语音测评、智能图书馆等应用的投入运行。
10	"浦江绿谷"实地现场教学	观摩体验	聚焦农业科普，体验探究现代农业科普教育示范基地，了解新时代农业发展现状。

如在跨界学习"人工智能"课程模块中，学校组织教师进入全球极具价值的 AI 创新企业商汤科技进行参访交流，共同感受国家新一代人工智能创新平台"智能视觉"所带来的科技震撼。参访教师体验了自主研发的深度学习平台和超算中心，人脸、图像、文本识别技术，视频分析终端技术等。

在向参访教师展示前沿科技带给人类生活巨大影响和改变的同时，让他们近距离感受了人工智能在捕捉实时动态教学场景、提取学生即时学习状态和改变现有教学手段等方面所带来的重大革新，大家深深震撼于前沿科技对教育产生的巨大推动力，增加了在教研教学中进行尝试应用的信心。

又如在工程技术领域中的"乐高创造"课程模块中一场关于"自动驾驶小车"跨界项目研修：

在 2023 学年的跨界学习中，中心组设计了以"未来新能"为主题的系列跨界教研活动。该活动包括：初期对能源产生、运输、使用等方面的了解，中期通过动手实践编程、结构搭建来还原能源在各个领域的使用场景，后期教师们亲身共赴新能源企业参观等多个跨界深度学习场景。自动驾驶是目前科技领域最热门的技术之一，且与生活息息相关，将自动驾驶科技引入跨界教研中，教师感受到了科技改变生活的魅力，提升了计算思维与创新能力，同时也在潜移默化中将教学工作与现实世界勾连融合。

在其中一次乐高编程"自动驾驶小车"活动体验中，教师们动手为小车编程，在实践对比中，体验了手动驾驶与自动驾驶的根本差别，感受了科技的魅力。

活动伊始，中心组邀请校外专家先简单讲解了传感器、巡线的原理，带领教师们一起搭建了小车本体。随后，教师们自由组成了"模拟自动驾驶"和"模拟手动驾驶"两组，各自编程，驱动小车走完既定的"S"型弯道。

当最后的结果呈现在教师们面前，众人瞠目结舌。原以为"自动"与"手动"虽过程不同，但结果应当是一致的，其实不然。"自动驾驶小车"在众目睽睽之下，不断探测路线，不断修正行进路线，虽然并不迅敏，但精准度极高，完美到达终点。ipad编程屏幕上仅呈现寥寥几行代码，一切交由科技。"手动驾驶小车"呢？教师们不断调整编程，摸索转弯角度，修改行进数据，一次失败则从头再来，ipad编程屏幕上更是呈现一整串望不到底的代码。孰优孰劣一目了然，自动驾驶科技依赖传感器、雷达来实现自动驾驶，太高效，太智能了，教师们纷纷竖起大拇指，啧啧称叹确实"厉害"。

专家讲座中的知识理念普及、亲临体验和同伴分享，多途径多层次地为教师带来了数字技术，并让"陌生"的科技智能领域的知识能力与素养自然而然地融入教师生活，为教师提升数字胜任力打下根基。

在这种沉浸式、实践式的跨界教研活动中，教师浸润式地感受前沿科技带给生活的巨大影响和改变。在跨界学习之路上，教师的教学生命之路更远、更宽，为学校课程创生的可持续发展提供了强大的生命力。

2."陌生"的认知方式

教师为什么要通过跨界学习突破熟悉的而接近相对陌生的认知方式，这事关教师自身思维方式的转变，以及教育教学中学习方式的变革。

教师不仅仅是通过跨界学习了解原先不了解的知识领域，更重要的是对教育观念的积极改造，这里的观念包括有关教育目的、内容、方法等方面的观念的集合，其核心是教师对于"如何学"的观念的改变。变革学生的学习方式背后是变革教师对学习的认识、对学生的认识、对自我经验的反思。

我们发现，有以下几种认知方式是教师在平时实践中相对陌生，值得通过跨界学习让教师去理解和应用的：

第一，多元的探究学习方式。探究并不是抽象的，也不是只在特定学科中进行。教师可以使用"基于问题的学习""基于项目的学习""基于案例的学习"等开展探究，它们可以运用于各个学科，更是"跨学科学习"中重要的学习方式。

第二，在异质群体中有效交流的方式。跨界学习为教师带来一个"异质性"

的学习场,教师需要识别他人不同的观点,并尊重不同观点;也要准确地以他人能接受的方式表达自己的观点,有效地和不同人员交流自己的想法,突破学科、地理、语言、文化等的障碍。

第三,沉浸式体验。激发教师的跨界探索能力的重要方式之一便是离开熟悉的环境,进入平时不常接触的非教育环境。我们通过动手、制作、打鼓、交响乐、戏曲、脱口秀、游戏等现场沉浸的体验模式,使教师激发更多的创造力和想象力。

我们发现,教师通过以上三种方式,可以强化四种认知能力:

表 2-3　教师通过跨界学习提升的四种认知能力及内涵表

四种认知能力	探索能力　　辨析能力 融通能力　　迭代能力	
内涵	指向深度学习的"探索能力"	探索可直接接触的环境之外的世界,发现重要的问题,开展精心设计的、符合年龄水平的研究。
	指向逻辑思维的"辨析能力"	认识他人和自己的观点,深思熟虑地表述并解释这些观点,并尊重不同观点。
	指向文化包容的"融通能力"	有效地和不同的听众交流自己的想法,突破地理、语言、意识形态和文化的障碍。
	指向知行转化的"迭代能力"	通过行动来改变育人环境,将自己视为教改舞台上的选手,积极投入到未来的教学中。

在学校里,有独创性和献身精神的学习者们正探寻着独特的途径。他们努力工作,尝试所创设的体系,发现问题,修订并完善,从而创造了更重要、更稳定、对学习者将来的生活更有益处的跨界学习。

(三) 理解的途径:立足实践,跨越边界

在充分理解"陌生"知识的过程中,教师清楚了自己的起点,也明晰了要理

解的"陌生"是什么,但如何从此地走向彼岸,还需要明确路径,即教师如何通过跨界学习获得走向陌生知识的途径。

教师会通过参加跨领域研讨会、跨学科教学研究团队和加入跨学科社区等方式理解"陌生"知识;同时,教师还通过阅读跨领域的书籍、研究文献,观看专业课程视频等途径进行学习。然而,教师对陌生知识真正充分的理解是"在实践应用中"理解,即在实现学生的跨学科、跨学段、跨文化等学习中理解。基于学校实践,我们梳理了三条教师理解陌生知识的主要路径:

1. 匹配课程标准,发现跨学科的"标记点"

从突破"水平边界"来看,教师通过跨学科研修对接各自的课程标准,探索不同类型的跨学科实践,以此来充分理解"陌生"知识。《义务教育课程方案(2022年版)》从政策层面对教师在学生跨学科主题学习的认识、学习活动设计与实施上提出要求。如前所述,教师的跨界学习很大程度上也是为了解决"设计和组织学生跨学科学习"这一真实的实践问题。

通过教师对学生跨学科学习的实践探索,我校形成了针对不同跨学科实践的教师跨界学习研修体系:微项目的跨学科研修、单元项目的跨学科研修、大概念跨单元的跨学科研修以及跨学科系列课程研发。

(1) 微项目中跨学科的研修

微项目中跨学科的研修是多个学科的教师探讨如何在学科教学中把零散的知识点整合在一个学科相对较小的概念下,并形成1至3课时的短时跨学科探究课程。如我校的"新两小儿辩日"就是在部编语文教材六年级《两小儿辩日》的基础上加入科学知识形式的跨学科微项目。在跨界学习研修中,语文教师提出从语文教学角度引导学生认识本课内容和思想,地理和科学教师团队提出也需引入关于太阳在不同时间离人远近问题的科学解释,即关于视觉的相对性及热辐射的吸收问题。这样的跨学科研修孕育出了一个微项目,让学生在科学方面有新知的拓展,又能更好地体会"多角度看待问题""敢于质疑,勇于探索"等本语文课想传递的品质素养。

(2) 单元项目中渗透跨学科的研修

在单元教学中渗透跨学科的研修中,教师则是以一个学科单元背后的学科大概念为引领,设计项目,让学生经历相对复杂的探究过程。在学习语文的新闻采访单元时,语文备课组和体育备课组教师借助学校开运动会的契机,合作跨界研修，设计真实的学生采访活动，让学生分小组、分方向采访，同时在此过程中适当纳入体育运动知识来设计采访问题。这一过程需要教师能主动意识到自身学科与其他学科结合的必要性。该活动不仅有助于了解学生对体育活动的想法，对教师而言也实现了自身新闻专题教学能力的提升。

（3）大概念跨单元中渗透跨学科的研修

大概念跨单元中渗透跨学科的研修是教师将不同学科教材中不同单元指向同一个大概念的知识或问题整合起来，作为跨学科学习的资料，在多个学科开展跨越整合的跨界学习。例如：如何串联起工业革命、经济全球化、联合国的基本组织机构及其职能、可持续发展概念等多个历史教材各单元板块的知识？我校的历史教师和美术教师便尝试进行跨界研讨，最终研发了"共同保护我们的家园"这一跨学科学习主题。

（4）跨学科系列课程研发

跨学科系列课程研发则是在教师对于跨学科案例积累到一定程度后，尝试进行课程和课程之间的关系构建，形成一定的纵向和横向的序列。如我校的"诗意中的科学"这一系列课程，在六、七年级，由语文、科学、地理教师合作研发，关联天文、地理知识和古诗文，学生则以微课程形式完成探究报告；到八、九年级，就会邀请物理、化学、生命科学教师加入课程设计，对文理知识进行深入教学，形成结构化课程。

2. 立足学习素养，串起跨学段的"联结线"

从突破"垂直边界"来看，教师的跨学段合作研修也是跨界学习的一种。学生的发展是纵向连续的，这需要教师跨越年级、学段界限来认识学生，站在更长远的时段从整体上建构和实施课程，使核心素养培育更好地落实于课程教学。许多一线教师在步入职业岗位之前都对自己所教授的学科相关领域有所涉猎，但随着职业生涯不断前进，容易被约束在自己所在学段的学科知识里。作为一名初中教师，除了把握本学段的学科知识，还需要对学生有贯穿小学到高中的整体性认识，需要对学生在高中阶段的同学科学习内容有了解，并进一步返回到初中学段，基于学生的发展规律、学习特点、知识结构等，更有针对性地培养学生。

例如，让学校初中教师了解一些必要的高中学科课程教学内容和高中教学方式，一方面可以提升教师整体课程观，另一方面可为更多教师积累本体性知识,因此学校依托学区资源,联手卢湾高级中学,开展"跨学段师徒带教跟岗"学习。中青年骨干教师自主报名,学校为其配备学科高中带教老师,研读高中教材,走进高中课堂,实践高中教学,参与高中教研,弥补学段局限,以深入了解不同学段的教学特点和教学方法,并将不同学段的学科知识相结合。这种做法能帮助学生更好地理解学科的内涵和外延,形成跨学段的认识,有利于学生综合素养的提升。

3. 跳脱时空约束,铺开跨文化的"变换面"

从突破"外部或地理边界"来看,教师可以通过挖掘文化内涵进行跨界学习研修。通过跨界学习,教师可以将学科知识与文化知识相结合,从而超越自身文化,既打破学科文化界限,还形成多种文化间的比较、交流。这不仅帮助教师开阔视野,也让教师在教学中注重多元文化的融合和跨文化的交流,以提高自己的跨文化素养,并将这样一种跨文化的思想应用于教学,帮助学生了解不同文化背景下的思考方式和行为模式,增强跨文化交流和理解的能力。

教师的这种文化边界的跨越也是在教学实践中达成的:

例如,教师会选择一些中外经典文学作品,通过阅读、分析、讨论,进行思维碰撞,体会文化背景的差异以及文化元素的共通之处。如《威尼斯商人》是莎士比亚的一部著名戏剧作品,它是一部描写贪婪、仇恨、爱情和人性的戏剧。从中外跨文化的视角来看,这部戏剧具有重要的教育意义。从中国文学的视角来看,《威尼斯商人》中对爱情、亲情、友情和人性的深刻描绘,与中国古代文学中的一些作品有许多相似之处。在《红楼梦》中,作者曹雪芹也通过细腻的笔触描写了贪婪、仇恨、爱情和人性的复杂性。从英文原版的文化语言来看,《威尼斯商人》戏剧中的一些古老的词汇、人名、地名等可能比较陌生,通过阅读和分析中英版的文本,可以了解英语的历史演变和文化内涵,同时也能够增强跨文化交流和理解的能力。

再如,两位有语文学科教师,一位擅长古汉语教学,另一位更擅长现代文阅读教学,他们的跨界学习与合作为古诗文鉴赏与现代诗歌创作方面的教学提供启示。在鉴赏古诗文作品时,常常离不开诵读与字词的提炼鉴赏。在现代诗歌的创作中,为了讲究节奏,也追求诗文作品朗朗上口而选择合适的韵脚,或者为了契合作品的情感基调而选取合适的意象——这些与古诗文的创作是相通的:既能体现合乐而唱的音韵美,又有诗歌古来共通的意境美。

四、资源和工具:支持深度的跨界学习

教师在跨界学习中,需要学习工具和资源的支持。其中,跨界学习工具指的是教师为实现学习目的、解决真实问题而采用的实体或非实体的各种物件、技术等,如在线交互平台、思维导图、学习单、数据分析工具等。这些工具帮助教师在异质性的团队中更高效地获取、处理跨界学习所需的信息和知识,更有效地思考、交流。跨界学习资源则是教师在跨界学习中所需的人力、物力等方面的支持。

教师在学校的跨界学习中,涉及的资源主要包括空间资源、内容资源、智力资源;工具主要包括活动组织工具、思维支架工具、应用评价工具。虽然这样分类,但其实这些类别之间也存在交叉,例如校外场馆对教师来说既是跨界学习的空间资源也是重要的内容资源;学校的校本交互平台既是教师跨界学习的知识管理工具,也是网络资源。

因此,我们从跨界学习"在哪学""学什么""如何学""学得怎样"四个问题,将上述资源和工具划分为四大类,从功能角度来看,分别支持跨界学习的空间、内容、方式、应用与评价。

(一) 提供激活创意的场所

教师在熟悉的场景、经验里思考问题是很难打破固有框架的,最有效的讨论有时发生在非正式的交流或碰撞中,创造性的学习环境有助于从身体感受性出发触动教师不一样的情感和认知。跨界学习的空间资源不仅是提供一个学习的物理场所,更希望以有别于教师已习惯了的教室、办公室、会议室的空间来激发教师平等而自由地交流。

学校内部空间。学校为教师构建"全员·全程·全息·全景"的跨界学习空间,提供一系列适合开展跨界学习的"真实场景"。如"玩转实验站""卢湾梦工厂""智慧钢琴创作室""3D打印FTC智能机器人实验室"等创新实验室,都可供教师学习相关领域;"卢浮宫"空中艺术花园、未来教室、"读书得间"阅览室、"舒心驿站"等诸多学习交流场所,都能支持师生开展跨界学习。这些场所由专人负责管理,教师可根据需要申请使用学习空间及空间内的设备资源等。

校外学习空间。教师跨界学习也涉及学校之外的学习,教师要走出校园,走向社会,在更广泛的行业领域学习环境中了解未知,拓展自己专业,开阔眼界,丰富知识。我校形成了六大校外教师学习空间:

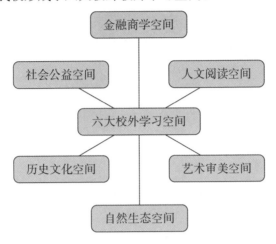

图2-4 六大校外教师学习空间

"金融商学空间",如银行、企业、融媒体中心等;"人文阅读空间",如上海图书馆、朵云书院等;"艺术审美空间",如剧院、音乐厅、电影院、陶艺工作室、布艺工作室等;"自然生态空间",如自然博物馆、昆虫博物馆、海昌海洋公园等;"历史文化空间",如渔阳里、"文化广场红色集市""复兴颂""红色经典步道"等;"社会公益空间",如社区街道、公益园区等。学习空间的扩展与延伸为教师的跨界学习提供了更多的机会,提供了更宽广的平台。

网络虚拟空间。泛在学习理念为教师跨界学习提供了更多的跨界可能性和更广阔的跨界范围。泛在学习的目标是学习者可以在任何地方、任何时间,接入他们所需要的文档、数据和视频等各种信息,获取自己所需要的资源。这也是无缝学习的方向,很多学习时间就需要以短时、碎片方式来补充,这可为教师集中式的跨界学习提供补充。

(二) 提供多元前沿的内容

教师的跨界学习,除了根据学校实际,教师自主确定学习内容外,学校在校内校外、线上线下多途径提供了很多前沿、拓展的内容供教师个性化选择,包括教育教学、科技前沿、历史文化、艺术体育、金融商业等。

微视频课程资源。比如学校构建微视频互动教学平台，中心组的教师开发"系列、专题"微视频。从最初的个人云空间到与一些公司合作构建微视频课程教学平台，形式逐渐正规化，参与人次逐步增加，学习资源也逐步多样化，也为师生构建起一个个性化、协作式、高效率的课程学习环境。同时，这个平台也为教师提供了外校或区域内的或其他地域的教学资源，帮助教师随时了解教育发展趋势，更新教育理念和教学方法。

校外研修资源包。学校在"无边界"理念的倡导下，拓展空间学习资源，建设"校外研修资源包"，以此推动各类跨界学习的开展。六大校外教师学习空间也形成了相应的教育课程资源包，为跨界学习引领下的跨学科教学、项目化学习提供更丰富的课程资源和情境资源。如金融经济资源、商业企业资源、人文阅读资源、艺术赏析资源、历史文化资源、生态环保资源、社区公益资源、科技创新资源、人工智能资源、体育运动健康资源等。

智能技术资源。结合当下发展现状可知，现代科学技术是教师跨界学习所涉的重要内容之一。教师需要走出校园，走向社会，了解新科学技术带给世界的改变。在这方面，学校对接了很多科技前沿机构，让教师去体验和思考。比如组织教师到 lvy.Maker 常青藤国际创客公司尝试 3D 打印设计；走入 AI 创新企业商汤科技进行参访交流，感受国家新一代人工智能创新平台"智能视觉"所带来的科技震撼；组织教师到当代艺术博物馆参观"身体·媒体 Ⅱ"艺术展，讨论新时代语境下新媒体与身体的密切关系，体验媒体与艺术的跨学科互动。

（三）推进异质交流与合作

要使跨界学习中的教师合作、异质群体交流更有效，需要工具的支持。这些工具能让教师明确学习活动如何开展，如何与他人分工，如何让个人和团队的思考更加深入。

活动组织工具。在整个教师跨界学习过程中，可以使用跨界学习"流程图"（图 2-5），使团队所有教师都明确一场跨界学习的推进流程：

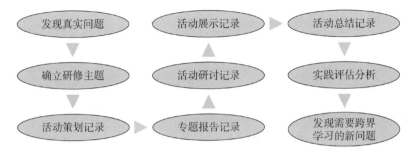

图 2-5 教师跨界学习"流程图"

运用"跨界学习单",引导教师分组合作,明晰责任与要求。例如,跨界学习中的真实问题、学习共同体和学习内容都需要围绕着要素的基本定义和操作要点形成属性表,从而给予教师开展跨界学习一定引导和参照。真实问题属性的明确是形成跨界学习主题的第一步(图 2-6)。学习共同体是跨界学习开展的组织形式,每一次跨界学习都会诞生不同组成的共同体,明确人员构成对活动开展也有着关键作用(图 2-7)。同时跨界学习的开展,要围绕教研主题,基于活动要求,明确分工合作,合理安排活动的时间、内容、形式等(图 2-8)。

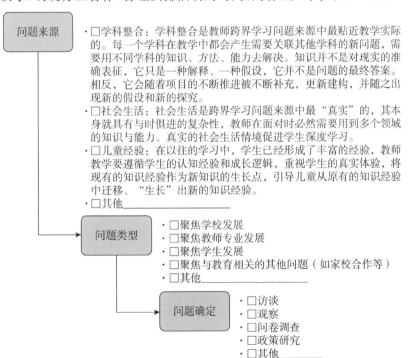

图 2-6 真实问题属性表

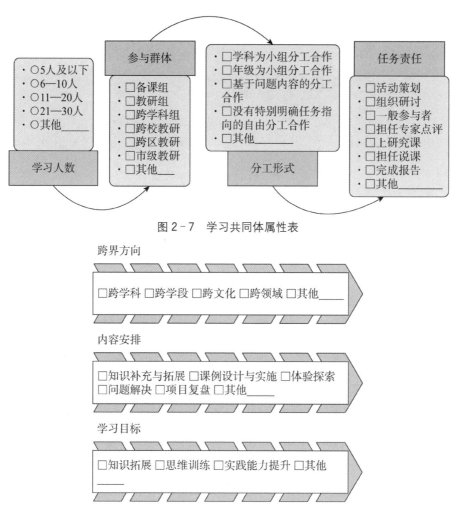

图 2-7　学习共同体属性表

图 2-8　学习内容属性表

运用"鱼骨图"(图 2-9)可以在跨界学习互动中形成前期、中期和后期组织开展中的分支问题,便于组织:

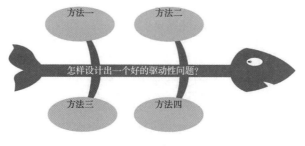

图 2-9　鱼骨图

　　如在一次教师研讨会上,教师利用鱼骨图,针对怎样设计出一个好的驱动性问题,有效推动项目实施的步骤以及注意事项进行现场头脑风暴。不同组的教师利用"鱼骨图"工具得出了怎样设计出一个好的驱动性问题的四个方法:第一个方法是迭代的修正,主要来源于学科的核心知识,在已有的研究基础上能够产生修正;第二个方法是联系生活真实情境,基于本质问题,主要运用的方法是调查法、文献检索法,还有跟踪新闻热点;第三个方法从学生的兴趣和实际生活出发,主要采取调查法,从学生中了解他们关心的热点问题;第四个方法来源于有研究价值、有创造性,特别是带有未来性的热点,主要方法是向本领域里权威的专家或者同行了解并获得有价值、有前瞻性的驱动性问题。

　　"鱼骨图"这一工具助力教师在不断迭代过程中生发出不同或者更高阶的思维,提供了新的成果呈现方式。

　　跨界学习中也可记录"学习管理日志",呈现完整跨界学习过程:

表 2 - 4　跨界学习管理日志

日期	准备工作	学习目标	参与成员	组织形式	学习成效	其他
1.						
2.						
3.						
4.						

　　例如,在"百年党史·立方展馆"教师集体跨界学习研修活动中,历史、道德与法治、艺术、语文和信息技术等多学科的教师提前学习了关于 3D 建模的资料,在学校的 3D 教室由社团外聘专业指导老师集中授课,共同研讨如何将学生的党史学习教育成果可视化、创新化地呈现出来,辐射党史学习教育的成果。通过跨界学习,各科教师基本掌握了软件运用的方式,可以有效指导学生在各个学科开展指向成果展示的进阶学习。

　　思维支架工具。在跨界学习中恰当地运用思维支架工具,能够帮助教师更科学、深入、系统地形成思考路径,引导教师通过独立思考和探索去触碰自身的最近发展区,以达到深度学习的目的和素养发展的目标。

　　如典型的思维支架 KWH 量表:在跨界学习中,学校引导教师运用 KWH

表,梳理"已经知道、还想知道哪些问题",将"知道什么"和"能做什么"联系起来,用"能做什么"驱动教师不断去主动学习以掌握更多的知识,学会学习和思考(表2-5)。

表2-5 跨界学习 KWH 量表

Know 已经知道……	What 还想知道……	How 如何知道……

又如通过"概念架构图"或"思维导图"梳理、明确学科概念和跨学科概念。在确立研修主题前后,可以运用主题"沙漏"图(图2-10),形成从真实问题的汇聚到知识能力素养的分流。大部分学科的关键知识都不是一个个孤立的点,而是相互关联的,教师自身能否建立起知识间的相互联系,直接决定跨界学习的质量。

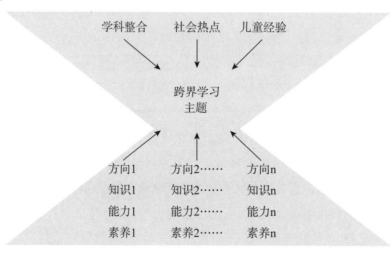

图2-10 主题"沙漏"图

例如教师们在进行跨学科案例分析研修时,从学科整合的角度设计研发了"设计'大山'"主题研修项目,地理教师和生命科学教师分别从"大山"地理和"大山"植被的相关知识点出发,从知识维度进行两个学科间的梳理与关联,形

成了知识网络图谱(图 2-11),将地理环境与山体植被建立相应关联,将"植被
与地理环境的适应性"设定为架构两个学科间的跨界桥梁,从而明确了该项目
的本质问题。

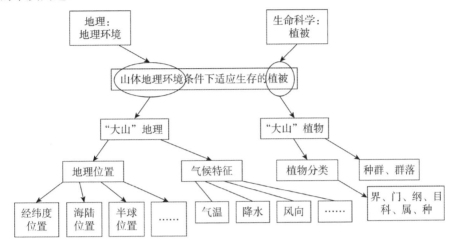

图 2-11 "设计大山"知识网络图谱

教师在进行该项目设计的同时,还从"素养维度"出发,将参与者综合能力
的提升作为素养培育的指向目标,在学科内容与学科素养间构建充分链接,通
过内容指向各自的学科素养培育,通过项目整体运作,提升参与者的综合实践
能力。

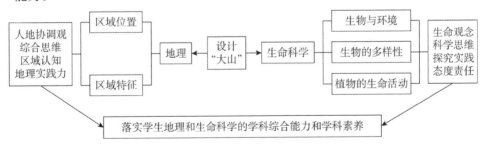

图 2-12 "设计'大山'"学科素养关系图

异质智慧资源。跨界学习要推进异质交流需要引入各种异质资源,包括专
家的、家长的、社会的资源。学校立足"资源无边界",将一切潜在的教育资源变
为现实的教育资源,形成"学校资源—社会资源—家长资源"的多向联动,构成
"1+1+1>3"效果。

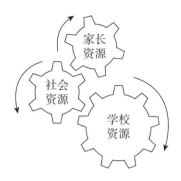

图 2-13 异质智慧资源

例如,学校开发家长资源。卢湾中学家长以社团活动、拓展课为载体,在法制、心理、传统文化、生涯规划等方面与教师互学共研,并牵线大剧院、美术馆等场馆资源。在专家资源方面,学校建立了一支来自学区、高校、研究所的"专家导师团",从理论培训、项目实施、学科指导等方面,来支撑跨界学习的开展,共同助力教师开展与实施跨学科教学。如在课后服务中我校教师与卢湾高中教师团队共同开展研修,并为学生开设人工智能体验学习;邀请华东师范大学团队与学校共同研发实施 STEAM 课程;依托上海交通大学医学院、中国科学院、上海社会科学研究院等,组建"科学创智 home"跨界共同体,探索一体化的科技创新人才培养课程。

(四) 确保学习效果与应用

教师跨界学习效果如何,需要在教育教学实践中进行检验。一方面,需要通过来自学生素养发展的评价来反馈,以更好地推动教师跨界学习朝着学生素养培育的终极目标开展;另一方面,需要从系统整合的角度,将教师跨界学习与学校日常的课堂教学、管理、教研、资源库等形成交互,以实现学校层面的知识管理。而这些都需要技术工具来支持。

评价反馈工具。教师在完成每一次跨界学习之后都会经历一次知识、能力和素养的迭代。教师明确自己这一次跨界学习的所得至关重要,这不仅是将自己的所得迁移运用到教学实践的必要保障,也是明确自己的"尚未所得",为开展下一次跨界学习奠定出发的起点。我校形成了教师跨界学习"九环"反思工具,适合教师在完成跨界学习后进行评价反馈和反思迁移,教师可以根据自己的实际情况从顶端"明确学习内容"板块顺时针回答对应的问题,并在学习共同体内进行交流分享,促进共同体的互相学习。

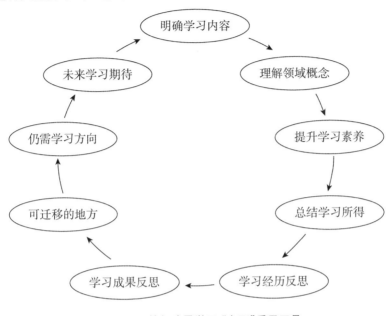

图2‑14　教师跨界学习"九环"反思工具

　　例如在语文组教师联合信息技术教师进行的联合教学研讨反思会上,教师们针对"卢湾中学的校园风景"这一写作中联合可视化媒体的教学尝试,作了如下"九环"反思活动:

　　一是明确学习内容:各位语文教师明确了在本次写作活动中,语文学科紧贴部编版《语文》教材六上的"情景交融""场景描写""环境描写"等已学内容和六下的"一切景语皆情语"片段写作这一新单元所学内容,选用与学生近距离的"校园风景"作为写作对象,让学生在周围校园环境中全方位去感悟体验写作挖掘的过程,享受写作的乐趣。额外需要学习的内容有摄影和信息技术中的固定镜头、运动镜头、景别、拍摄脚本、剪辑等知识与技能。

　　二是理解领域概念:语文教师分享交流了从信息教师处习得的拍摄和剪辑技术,信息技术教师也进行了反馈和指正。

　　三是提升学习素养:语文教师表示原本的写作教学只是一张纸一支笔,通过本次和信息技术教师的联动,发现许多数字技术可以有效助力写作活动,使学生对"情景交融"的理解更加深入,对写作活动更有兴趣,教师的讲解也更加具象。

四是总结学习所得：本次写作活动课堂生成的学生图文作品成为学生写作时的图文素材库项目，与信息技术课程融合，运用项目化学习的方式为语文写作探索一条可复制可辐射的个性化教学模式。

五是学习经历反思：写作活动放在六年级第二学期四月中旬至五月中旬，历时一个月的时长合理并能很好地与日常课程相融合，同时设计贴合六年级新生已有一个学期的初中学习和集体生活经历，学生对校园有所了解也尚有新鲜度，对校园主题的各类活动都有浓烈的兴趣和充满个性的展现欲望，使得项目化学习的开展很顺利。

六是学习成果反思：在成果的呈现上，学生写作选题和素材面广；在语文片段写作上提升显著；在拍摄剪辑能力上，从以前只有个别学生会拍摄剪辑，到通过这次项目，普遍掌握基本的技术能力并对于信息技术在学科中的运用产生更加浓厚的兴趣，将对未来信息化教学的开展产生更大的推动作用。同时，从家长反馈中也得知这次项目化学习得到了很大支持和认可，在学生的各类创新科技课题申报中也有不少人将目光投向运用信息技术解决学科和生活问题的方向，让教师们倍感惊喜。

七是可迁移的地方：语文教师和信息技术教师在共同研讨反思后发现，这种可视化的教学不仅适用于写作教学，也许还可以用于诗歌意境的呈现，阅读体验的展示，等等。

八是仍需学习方向：通过本次尝试，语文教师都表示了进一步学习数字技术的强烈愿望，可以通过多次跨界研讨集中学习一些对语文教学有帮助的信息技术。

九是未来学习期待：在未来，语文教师表示会继续尝试开展语文学科和信息技术或其他学科的跨学科教学实践，尝试利用校本交互平台记录学生在不同年级时的写作情况，通过对不同年级的作文写作的阶梯式要求的教学设计和与之匹配的所"跨"学科的拟定，有望形成"卢湾中学的校园风景电子名片"，并推广至其他班级和其他年级：不同学生笔下的校园风景文字是怎样的？同一个学生在四年里所呈现的短视频呈现怎样的变化？这会成为具有校园文化特色的校园名片，也会成为具有学生个性表达的成长档案。

最终在两个组的联合研讨反思中形成了新的跨界学习内容。

知识管理工具。学校依托专业公司，对跨界学习资源工具要素，包括学习媒体、学习环境、学习内容、学习模式进行融合优化,经历初建、试点、完善三个迭代历程,建设跨界学习共同体教学交互平台。整个交互平台系统包含智慧课堂互动教学平台、学情分析系统、课程教学管理系统、自主学习资源中心、教师数字化教研系统、应用教学资源系统和无线多媒体教学系统等七个子系统。其中,无线多媒体教学系统是基础设施层,属于学习环境和学习媒体底层架构;智慧课堂互动教学平台、学情分析系统、自主学习资源中心和课程教学管理系统四个核心子系统,在课前、课中、课后全过程应用,实现真实准确的反馈跟踪;应用教学资源系统和教师数字化教研系统两个子系统,提供教师教学和学生自主学习的丰富资源。充分利用网络、设备、技术、媒体、资源开发的平台系统,重塑了一个开放、互动、多元、动态、共建、共享的知识管理工具和教育生态系统。

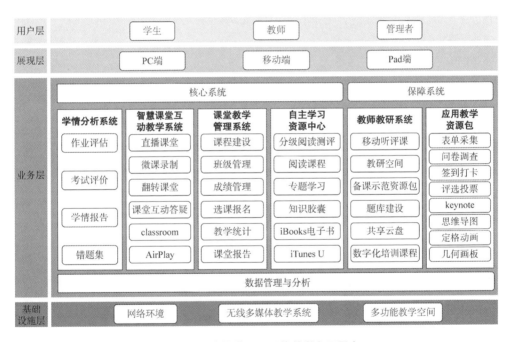

图 2-15 跨界学习共同体教学交互平台

第三章

教师跨界学习的运作与机制

一、教师跨界学习机制的理论与实践研究

（一）跨界学习的理论基础

跨界学习有两个重要学习理论，一是以芬兰学者恩格斯托姆（Y. Engerstrom）为代表的第三代"文化—历史活动理论"，二是以美国社会学家温格（E.Wenger）为代表的"实践共同体理论"。二者都强调教师学习是一个社会性的过程，强调"边界"既是差异的体现，也是一种潜在的相互联系，具有学习的潜质。郑鑫等比较了两个理论①，认为它们对"跨界学习发生在哪里，教师学到了什么，学习如何发生的"有不同观点。

在实践共同体理论看来，跨界活动往往发生在两个或两个以上的实践共同体之间。温格提出跨界学习发生的三种机制：（1）协作行动（coordination），双方的行动与实施是跨界学习关键的开始。（2）行动透明（transparency），双方提供行动背后的原因。（3）相互协商（negotiability），双方通过沟通改进协作方案与行动。跨界学习依赖"跨界者"和"边界物"，前者是具有多重身份的人，跨越不同实践共同体。例如，学校里教师发展的领衔人很大程度上充当"跨界者"，因为他在某种程度上跨越教师和外部专家两个共同体，是打破边界的关键人物。研究认为，"跨界者"的本质是他们处于"既具有某种归属，又没有某种归属"的边缘地位②。但这种边缘性地位与他们身份的合法性之间并不矛盾，他们在边界的专业实践的确受到边界双方的共同承认（虽然边界双方未必满意）。比如，在一个对大学行业联络人（Academy industry liaison）跨界实践的研究中，研究者发现行业联络人的任务是在企业界和学术界之间建立联结，促进双方信息交流和知识流动。行业联络人这一岗位受到大学和企业双方的承认，但这一岗位的从业者也必须对大学和企业双方承担责任，也经常受到来自边界双方的指

---

① 郑鑫，尹弘飚，王晓芳.跨越教师学习的边界[J].教育发展研究，2015，35（10）：63-64.

② Tanggaard，L. Learning at Trade Vocational School and Learning at Work: Boundary Crossing in Apprentices'everyday Life[J]. Journal of Education and Work，2007（20）：453-466.

责,即"学术界认为他们太商业化,而商业界认为他们太学术化"①。"边界物"则可以是工具、规则、设计的流程等,它促使不同实践共同体之间为了共同目标进行沟通,例如中小学和高校学者共同开展课例研究,围绕观察的课进行研讨,这时的课例研究活动本身就是"边界物"。"边界物"这一概念最早在斯塔尔(Star)和格瑞斯莫(Griesemer)于1989年发表的《制度生态学,"转译"与边界物:伯克利脊椎动物生态博物馆的业余爱好者和专业人员,1907—1939年》一文中提出②。在这篇文章中,他们尝试以伯克利脊椎动物生态博物馆的成立过程为例,理解不同知识背景及意义赋予模式下的行动者如何能进行合作进而实现一个共同目标。"边界物"的概念十分抽象且模糊,但又是发展和保持不同视域和不同场域之间的一致性,进行边界跨越的关键事物。任何有助于合作实现某个目标的异质群体进行协调的物体都可以被看作该跨界情境中的"边界物"③。

在文化—历史活动理论中,活动系统被作为人类行动的最小分析单位,不同的活动系统共同组成人类行动的活动网络。其实活动是个开放式系统,每当引进一个新元素(比如:新问题、新技术)时,就会激发不同层级"矛盾"(contradictions)的出现。活动系统内外部的矛盾构成系统发展与演变的引擎,成为某种历史累积态下的结构性扩张力,使其既可能存在于活动系统的内部,也可能游走在不同形态的活动系统与系统之间。

在恩格斯托姆的第三代"文化—历史活动理论"专著中,系统阐释了"四级矛盾"的概念,④这四级矛盾分别是:一级矛盾——在中心活动系统中,每一个元素之中的内部矛盾,矛盾源于每一个元素本身的双重性质;二级矛盾——在中心活动系统内部,元素与元素之间的矛盾;三级矛盾——在中心活动系统与新的(或文化上更先进的)活动系统之间,是不同客体/动力间的矛盾;四级矛

① Fisher, D. & Atkinson-grosjean, J. Brokers on the Boundary: Academy Industry Liaison in Canadian Universities[J]. Higher Education,2002(44):449-467.

② Star S. L.,Griesemer J. R. Institutional Ecology, Translations' and Boundary Objects: Amateurs and Professionals in Berkeley's Museum of Vertebrate Zoology,1907-1939[J].Social Studies of Science,1989,19(3):387-420.

③ 叶菊艳,卢乃桂,曹钰昌,谢欣荷.教师跨界学习研究:概念、现状与展望——"跨界教育实践中的教师学习与发展国际研讨会"综述[J].教师发展研究,2022,6(3):118.

④ Engeström, Y. Expansive Learning at Work: Toward an Activity Theoretical Reconceptualization[J].Journal of Education and Work, 2001, 12(1):133-156.

盾——在中心活动系统与其周边邻近活动系统，例如，主体生产性活动（subject- producing activity 等）之间的矛盾。①

边界广泛存在于不同的活动系统中。在第三代"文化—历史活动理论"中，"矛盾"是一个重要的概念，它是变革和发展的源泉。矛盾不等于问题或冲突，它是所累积的活动系统内部和系统之间的结构性紧张。其中，主要矛盾遍及活动系统的所有要素。当活动系统从外部采用一个新元素（例如一项新技术或一个新对象）时，往往会带来旧元素（例如规则或分工）与新元素碰撞这些次要矛盾②。矛盾带来干扰和冲突，也会带来创新。矛盾的意识、协商与解决就是活动系统改变和发展的过程，也即学习发生的过程。同时，矛盾也是各种权力相互之间博弈形成的能力场，在矛盾之中其实存在真正的难题困境。这类困境对于教师的发展来说被称作"关键事件"（critical incidents），能让我们更有效地理解、概念化和情境化每位教师的个人经验③。关注互动中出现的矛盾，可以帮助我们愈加集中地解答教师自身专业学习中的各类发展与发生过程。四级矛盾是推动学习行为逐次递进的重要力量，正是这四种不同层面的矛盾形态，推进了发生学习的行为，使得教师的学科知识与理想信念在不同活动发展阶段不断被重构、反思和固化。

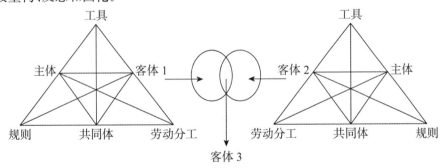

图 3-1 第三代"文化—历史活动理论"模型

① Engestrröm, Y. Learning by Expanding: An Activity-theoretical Approach to Developmental Research[M]. Helsinki: Orienta-Konsultit/Cambridge:Cambridge University Press, 1987/2015.

② 魏戈.矛盾驱动的教师专业学习:基于大学与中小学合作研究的案例[J].教育发展研究,2019(4):26.

③ [4] Harrison, J. K. & Lee, R. Exploring the Use of Critical Incident Analysis and the Professional Learning Conversation in an Initial Teacher Education Programme[J]. Journal of Education for Teaching, 2011, 37(2): 199-217.

(二) 跨界学习的四种机制

在有关跨界学习的机制研究中,比较经典的是荷兰学者阿克尔曼等人的研究。阿克尔曼等人综合了各领域有关跨界学习的研究,从相对宏观的层面梳理出跨界学习的四种机制:确证(Identification)、协商(Coordination)、反思(Reflection)和转化(Transformation)。

"确证"是承认他者的差异并将之看作合理的存在。确证机制是根据边界的模糊性本质所决定的,具体包含两个学习过程:它者化(Othering)和合法共存(Legitimating coexistence)。它者化是指学习者明确意识到某个实践和另一实践的区别,合法共存则是指跨界者意识到自己在边界两边进行实践的身份是受到双方承认的。由于边界双方实践领域存在相似性和一定重合度,实践者在边界上进行工作的第一步就是明确识别出不同边界存在的差异,以及这些差异会对他的工作产生哪些影响。因此,阿克尔曼和巴克尔认为"确证机制即学习者对不同实践相交点的核心特点进行识别,认识到不同实践领域所关注问题的差异"。[1]

"协商"是透过边界物以沟通协调意义,实现不同实践者之间的合作。阿克尔曼和巴克尔认为协调机制的重点是实践之间的最小对话,仅仅服务于如何顺利开展工作,因此协商机制侧重于描述跨界者在行为层面的学习。该机制包含四个具体学习过程:一是交流性连接(Communicative connection),它的建立通常依赖于边界对象,跨界者需要基于对边界对象的实践不断与边界的两边的不同领域进行沟通。然而,跨界者常常会在与边界双边交流中发现不同领域对同一事物的不同认识和理解。二是翻译的努力(Effort of translation),即跨界者尝试用边界双方领域的语言来解读同一个事物,从而帮助自己理解各个领域的文化情境,并实现顺利交流。三是渐增的边界渗透性(Increasing boundary permeability),指通过多次在边界双边进行工作,已经能够顺利地在边界进行实践,而不需要花费过多努力。四是常规化(Routinization),即跨界者已经具备多次在边界两边工作的经历,跨界已经成为一种自动化和程序化的行为。[2]

---

[1] Akkerman, S. F., & Bakker, A. Boundary crossing and boundary objects[J]. Review of Educational Research, 2011, 81(2):132 - 169.

[2] 金星霖,王琳媛.跨界学习理论的起源、内涵、机制及其本土验证——以职校教师在企业实践中的学习为例[J].职业技术教育,2021,42(31):60.

　　"反思"则涉及视角的再现和视角的获得，一方面个体将自己对某个问题的理解和知识显性化，另一方面透过反思与他人沟通和合作而获得新的视角。反思机制既强调学习者对不同领域视角的理解，也强调对不同领域视角的表述方式。它包括两个具体学习过程，即视角构建（Perspective making）和视角选择（Perspective taking）。视角构建是指学习者通过在边界两边的实践活动建立起新的观点，视角选择指学习者能够灵活采用不同的观点来审视和解决实践中的问题。反思机制强调跨界者的认知变化过程，国内学者陈向明教授也提出了与之相似的跨界学习"视角再造"机制，她认为，当跨界双方看问题的视角不同时，需要适当转换视角，甚至再造新的视角，才能知行合一地应对跨界之前没有预料到的困境，从而让跨界者对实践的看法更加丰富。

　　"转化"是指带来实践的深刻变化，甚至是创造出新的、混合式的实践方式。转化的本质是使跨界者在边界开拓出新的实践领域。阿克尔曼和巴克尔强调，在转化机制中对话本身成了关注的焦点。转化机制具体包含六种不同学习过程：一是冲突（Confrontation），指在新领域工作时受到的阻碍，尤其指由于边界双边的不同特点所导致的阻碍。二是识别共享问题空间（Recognizing shared problem space），这里的"问题"并非在边界双方单个领域的实践问题，而是在形成新实践领域时所产生的任何问题，解决这些问题需要两个领域的共同合作。三是融合（Hybridization），是运用边界两边不同领域的元素和理念形成新的领域，即阿克尔曼和巴克尔所说的"新的文化形态的出现"。四是结晶（Crystallization），强调融合产生的新实践所带来的结果，即新实践的效果和影响力。五是维持独立的交互实践（Maintaining uniqueness of intersecting practices），指在开拓新实践领域的同时，跨界者仍然应当维持边界两边领域的完整性和独立性。六是在边界的持续共同工作（Continuous joint work at the boundary），即通过长期在新领域的实践将跨界学习的成果保留下来。①

　　这四个宏观学习机制及其包含的 14 个微观学习过程并没有优劣，也并非按顺序出现或是在一个学习过程中全部出现②。此外，阿克尔曼等人还逐步发

---

①　金星霖，王琳媛.跨界学习理论的起源、内涵、机制及其本土验证——以职校教师在企业实践中的学习为例[J].职业技术教育，2021，42(31)：61.

②　叶菊艳，卢乃桂，曹钰昌，谢欣荷.教师跨界学习研究：概念、现状与展望——"跨界教育实践中的教师学习与发展国际研讨会"综述[J].教师发展研究，2022，6(3)：116-124.

展出机构、人际、个体不同层面的学习机制框架①(见表 3 - 1)。

表 3 - 1　多层次跨界学习框架

	机构层面(组织或单位之间的行动和互动)	人际层面〔来自不同(制度化)行动者间的行动和互动〕	个人层面(一个人参与两种或两种以上的实践)
确证	组织或单位(重新)定义它们不同的和互补的性质	人们(重新)定义他们不同的和互补的角色和任务	个体定义他同时参与但独特的参与立场
协商	组织或单位寻求交流与合作的手段或程序	人们寻求交流与合作的共享手段与程序	个体寻求在多种实践中分配或调整参与立场的手段或程序
反思	组织或单位开始重视站在他人的角度来看待自身实践	人们开始重视并接受他人的观点	个体因为其他人的参与立场,而以不同视角看待自身参与立场
转化	组织或单位面临一个共同的问题空间,开始协同工作或机构合并	人们面对共同的问题,开始合作开展工作,并可能建立群体认同	个体发展出一种混合的立场,在这种立场中,以前独特的思维、行为、沟通和感受方式被整合在一起

(来源:Sanne Akkerman & Ton Bruining,2016)

(三)跨界学习机制的实践探索

一些跨界学习机制研究是以阿克尔曼的学习机制理论或框架为基础,对现实中的教师专业发展活动进行解释或理论验证。如,金星霖等人以我国职校教师的企业实践为例,通过访谈等质性研究对该模型进行验证,验证本土情境下,"边界""边界对象""跨界者"是否清晰存在;验证阿克尔曼的学习机制中各机制和学习过程是否存在,以及它们在实践中的形态与其理论描述是否相同②。结

---

① Akkerman,S.,Bruining,T.Multilevel Boundary Crossing in a Professional Development School Partnership[J].Journal of the Learning Sciences,2016,25(2):240 - 284.

② 金星霖,王琳媛.跨界学习理论的起源、内涵、机制及其本土验证——以职校教师在企业实践中的学习为例[J].职业技术教育,2021,42(31):62.

果显示:在跨界学习要素的验证上,跨界学习涉及的三大要素在职校教师企业实践中同样可以清晰地观察到。在学习机制的验证上,发现"确证、协商、反思、转化"4 种宏观学习机制是清晰可辨的,但在更具体的微观学习过程上则因为不同跨界领域的特殊性,而各不相同或与理论有差距。但总体上认为,阿克尔曼的学习机制模型可用于对本土跨界学习活动的分析。

这种模型不仅验证了学习过程的连续性,也同样验证了不同领域的特殊性,可以说,阿克尔曼的跨界学习机制为国内跨界学习研究开创了一种新的研究范式,让学科共同体在进行学术创作时,有了一套统一的思维模式,可以约定俗成地形成一系列概念、共识和准则,服务于各种不同的教育研究领域,帮助教育学研究者对教育的本质产生了全新的再认识,那就是——知识共同体或实践共同体的边缘存在着开创全新实践领域的潜能。同时,该机制还构建了稳定有效的分析框架,让研究者既可以单独使用 4 种宏观学习机制考察学习者的阶段性变化,也可以利用 14 个微观学习过程观察学习者在某一学习阶段内的具体认知或行为变化。[①]

一些机制研究则基于本土实践,自下而上扎根于我们的教师跨界学习机制。典型的如,陈向明教授研究一线教师与高校学者间的跨界学习是如何发生的[②]。她通过学校邀请外来学者提供专业指导,以教师自愿参加的形式,采用八步课例研究循环的模式,组建了多层次的跨界合作网络,包括专业支持小组、校内执行小组、教师和学生,共约 800 多人。他们共同对语文组开展跨界课例研究,在这一过程中,合作各方由于不同的意义赋予和利益诉求,进行了多次意义协商、小组妥协、迁移创新,甚至通过学生的视角再次创造了"第三空间",让不同领域的观点在此相遇,激发了教师们新的意义学习,最终形成了斯塔尔所说的——无需完全共识下的合作行动,从而浮现出一种新的文化形态(新的杂糅物),更好地应对不同利益群体之间相互矛盾的需要和诉求。

通过对一个小组合作学习的案例研究,分析了教师如何通过与外来学者合作,根据具体情境对理论进行再工具化,改进教学设计和实施,并在提高学生学习素养的同时生成自己的实践性知识。研究最终提出了在跨界学习中可以运

① 金星霖,王琳媛.跨界学习理论的起源、内涵、机制及其本土验证——以职校教师在企业实践中的学习为例[J].职业技术教育,2021,42(31):63.

② 陈向明.跨界课例研究中的教师学习[J].教育学报,2020,16(2):48-50.

用三重机制:第一是通过实践推理认证形成意义协商机制;第二是借助知行合一观念达成视角再造机制;第三是付诸传统的中庸之道所产生的杂糅实践重构机制。陈教授的研究对跨界合作研究(特别是教师跨界学习)的具体含义提供了新的解释。当外来学者与一线教师合作开展研究时,通常需要处理彼此之间的边界问题,以往人们认为边界具有区隔性,是沟通的障碍,需要被打破,实践共同体成员需要有共同的事业、相互的投入和共享的经验库①。但是陈教授的研究告诉我们,边界变成了潜在的学习资源,正是因为教师与外来学者对小组合作学习的理解有所不同,才导致了双方沟通和对话的必要,也才引发了教师在教学方式上的创新②,由于各方边界跨越次数愈加频繁,深入的对话和交流时常发生,才有效地促进了教师的跨界学习。

然而,不同于上述直接运用已有的跨界学习理论来解释实践,也不同于只围绕教师与高校学者之间的"跨界"机制探讨,在卢湾中学长期的教师跨界学习实践中,也不断摸索和总结我们的跨界学习机制是什么。对卢湾中学来说,教师的跨界学习发生有其自身特点:如,更多发生在不同学科、不同学段教师之间;逐步形成学校的跨界学习生态;充分利用数字化时代的优势,用技术赋能等。围绕"跨界学习"的发生过程,同时也围绕学校实践特征,基于认知、情感、组织、时空等边界的突破,我们最终梳理出如下几点卢湾中学教师跨界学习的运作机制:识别边界的机制,协商破界的机制,生态融界的机制,数字赋能的机制,以及跨界学习保障机制。这些运行机制基于边界的跨越,提高边界的灵活性和渗透性,并形成边界跨越激励机制,有利于教师知识协同创新。

二、识别边界:确证不同的"界"

对学校系统里的学科教师来说,最显而易见的"认知边界"是学科之界,其中包含了学科内、学科间,以及学科与学术前沿、真实生活之界。这些边界因学

---

① Wengere.Communities of Practice:Leaning,Meaning and Identity[M]. Cambridge:Cambridge University Press,1998.

② 陈向明.跨界课例研究中的教师学习[J].教育学报,2020,16(2):56.

科知识内在的结构化特点、学校分科教学传统等而存在。它们虽然客观存在，但很少被教师去主动、有意识地识别和理解，更不太考虑去被"跨越"。跨界学习就是要打破这种习焉不察的局面，而识别不同边界就是跨界学习的第一步。

跨界学习带领教师不断突破特定学段、特定学科的认知边界，走进学科交汇地带。根据"跨出"的"界"的距离，形成了"学科内跨""学科外跨"和"学科互跨"的三种具体路径，环环相扣，层层融合，最终帮助教师走出"跨界"基础的一步。

图 3-2 学科交汇图

（一）识别学科内的微小边界

"边界"的存在是相对的，即便在学科内部，也有边界的存在。例如，不同知识点之间、单元之间、主题之间，虽然同属于一个学科，但都有"边界"。如果没有跨出这微观意义上的"边界"，很容易在一个学科内部就造成零碎、割裂、与真实世界相脱离的学习。这最微小的"跨越"对教师来说难度最低，也最为基本。因此，需要在识别学科内的这些边界基础上做好"学科内跨"。

学科内跨指的是教师从某一学科课程标准、教材内容出发，联通学科内要素，注重内部关联；贯通学段，整合问题；跳出教材框架，融合主题，理解和改善学科内部结构。学科内跨是教师跨界学习最简单、最基本的路径，教师从原有的知识体系出发，不断进行知识的拓展、重组，在跨界学习中提升与时俱进的知识力。

教师通过学科内跨，将丰富的内容引入本学科，让学科学习真实化、情境化，让学科知识从学科流向生活、社会，从认识走向实践和应用，教师的知识逐渐从平面走向立体。例如，数学组在基于学科内跨的跨界学习研修中，从数学学科基础知识出发，链接游戏、形态、设计和生活，基于问题整合形成了数学实践与探究项目,共研发 4 个主题单元"游戏中的数学""形态中的数学""设计中的数学""生活中的数学"的 17 个跨学科数学学习项目(表 3 - 2)。

表 3 - 2　数学实践与探究项目

系列	单元主题	项目活动
问题整合 数学实践与探究项目	游戏中的数学	一类"算 24"方法
		填"九宫阵"
		巧玩五子棋
	形态中的数学	轴对称图形
		平面镶嵌创作
		中心对称图形
	设计中的数学	住房布局的设计
		黄金分割
		包装盒的设计
		图标——会"说话"的图形
	生活中的数学	地图上的数学
		设计起跑线
		多姿的线条
		统筹方法
		统计趋势预测
		运动中的数学
		校园平面图绘制

　　学科内跨的重要环节是找到一个内部连结点,以连结点为圆心,不断拓展知识半径,包括本学科知识和其他学科知识,让知识围绕圆心不断流转。又如,整本书阅读是部编版语文教材中非常重要的教学内容。语文组在研修过程中发现,整本书阅读的过程中涉及了许多其他学科的内容,可以作为整本书阅读的辅助理解认知方式。教师通过跨界学习,对不同资料进行梳理和学习,探讨出"语文+"的整本书阅读跨学科学习设计的切入点(表 3 - 3),生发了学科内跨的跨界学习。

表3-3 整本书阅读跨学科学习设计切入点

	名著阅读必读书目	整合学科	跨学科学习设计的切入点
六年级	《童年》（六上）	历史	梳理人物自传的时间线
	《鲁滨逊漂流记》（六下）	地理	标注鲁滨逊"漂流"的地图轨迹
七年级	《朝花夕拾》（七上）	美术	绘制重现"旧事"场景
	《西游记》（七上）	美术	绘制小说环境及人物
	《骆驼祥子》（七下）	历史	了解军阀混战时期人物命运变化
	《海底两万里》（七下）	科学	了解科幻小说中的现代科学知识
八年级	《红星照耀中国》（八上）	历史、道德与法治	了解中国红色革命历史 培养爱国爱党的情感
	《昆虫记》（八上）	生命科学	知道昆虫知识和观察自然的方法
	《傅雷家书》（八下）	艺术	了解艺术知识，感悟艺术与人生
	《钢铁是怎样炼成的》（八下）	历史	知道苏联无产阶级革命
九年级	《艾青诗选》（九上）	音乐	选取音乐，进行诗歌配乐朗诵
	《水浒传》（九上）	历史	了解北宋末历史，感悟史诗色彩
	《儒林外史》（九下）	历史 道法	知道封建思想和制度的落后 感受民主思想的进步
	《简·爱》（九下）	道法与法治	对自由幸福的追求，敢于抗争的精神——书写"大写的人生"

以整本书阅读为联结点，语文教师破除学科知识壁垒，让知识更完整更全面，也引领着学生进一步深化融合语文知识。

【案例3-1】与大苏对话
——发现阅读的力量

每个初三孩子，几乎都能准确无误地写出苏轼的字和号，再问大苏的代表作品，孩子们也能如数家珍，可是，再接着问"你从他的作品中读到一个怎样的苏轼"，学生要么只能说出只言片语，要么就沉默不语了。这是当前语文教学中存在的一个普遍问题。前两问的"准确无误"和"如数家珍"，是在应考中练成的,至于苏轼是怎样的人,几乎没有花时间琢磨过。

苏轼,抛开"豪放派词人""文学家"和"唐宋八大家"等响当当的名号,他首先是一个人。我们背了他的诗文,又错过了他。这实在是一种遗憾。改变这种现状,是我们的另一种探索。

在六、七、八年级整本书阅读的学习过程中,我深刻感知到了融合式探究项目的成效,我思考着是否可以依据整本书阅读设置相关任务,让学生进一步统整苏轼的相关知识,深化对苏轼的认识。我开始重读与苏东坡相关的书籍,对比之后选择了《苏东坡传》,并对阅读任务进行设计,让同学们围绕阅读,将所学的苏东坡的诗词、文章按时间进行分类,结合背景和人生际遇,体会作品中蕴含的思想感情。我还引领着学生一起进行苏东坡纪念馆的设计,从分类、排序、展位设计、内容设计等方面全方位考虑,利用设计平面图的美术知识,为纪念馆绘制平面图,进一步让学生对苏东坡形成更整体性的把握。

在完成了《苏东坡传》整本书阅读之后,我发现在阅读过程中引入一些学科外的资料与方式,有效地把苏东坡的所有作品、知识点串联了起来,提升了学生整本书阅读的效率和理解能力。

(案例来源:周燕)

教师在学科内跨的跨界学习中,所跨越的"边界"虽小,但让教师能在微小的跨越中,以新的眼光审视自己固有的学科知识体系,不断探索学科交汇地带,向知识盲区进军,让学科知识在跨界学习中不断流动融通,让教师知识力不断提升,促进教师专业发展的二次成长。

(二) 识别学科间的明显边界

教师以"学科教师"身份自居,就是因为"学科"塑造了各自身份的边界。学科的边界,一方面强化了教师在专业上的深入,另一方面在某种程度上也固化了教师的学科思维和行为。而今天跨越学科边界开展教学已越来越成为必然,在补充单学科教育带来的局限上,学者认为:分科教育割裂了世界本来普遍联系的状态,弱化了学生认识问题和解决问题的能力,而今天的课程改革和考试评价改革都在强调学科之间的贯通。[①]

---

① 胡庆芳,等.跨学科实践推进与教师能力发展[M].上海:华东师范大学出版社,2021:68-69.

　　学科互跨就是要求教师淡化学科边界,站在更高视角统揽知识与学科体系,站在更上位的思考角度进行多学科的"融通",打破学科边界、淡化学科界限、开拓学科视野。多年来卢湾中学教师通过"学科互跨"的跨界学习寻找学科间交叉知识或相同主题,基于学科间的真实关联,实现"有序组合、有机串接",并针对某一核心概念、某一主导问题或某一作品创造,二度开发出"学科＋学科"跨学科项目,形成新的学习情境和学习任务。

　　"学科＋学科"跨学科项目体现的是学科交叉、学科互联,侧重于对概念的解析与重构,关注疑难复杂问题的全面认知与解答,从而达到整体理解和对多个学科的深度理解。通过学科互跨的跨界学习,学校教师团队研发了"学科＋学科"跨学科项目,分为"大问题、大概念、大主题"三大系列近 50 个项目。第一单元"大主题"系列侧重于从内容融通到大主题统整;第二单元"大问题"系列侧重于从问题整合到大问题中心;第三单元"大概念"侧重于从概念解构到大概念重构,培育学生思维的融通整合、多元创生。

　　例如,地理和数学教师共同设计了"守护上海"项目。在一场跨界学习会中,地理教师和数学教师共同关注了"全球气候变暖,上海出现海平面上升、地面下沉的趋势"等相关问题,通过交流,对这个从真实生活、真实情境中发现的问题了解得更全面了。但是怎么引领学生通过探究深入研究这个问题,形成一个项目呢?地理教师和数学教师又进行了深入讨论,对不同学科的基本探究方法进行融合,让学生运用数学统计、预测的知识去预测上海的未来,融合地理学科知识设计不同方案。在跨界学习的深度研讨中,地理和数学跨学科项目学习的实施路径逐渐清晰,两个学科教师指导学生展开深度学习,"WPS 线性回归预测""Excel 趋势预测建模""利用二次和三次函数通过 Excel 建模""Excel 线性回归拟合"多样化的数学统计和预测方式,"液压机回灌地下水""3D 打印设计的上海外岛地区人工浮岛的模型""使用纸箱搭建的可升降堤坝""手绘海报对海上城市的建筑、交通、生活设想"都呈现在学生成果中。"学科＋学科"的学习中,整个项目指向地理和数学的学科素养,学生基于证据表达观点,反复论证设计的合理性,学习从琐碎的知识点上升到概念、策略,认知水平从识记上升到问题解决和创造。与此同时,依托数字化学习平台,记录过程性评价和终结性评价,对项目中学生在各个学科呈现的学科素养表现和整个项目设定的综合素养表现,形成"数字画像"。

"学科互跨"的跨界学习中,教师进行不同学科的知识重构与融通,生发新的生长点,回应教育教学改革要求,提升学生面对真实世界、解决真实问题的能力。

【案例 3-2】以研促教
——地理、生命科学建构跨学科项目

新中考背景下,跨学科案例分析成为了热点和难点,为了突破这一难点,学校地理教研组和生命科学教研组强强联手,开始了一次次的跨界深度教研。两个教研组借鉴了学科互跨的思维方式,开展了学科联结、系统融构的深度教研。他们每周在固定时间开展一次研讨,从教材出发,互相学习学科内容,寻找知识交叉点和生长点。在研讨过程中,两个学科的教师系统梳理了学科知识,分析联结的可能性和可行性,创生适合学生的跨学科项目。

例如在两个教研组探讨的过程中,发现生命科学中的知识点"生物与非生物环境的关系"和地理学科知识点"不同纬度地带、不同海拔地区植被分布"是两个有联结和交叉的内容,可以作为跨学科案例分析的一个生发点。教研组围绕这两个知识点进行了举例研讨,总结归纳了生物与温度、海拔之间的关系,基于研讨成果,设计了"设计'大山'"这一项目化学习。项目基于美国"生物圈二号"失败的背景,将驱动性问题设计为寻找一座"理想中的大山"作为"生物圈三号",来模拟人类生存的第二个家园,引领学生确定各自"大山"的选址并明确选择缘由,并完成对与所处地区地理环境相适应的生态系统的构建。项目将两个学科的知识在同一问题下有效融构,在真实情境里化解学科支离的困境,达到边界的消融。

基于"设计'大山'"这一跨学科教学的经验,通过学科互跨的跨界学习,两个教研组梳理形成 21 个"学科互跨"构建项目(表1)。

表1 地理、生命科学跨学科案例分析"学科互跨"建构项目

生命科学	地理	交叉点举例	跨学科项目
生物与非生物环境的关系	不同纬度地带、不同海拔地区植被分布(山体垂直地带性分布)。	温度不仅影响了生物的生长和发育,也影响生物种类的分布。苹果树、梨树等果树不能生长在热带高温地区,而菠萝则不能在寒冷的地方结果。	设计"大山"东北菠萝

（续表）

生命科学	地理	交叉点举例	跨学科项目
珍稀植物基本特征	植物分布区自然地理特征	1. 雪莲的生长环境：新疆天山、青藏高原地区的地形地势、气温和降水情况（考查等温线图、等降水量图的判读）。 2. 叶的变态：仙人掌的刺由叶变态而来，与当地的气候环境有关（干旱、降水稀少、日照强烈等）。	科学种多肉
动物种群、植物分布	分布地区的地理位置、环境特点	1. 两栖类动物的分布地区、湿地环境、水资源状况。 2. 骆驼分布与环境的关系（昼夜温差、气候干湿状况、水资源分布）。	寻找单峰驼
微生物与人类的关系	天气、气候对人类活动的影响；我国气温降水的时空分布特点；我国干湿地区的分布特点；风化作用	1. 花生产区与黄曲霉素疾病分布的关系；花生产区的气候特点与黄曲霉疾病分布的关系。 2. 真菌、植物的生长对文物古迹保护的影响。	黄曲霉素疾病与花生产地分布关联
人体激素分泌	城市化进程的推进	上海脱发人群数量居全国之最，北京其次，脱发与压力、城市节奏快的关系。	陈老师的烦恼
环境保护	水环境、大气环境保护	1. 中国、上海大气和水环境现状及其保护。 2. 城市环境保护的重要性。 3. 水质污染对水生生物的危害。 4. 一定环境条件下，蓝藻、"水华"、水体富营养化（区位、形成原因）。	上海水告急?!
生态系统的功能	地球的圈层构造	1. 自然界的碳循环。 2. 地球上的水循环。	气候变暖 VS 地球水蒸发
农业	农业类型	1. 基塘农业（桑基鱼塘、蔗基鱼塘）。 2. 多样化的农业。 3. 部分国家农业分布情况与气候、地形的关系（美国、俄罗斯、澳大利亚）。	南北系列——北米南面

（续表）

生命科学	地理	交叉点举例	跨学科项目
读图能力	地图填绘、解释、应用能力	1. 阐述地图信息所蕴含的地理事物之间联系。 2. 利用地图发现问题，作出决策。 3. 借助图像资料，解释地域特点及其与生物种群分布的联系。	亚洲象的"北漂"终点
读表能力	图表的填写、绘制、计算、解释、分析能力	1. 运用图表资料，关联自然条件的特点，分析出一个国家如何因地制宜发展经济生产实例。 2. 根据一个国家自然或人文要素的图表、文字资料，进行图文转换。 3. 比较不同国家，分析地理特征及生物特征。	热带植被图谱
自然资源	国家地理	各国自然资源分布与利用: 1. 棉花、茶叶、黄麻等作物的生长特点与产区的地理位置、气候特征、工业布局之间的关系。 2. 国家公园的设立。	麻场选址
海洋捕捞	渔场	1. 世界四大渔场的分布及其成因。 2. 海洋捕捞的现状及其解决措施。	消失的纽芬兰
澳大利亚生物"活化石"	地壳运动	"活化石"产生的原因	寻找恐龙足迹
澳大利亚"珊瑚城堡"	澳大利亚"大堡礁"	"大堡礁"的地理位置、形成原因及其生物保护。	消逝的珊瑚礁群
人体生命活动需要的环境条件	人口分布	1. 世界主要人口大国。 2. 世界主要人口稠密区的分布及其气候、地形特点。 3. 中国人口分布的地域特征(黑河—腾冲线)。	消除差异，均衡发展

（续表）

生命科学	地理	交叉点举例	跨学科项目
生物群落	1. 铁路干线 2. 区域地理	1. 以某一铁路干线为例，运用地图说出铁路途径的省区及行政中心，沿线的地形、气候及生物群落（景观）的变化。 2. 以新疆为例，南疆和北疆，不同的生物群落与当地的气候（气温、降水）与地形的关系。	"云"游新疆
外来物种与生物检疫	当地气候特点、地形特征	1. 澳大利亚外来物种入侵。 2. 日本森林狼的绝迹。	澳洲兔灾
疾病防控	气候、地形特征	1. 全球疟疾分布（疾病防控与地理环境的关系）。 2. 禽流感发病区域分布（结合疾病传播的三要素，归结疾病易发区域的地理特征）。	动物瘟疫
人体特征与环境的关系	地理环境特点（气温、地形）	人种分布与环境特点： 1. 人种分布、特征、变化、起源（黑、白、黄种人）。 2. 北胖南瘦成因。 3. 人体特征差异逐渐缩小的原因。	南北系列——北胖南瘦
动物保护色（适应观）	气候变化	雷鸟随季节变换羽毛的颜色（生物与环境的适应性）。	雷鸟

（案例来源：吴丹）

在学科互跨的跨界学习中，教师通过对本学科和其他不同学科的二次学习，找出不同学科课程知识点相互之间的关联点和整合点，将分散的学科课程按知识和相近主题内在的逻辑重构，达到整体理解和对多个学科的深度理解，激发教师突围创新的思考力。

(三) 识别学科类的多重边界

人类的知识本身就是在不断发展、扩充的。对学科教师来说,教材里经典、系统的学科知识与不断发展着的人类知识之间具有隐形的"边界",固守课本知识本身显然不足以回应知识本身的进步和变化,对科学、技术等学科来说尤其如此。此外,系统化、结构化的学科知识与真实、复杂的世界之间也具有"边界",打破这一边界是"学习"本身应有的使命之一,即为解决真实问题而学。

学科外跨指的是结合学科门类与前沿学术成果,对学科范畴进行优化整合,延伸学科的知识宽度,同时链接真实生活与真实问题,拓展学科知识的阐释广度。从学科层面来说,学科外跨指的是超学科、去学科的跨界学习,不能判定属于哪个学科,可能是学科前沿、类学科或是去学科的复杂问题。

【案例 3 - 3】创意"跳跳虫","跳出"创造无界限

2020 年 11 月 9 日,学校跨界学习共同体的老师集中在未来教室,开启"乐高"创造的大门,开展跨界学习。

本次跨界学习由一个情境问题引出:土星是太阳系的第二大行星,直径是地球的 9.5 倍,质量是地球的 95 倍,从地球到土星的距离达 30 亿千米。自从 1610 年天文学家伽利略发现土星的神奇光环以来,人类对土星探索的梦想从未因如此遥远而减弱。根据计划,到 2021 年底,完全由中国人自主设计并研发的"创新者"号土星探测器,将搭载拥有神奇"外壳"和智能机身的"跳跳虫"取样机,登陆土星,开始它为期三年的土星地表探测取样任务。"跳跳虫"的外观如何满足土星的地表环境?"跳跳虫"的双腿如何智能并快速运转,以获取更多的地表样本?

跨界学习共同体教师成员在指导老师的带领下,尝试自行搭建具备独特的外表和更快更远爬行能力的"跳跳虫"。"跳跳虫"的独特外表需要教师利用乐高的模块发挥想象力进行构建,"跳跳虫"的行动则需要借助于 iPad 的相关程序调试速度、距离等。在这个跨学科的项目任务中,老师们边学习探索,边互动交流,不同学科的教师优势互补,历经多次尝试和多次失败,老师们发现要使"跳跳虫"跑得更快,对它的前后"脚"的摩擦力有不同的要求,"脚"的形状、长短也是一个影响因素——前"脚"的摩擦力较大,后"脚"的摩擦力较小时,"跳跳虫"

的速度更快,稳定性更强。创造设计的思维不断优化,老师们逐步迭代,给出更优的解决之法,完成了属于自己小组的独特的"跳跳虫"。

(案例来源:吴丹)

在创意"跳跳虫"教师跨界学习中,教师围绕情境问题展开讨论,需要教师考虑地表摩擦材料等真实情境,基于程序设计跳跳虫。这样的研修没有明确学科特征,而是基于真实的项目学习,超越学科、融合技术,解决复杂的真实性问题,这就是学科外跨。

物理组在开发设计学校创新实验室课程时,开展了"设计与制作大陆板块模型"的研修活动,通过对于学科前沿知识以及相关的地理、科学知识的探索,完成模型建构,并结合初中学生学情,以该项目为基础研发了"模拟地球物理学家设计与制作大陆板块模型"创新实验室课程。该研修活动解决的是一个基于学科前沿的复杂问题,跳脱原来的学科范畴,思维更发散,范围更广泛。在跨界学习共同体的引领下,学校各研修小组开展了丰富的学科外跨研修活动。学校提供了八大"学科外跨"模块学习活动选择,教师可以自主选择参加感兴趣的研修小组(表3-4)。

表3-4 "学科外跨"模块与学习活动

学科外跨模块	跨界学习活动(部分)
人文与艺术	戏剧体验;红色手账设计
信息与智能	乐高创智
航空航天与航海	"神舟系列"研究与航天研究院参访
工程与建模	城市规划设计;未来校园梦想改造
经济与创业	模拟"经营"公司
健康与运动	健康生活项目设计
地球与生态环境	"未来新能"项目
数理科学	数学建模思维训练

围绕不同领域的模块与活动,教师进行自我学习和分享,学校也邀请到专业人士加入,把不同领域和专业中的知识引入到跨界学习中,引领教师在跨界研修中碰撞出新的火花。

在人文与艺术模块,在外请专业导演的带领下,教师进行了戏剧体验学习和情景剧的编排,共同研究剧本编写、道具制作、舞台表演……在研修过程中,教师各展所长,又不断学习新的知识。剧本创作需要具备文字能力、熟知历史背景,道具制作需要了解其结构特点,又要一些特殊的试剂,舞台表演需要唱、跳、演……在这场研修中,没有语文老师、数学老师,只有一个个投身舞台的创作者、表演者,他们在每一个环节都全身心投入,在潜移默化中完成了自主学习。

依托乐高创智 FLL"未来新能"学习活动项目,教师对新能源进行探究,思考创发和利用新能源的形式,探索未来新可能。未来不是语文、数学,而是一个真实的世界,在这样的世界里,每个教师都应该有自己的想象。在跨界研修中,教师不断优化和突破自己对世界的认识,对未来世界的创想。

通过这样学科外跨的跨界学习,教师的视野更宽了,思考更深入了,潜在的学习能力和创新意识被不断激发。学科知识是教师的专业,也是教师的"围栏"。教师很容易从学科中去看世界,而实际上,世界的内容绝不仅仅限于学科。教师不仅是一个育人者,也是一个学习者,必须跳脱学科知识的围栏,拓展学习的深度和广度。在学科外跨的跨界学习中,教师作为一名学科教师的身份被淡化,作为一个学习者的身份被不断强化。围绕一个项目进行研修,已经不用明确地分辨是哪个学科的教师,而是在同一起点的学习者,共同面对极具挑战性的活动或任务,学习者之间互相合作、取长补短,在一步步推进任务的同时获得自我生长。

三、协商破界:发挥团队能动性

来自不同学科、学段的教师识别出彼此的边界后,需要通过"协商"的机制来"破界"。我们认为,协商中最重要的就是"人"。当教师能在协商中真正发挥主体性,将问题转化为大家共同的关心,整个跨界学习的团队愿意不分彼此,将差异转化为资源,共同指向真实问题的解决,这样的协商势必能"打破情感边界"。

(一) 赋权教师,提升协商中的主体性

教师的跨界学习,协商的主体自然就是教师。如前所述,跨界学习通常还

会引入外部智慧力量,由不同学科教师、管理者、外部专家等所组成的异质群体是教师跨界学习的重要构成元素。这些人员在知识结构、经验基础、思维方式上都是不同的,尤其是当管理者、专家在场,跨界学习还会受到"权力"关系的影响,教师作为"弱势"方,容易处于"被动"的境地。为此,我们尤为重视异质群体中的每一位教师的主体地位,通过改变学校组织中的中心化色彩,做到"去中心化",充分地授权给教师。增强教师授权感最终可以激发每个教师的活力和个体价值,这是教师有效开展跨界学习的必要条件。

1. 变革组织结构,激发教师内驱力

异质群体的成员的思维方法不同,看问题的角度各异,在群体决策时,能够真正做到集思广益,但只有把个人的力量充分释放出来,才能在更大程度上激励创新,发挥事半功倍的作用。

学校的"无边界思维坊"学习共同体就是从"金字塔"结构转为"去中心化"结构,改变传统的研修模式,依据每次研修主题和任务,产生相应的负责人,每位教师都可以成为中心,形成"分布式领导"的运作方式,以此让每位教师体会到了充分的授权感。

【案例 3-4】"分布式领导"激活教师积极性

在一次跨界学习研修时,语文学科陈老师提出自己的一个教学困惑:教授红色篇章时,有时学生不能很好地理解和体会其中的情感。历史老师很感兴趣,因为这部分知识涉及中国历史,尤其是中国共产党的历史;道德与法治老师也跃跃欲试,因为这个话题与爱国主义教学内容也息息相关,正值庆祝中国共产党成立一百周年之际,是否可以借此让学生去深刻理解那段时期的历史和情感成为几位老师探索的话题。陈老师在之后的研修中,又提出自己在写作教学上的困惑,认为可以将信息技术应用于此,于是在共同体信息学科徐老师的帮助下,了解到可以利用学校开设的"卢湾梦工厂"社团帮助解决困惑。

在不同形式的研修中,陈老师不断成为研修的主体和中心,其他学科老师根据自己的学科知识以及所具备的技术手段积极探索。在这样的组织结构中,陈老师既感受到专业的自主感和掌控感,也在其他教师成为中心者时作为协助者。此外,为了激活教师个体,学校还通过不同的学习支架来激活教师的能量,比如在研修中,利用鱼骨图、海报等形式,集众人智慧共同解决一个问题,再进行交流分享,小组成员可以在上面进行书写、涂画、标识,图文并茂地表达小组的解决方案和结论,简单便捷又清晰易懂。

在跨界学习研修过程中,学校管理者充分授权每一位教师,将决策权交给教师,使每位教师都成为中心,让教师在不同的环境中产生不同的体验,碰撞出不同的思想火花,爆发不同的灵感,产生不同的创造,使得教师更有学习力,更有思想力,更有教育力,也发挥教师自身的综合文化素养,最大限度地释放个体的能量,唤醒个体价值,使其专业发展之路渐行渐宽。

2. 搭建展示平台,提升教师价值感

学校为教师搭建了多样化的展示平台和机会,让教师可以充分发挥自己的优势,获得更多成就感,进而激发学习动力。例如,学校通过定期举行教师"跨界读书会"、开设"跨界讲坛"、开展"跨界教学比赛"和"跨学科项目化学习案例设计比赛"等,使教师可以有不同平台交流展示,展现自己。在卢湾中学的跨界学习型组织中,不同学科专长,不同个性特质的教师都可以用自己的智慧共同为学生创造出更多集聚活力和创新特质的课程体验。

【案例3-5】多样多类的展示平台

每月一次的"跨界读书会"形式多样,有"主题式阅读、类比式阅读、思辨式阅读、对话式阅读、漫谈式阅读"五类。教师根据自己的兴趣选择不同的跨界阅读小组。在讨论会上,不同学科不同专业背景的教师"同场竞技",各抒己见,理科老师沉迷于《瓦尔登湖》而不能自拔,文科老师醉心于《时间简史》而爱不释手,专业之外,还有兴趣所在。

在"跨学科项目化学习案例设计"比赛中,不同学科的教师展现自己的魅力,在对主学科知识充分掌握的基础上跨越学科,通过将知识与生活融合、不同学科知识互相融合,多角度、多视野地看待问题和解决问题,了解其他学科性质、理论基础以及方法取向,不断地突破自己的上限,提高自己的想象力和创造力,开发出一系列独具魅力的课程,如"文有灵犀数点通""漂浮的结构""设计'大山'""守护上海"等。

学校也借助各级各类项目活动,推广优质科研成果,通过媒体推介,让更多的共同体成员从幕后走向台前,扩大影响力。学校通过不断赋权、赋能教师,激发每位教师的动力,增强教师的价值感。只有成功激发教师内在成长的驱动力,每位教师才有可能愿意持续参与跨界学习,才有可能形成学习共同体。

(二) 组建联盟,增进协商的共享价值

"协商"是透过边界物以沟通协调意义,实现不同实践者之间的合作。跨界学习团队中,所有个体都是合作伙伴,每一位教师的特质都是我们看中的宝贵资源。激励组织创造共享价值,是开启学校创新发展的钥匙。共享价值给学校带来的竞争优势上的持续性,将远远超过传统的质量改进模式。强调"创造共享的价值",将"我"变成"我们",将"个体价值"转化为"共享价值"。[①]

1. 组建"知识联盟"

学校依托突破边界、融合共生的策略,在校内逐步形成了跨越学科边界的"无边界思维坊"、跨越时空边界的"酷课·创学中心组"、跨越项目边界的"科学创智 home"、跨越师徒边界的"1+3+N 工作室"和跨越生活边界的"青年教师创意沙龙"这些形式多样的跨界学习群体(图 3-3),这构成了学校跨界学习群体组织架构。此外学校突破学段、突破领域,合理利用社会资源,与高中、高校联盟,与公司、企业合作,拓宽教师眼界、加深教师学识,培养教师创新、融合等思维品质。

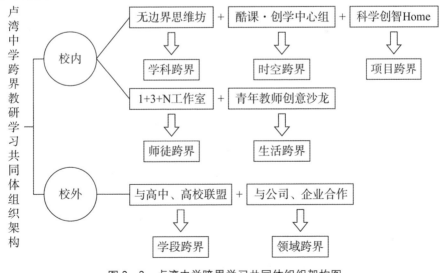

图 3-3　卢湾中学跨界学习共同体组织架构图

---

① 何莉,张怡.跨界学习:教师专业发展的新境界[M].上海:华东师范大学出版社,2019:28.

在每个跨界学习群体中,教师都是自由的、发散的,每一个教师都可以发出自己的声音,可以表达自己的看法和思考,可以在与其他教师的讨论过程中思辨,可以实现自己的价值,做出自己的贡献。这些价值、这些贡献也可以随时得到反馈,形成看得见的成果,最终凸显出组织的共享价值。

【案例3-6】师徒跨界——"1+3+N"师徒工作坊

学校数学组有三位教龄15年以上、非数学专业的老师,他们对待工作始终认真地"守着自己的一亩三分田"。但初中学生分化明显,三位老师长期抓后1/4学生,抓合格率,很消极地消磨了时光。他们每四年一轮循环重复教学内容,对中考数学的教学要求了如指掌,但自身发展空间有限,想评高级职称却望而止步。于是学校打造了"1+3+N"师徒工作坊这一跨界学习共同体,聘请一位特级教师带这三位成熟教师,三位成熟教师每人再带1—2位青年教师,三位成熟教师既是特级教师的徒弟,又是青年教师的师傅,工作坊形成了跨越师徒身份边界的双层师徒关系。"1+3+N"师徒工作坊有利于教学经验的传递,也会有不同阶段的教师不同想法的碰撞,教学相长,形成更好的教师成长环境。工作坊对数学学科的目标策略、导学策略、实效策略开展了专题研究,并形成了"学习—实践—指导"层进式研修模式。依托特级教师资源,三位成熟教师经常进入高中听课,主动增强对高中习题的解题能力。"1+3+N"师徒工作坊研修开展以来,三位成熟教师带着青年教师完成四年初中数学每节课的导学稿编写,对例题、习题、试题开展了"三题"研究,一位数学老师已经顺利评上了高级职称,另两位分别获得数学教学比赛二等奖和区园丁奖。

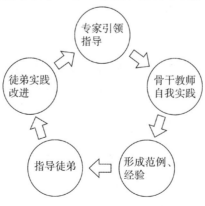

图1 "1+3+N"师徒工作坊

2. 构建"知识仓库"

卢湾中学在积极打造学校的"知识仓库",它借助于"无边界思维坊"的一群有理想、有信念、想干事、能干事的教师,汇集并分享每位教师的智慧。组织成员涵盖了新教师、骨干教师和专家教师,尽管他们在教学知识和经验方面存在水平上的差异,各学科教师术业有专攻,但跨界学习共同体使得他们可以相互交流,相互融合,孕育了大量的有价值、有意义的"项目",并在跨界学习中通过证据—经验—实践相结合,推动知识的重构与创造,提升学校整体知识价值,并存取和积累,形成固化的、可传承借鉴的研修课程、电子书、精品课例库、微视频资源中心等,打造出具有卢湾特色的教育"知识仓库"。

【案例 3-7】卢湾中学的"知识仓库"

比如中考新政策公布了"跨学科案例分析"考核要求后,"无边界思维坊"的老师们主动未雨绸缪,积极联合地理学科组和生命科学学科组的全体老师们,以"研发新中考背景下地理生命科学跨学科项目化学习"为项目主题,寻找出初中地理与初中生命科学教学内容中的交叉知识点和相同教学主题,并在此基础上逐步设计"设计'大山'""寻找圣诞树""疾病的烦恼""澳洲兔治理"等多个跨学科学习项目。

比如新课标颁布后,项目化学习以及跨学科主题学习成为教育改革的热点,学校为各个学科老师争取相互学习、相互交流的机会,数学、语文、物理、化学、道德与法治、地理等学科的教师根据兴趣加入北师大项目组。每次的指导交流都需要每位老师通过与小组成员交流,设计相应的项目方案,通过校外专家的指导,同学科老师之间的探讨,不同学科、不同地域老师之间的互动,不断迭代改进,深入了解并学习项目化的前沿知识,同时这些教师也在学校的中心组进行交流,分享学到的知识以及实践经验。

在任务驱动的策略下,卢湾中学的教师发散自己的思维,跟随教育改革的脚步,不断更新自己的知识储备,分享自己的实践经验,形成相应的教学设计、课题研究等。这些知识成果汇入卢湾中学的"知识仓库",为所有教师的跨界学习提供更多养分。"知识仓库"系统化地组织、管理、存储和控制着大量的校本教学实践知识,盘活了学校的知识存量,实现了组织价值的共享,这些知识成为所有教师跨界学习取之不尽、用之不竭的智慧宝藏。

四、生态融界：形成跨界学习生态

教师在各种边界的识别、协商、跨越中，解决一个个真实问题。这些大大小小跨界学习的实践，无形中累积和迭代成一种跨界学习的生态。生态是在长期的发展、不断平衡中形成的自运行的系统。在教师跨界学习的生态形成中，环境要素包括学校原有的组织文化、信息技术环境、教育教学改革的外部环境等，主体要素包括学校教师、管理者、专家、社区人员等。原先这些要素在各自的系统内各司其职、关系分明，随着教师跨界学习的不断开展，这些要素之间变得更加互相依赖，"组织边界"被消弭，创生内部自组织生态圈，教师突破原有的视角或思维方式，用被打破后的"新视角""新思维"自驱动来认识与实践。

（一）推出先行者，促发跨界生态的形成

面对现在的教育改革，学校层面积极推动项目化学习面临的一个挑战是，新的学习样态的推行不可能取得所有教师的理解和认同，那就需要一部分接受能力强、愿意接受新挑战的教师去学习、去尝试，这些教师就是我们所需要的"发动机教师"。如学校一部分教师参与北师大项目组的培训学习，与同区域内不同学校的教师、不同省份的教师以及专家学者探讨交流什么是项目化、项目化如何设计、项目化如何实施等问题，在经历未知、熟悉、尝试、实践、反思后，这部分教师在项目化学习中形成自己的理解，他们将自己的经验与学校内的其他教师分享交流，带动更多跃跃欲试的教师走入项目化学习的行列，形成大小"发动机"，为推进跨界学习生态的形成提供可能。

（二）多管齐下，促进跨界生态的固化

跨界学习生态一旦初步形成，需要维持其良好的运转。为了让跨界学习更好地运转，学校变革组织、架构课程，培育跨界学习的核心能力，赋权增能，形成尊重与信任、共享与对话的文化。

第一，变革组织。跨界学习是以团队方式开展的，依靠一般意义上的年级组、教研组、备课组来推显然不够，教师会继续囿于这些组织中早已习惯的一套

方式。因此,我们思考对教师学习组织结构进行变革,将各个学科里最有活力、最有意愿参与改革的教师遴选出来组建一个新型的教师学习共同体。为此,学校组建了各种不同的跨界学习共同体,为教师提供跨界学习平台、跨界学习氛围,以及跨界学习安全感,教师在这些组织中,相互学习和交流,加固了跨界学习的生态。

第二,架构课程。虽然学校很多教师已具有跨学科教学设计和实施的经验,但理解得还不够深入。为此,学校整体架构和分步推进教师研修课程,聚焦教师开展跨学科教学的六大关键能力——即跨学科教学的理解认知能力、跨学科项目的研发能力、跨学科教学的设计能力、跨学科教学的学习指导能力、跨学科教学的评价能力和跨学科教学的改进反思能力。设置三大系列的层进式培训课程,即第一系列——学习素养课程,其主要目标是让教师适应跨学科教学和项目学习,培育教师综合素养;第二系列——思维训练课程,主要是变革教师思维模式,激活教师创意思维;第三系列——实践能力课程,直面跨学科教学,掌握关键技能,开展课例实践分享。在六大能力三大系列课程中,形成一系列具有校本特色的、拓宽教师视野的研修项目,让教师体系化、循环式、长时间地投入学习。根据教师需求和兴趣组织各式各样的特色研修活动,通过思维的交融与碰撞,教师逐渐学会运用多学科的、整体的思维进行跨学科教学的设计。

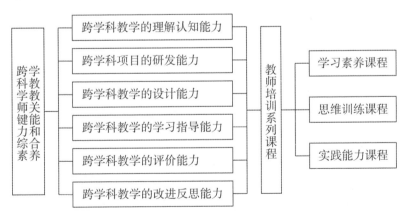

图 3-4 推进教师跨学科教学的跨界研修课程

第三,赋权增能。教师有机会参与共同决策,自主选择跨界课题,分享实践中的经验与困惑,并探索解决问题的方法,让教师在跨界学习中增加原动力和成就感,进而增进教师专业发展的内驱力和持久力。在"无边界思维坊""酷课·创学中心组"等学习共同体中，没有一人之上的管理，而是采取民主、平等的互动，每个教师都有权力决定自己的参与项目，每位教师也都能够容忍分歧，允许不同意见的出现，即便是出现差错，教师们也都可以通过一句安慰、一个微笑、一个掌声来帮助创新者突破黑暗。

例如，在讨论数学探究课"宝藏在哪里"时，物理老师对于平面直角坐标系的建立提出疑问：在绘制的时候，横纵坐标的单位长度是一致的吗？如果是一致的，那学生绘制的坐标系是否能够精确地找到宝藏所在的坐标呢？实际生活中，地理位置的确定应该不是二维的直角坐标系可以解决的，那是不是可以由此产生一个跨数学与地理学科的学习项目呢？这样的场景在共同体中经常出现，教师运用被赋予的权利，看似是对一节数学课的评析，其实是一场跨界学习。

（三）迭代反思，达成跨界生态的优化

为了使跨界学习文化生态不断在更高水平上达到新的动态平衡，需要持续迭代反思，调节和优化跨界学习生态中各要素的布局、比例与数量。实践中，学校考虑了两大方面的优化：一是学习活动的过程优化，即针对具体的学习活动，如何在活动前、活动中调节跨界学习生态中的要素（如学习者、学习资源、学习流程等），确保学习活动的质量；二是教师专业发展的优化，强调如何调节学习生态中的支持要素及其相互作用，以让教师基于跨界学习不断提升专业素养。

跨界学习活动的优化。学校采取的优化措施是：对教师进行前端分析，确定跨界学习的目标，分析教师的背景和需求，选择合适的跨界主题，设计合适的跨界学习活动。对流程设计进行分析，设计教师跨界学习的流程，制定合适的评估和反馈机制，设计合适的团队合作机制，制定合适的时间管理策略。对成果创新进行分析，鼓励教师的创新思维和实践能力，推进教师的项目实践，促进教师成果的分享和传播，鼓励教师的自我评估和反思。

教师专业发展的优化。在教师专业发展的生态系统中，教师个体与群体之间、个体与个体之间产生相互作用和相互影响，从而形成全方位、多维度的共生关系。学校以"项目思维"推进跨界学习共同体的运作，将真实问题解决的全过程转化为一项项具体的任务。学校每年实行绩效奖励，以鼓励参与跨界学习的教师。通过异质群体成员之间相互的促进，组内外、校内外的交流分享，实现知

识共享和共同发展进步,实现跨界学习文化生态的优化。

五、数字跃界:实现跨界学习效能升级

　　我国教师的数字能力培养大多通过政府主导的形式,一般表现为规定好学分的线上培训或者集中式的线下培训,实在难以满足新时代教师应用数字技术的个性化实践需要。面向未来,应该更多探索教师动态化专业发展的培训活动,给予未来教师更多参与实践的学习机会。由于数字技术发展于学校教育教学场域之外,所以对教师数字能力提升实践也应该超越单一场景的学校教育领域,打通教育领域和数字领域的边界壁垒。因此,跨界学习的考察、观摩与实践的专业发展培训活动能够更好地提升教师数字应用专业能力的成效。

　　从国际上看,智利教育部于 2018 年成立了信息技术教学创新中心,旨在以信息技术创新促进学校实践创新,构建了包括信息技术公司、政策咨询部门、K12 学校在内的多主体联动的生态系统,为教师提供企业实习和培训等应用最新科技成果的学习机会,将单一的公共政策干预转化为引发教育深度变革的多元治理活动(Concha & Eduatdo,2016)。[①] 这种跨界合作形式促进了多元主体的参与程度和校企之间的合作程度,鼓励教师们在"做中学"、在"学中做",独立自主参与跨界实习,从而获取更多沉浸式、情境化的学习体验感,进一步提升跨界学习的实践成果效能。

　　教师在跨界学习过程中,通过数字技术这一边界物件和互动机制影响组织学习的研究边界,加强了参与者之间的联结,围绕数字技术的学习、开发和运用,帮助处于边界地带的参与者实现彼此的理解和学习,在教学过程中不断建构和重构对数字技术的认知,探寻数字技术与跨界学习的对应关系,从而调整教学方案,改进教学实践,跨越最近发展区域,[②]实现自身专业发展。

　　充分利用信息技术的优势,让技术赋能实践,成为卢湾中学跨界学习的重

　　① 梁茜.教师信息技术应用能力国际比较及提升策略——基于 TALIS 2018 上海教师数据[J].开放教育研究,2020,26(1):57.

　　② 李奕婷.澳大利亚乡村 STEM 教师跨界学习:动因、机制与反思——基于 STEM 伙伴关系的分析[J].华南师范大学学报(社会科学版),2022(3):106 - 107.

要特点。数字技术的应用尤其在提升跨界学习效能上发挥了重要作用，包括：为教师跨界学习提供更丰富的技术场景，为跨界学习提供基于数据的证据反馈，拓展教师跨界学习的资源，同时也拓展教师跨界学习的研修方式等。

（一）为教师跨界学习提供技术场景

"互动论"学者认为，专业往往诞生于特定的社会场景，是一定社会需求的产物，当社会场景发生转变时，这种需求也将随之改变，并影响其专业性[1]，这一特征在教师专业上也得以充分体现。尽管学术界对教师专业发展的分析理论存在不同的释义，如"权力论"学者认为教师的专业化发展是使用权力开展斗争的过程，教师自身的专业地位在社会互动交往中不断获得并且不断建构，同时加以制度性的保障；另外，"历史发展论"的学者认为教师专业的发展过程是在某种特定历史情境中逐步形成的，本身并没有一个普遍性的发展路径。但是这些理论都强调教师专业发展不单单是一种认知性结构，更表现出一种社会性结构，即这种结构并非独立存在，而是受到一定技术场景、教育情境的影响并在此基础上驱动发展的。

数字技术与传统教育的深度融合，催生全新的教育场景的诞生。数字化技术的应用使得习以为常的教学流程发生重组，教师的学习方式不再拘泥于书本和熟悉的互联网，更多地会通过大数据运用、人工智能、云计算等数字技术，引入智能学伴、AI 助手等个性、实用的新应用模块，逐步从原本的 IT 时代过渡到数字化进程的 DT 时代，以更优质、更便捷、更高效的教育场景服务跨界学习，开放教师个体的"隐秘区"，打通教师群体的"盲目区"。

根据具身认知理论，身体活动即身体与环境的交互，是塑造学习者认知的重要因素。未来教师需要掌握新的资源和技术，创建具有"临场感"的学习情境，增强学习者的感知体验，从而帮助学生理解复杂的问题和抽象的知识[2]。例如，STEM 教学中，对地理学科的宇宙形态，银河系、太阳系构成，物理中微观世界的分子、原子运动，生物学中的细胞内部结构、DNA 结构等，通过创建沉浸式的教学

---

[1] Andersongl. Professional Education：Present Status and Continuing Problems［C］//Henrynb. Education for the Pro‑fessions，Chicago：The University of Chicago，1962：3－26.

[2] 王辞晓.具身认知的理论落地：技术支持下的情境交互[J].电化教育研究，2018,39(7)：20－26.

空间、逼真的影像,能够很好地提升学生的学习效能。[①] 赵沁平院士也曾指出,在未来,虚拟现实和人工智能技术融合将成为终极性的教育数字技术,这种数字技术不仅能创造出可见的世界或者物体,还能与之交互,通过虚拟课堂、虚拟实验或虚拟培训场景中交互的智能化,促进高阶思维能力的提升和自适应学习的发生。[②]

【案例 3-8】全息影像技术在"等高线"跨界教研中的升级应用

自上海中考改革增加了跨学科案例分析这一考试科目之后,地理和生命科学的跨界教研已经成为学校教研的常态。按照既定的安排,本次跨界教研的主题将围绕"云南省拥有丰富蜻蜓多样性的主要因素"展开。在这一跨界主题研讨中,难点在于理解等高线地图下呈现的山体垂直地带性特征。在传统的 1.0 教研版本中,地理老师会先向生命科学老师讲解等高线的原理和绘制方法,帮助他们运用平面绘图的方式尝试理解立体的山体坡度分布,这种方法往往很难精准建立空间想象的维度。随着信息技术的推进,2.0 教研版本中,地理老师往往会借助 PPT 的演示,同步呈现平面等高线图和平面山体景观图,让生命科学老师很好地建立起地图和景观之间的关联。但当数字技术引入到跨界教研中,当全息影像技术以全方位的姿态展示从底层向山体顶层的坡度演示,从任意观察视角直观解读垂直地带性分布特征的时候,这一艰涩难懂的跨界知识点被轻松攻克。原本的平面技术以全息影像的方式呈现在所有参与教研的教师面前,数字化助力跨界教研的力量再一次得以彰显。

(案例来源:吴丹)

【案例 3-9】围绕 AR 的跨界学习与能力迁移

人工智能是当下也将是未来长期的社会热点,如何在教学、管理中合理运用人工智能,用信息化支撑和引领教育现代化,助力创造更优质的教学呢?卢湾中学跨界学习中心组主动联系了领跑于全球人工智能发展赛道的商汤科技,组织中心组教师们亲赴商汤,进行了一场大开眼界的 AR 智能学习之行。

在商汤科技技术总监文庆老师的讲解下,中心组教师们见识了商汤自主研

发的深度学习平台和超算中心，了解了人脸、图像、文本、医疗影像识别技术，视频分析终端，无人驾驶和遥感技术在城市区域分布中的应用。其中，老师们对"人工智能"在捕捉实时动态教学场景、提取即时学生学习状态方面的技术革新尤为感兴趣，经过近距离体验智能捕捉与分析，老师们或啧啧称赞，或若有所思，或在本子上记下几笔。

再观后续，"打开了眼界"的中心组教师们又培育出了怎样的学生呢？教博会第一天，卢湾中学师生带来了项目化学习互动体验——以"黄浦红色印迹 AR 互动打卡"为主题。师生们精心选取黄浦区内 16 所中小学校的红色地标场景，采用大数据技术处理生成红色背景图片，现场观众则可以使用多媒体技术的生成手段，综合运用 AR 绿幕合成现代的数据信息技术，从而实现"黄浦校园红色场景"的打卡合照与线上游览，这样让观众一来到教博会现场就马上能与黄浦校园红色地标场景来一场"历史对话"或"亲密接触"。

很难否认，这样的学生正是由大开了眼界的、经历了 AR 智能学习之行的中心组教师培育出来的，教师们在跨界学习中获得信息优势，在潜移默化中提升迁移学习的能力，在教学中实现技术的迁移熏陶，将数字技术与传统教育深度融合，用技术场景的创设，催衍全新的、未来的教育。

（案例来源：吴骏）

（二）为教师跨界学习提供证据支撑

数字技术赋能教育视角下，教师要想胜任面向未来的教育教学活动，必须具备数字技术的意识、知识、能力和伦理等。数字技术时代的教育，教师面对人、物理世界、智能机器、虚拟信息世界构成的四元世界，还必须具备人机共存、虚实并行的知识、能力、素养和人格的全方位综合素养。[①] 技术不仅仅是工具，其庞大的数据支撑为教师学习带来数字化的证据和精准分析，实现对教师跨界学习数据的全过程、全要素采集、记录与分析，为教师提供更为精准的需求诊断服务，促进教师从"经验主义"式发展走向聚焦个体发展需求的个性化成长。

数字技术在教育教学中的深度应用使得技术本身的"代具"作用进一步彰

[①] 于晓雅.人工智能视域下教师信息素养内涵解析及提升策略研究[J].中国教育学刊,2019(8)：70－75.

显,赋能教师备课、授课、测试、评价、练习等教育教学活动的开展,如基于智能数字技术的学情分析、资源推荐、学习规划、智能答疑、作业批阅、技能测评、教学管理等。同时人类教师本身所存在的重复机械工作倦怠、个体知识经验局限、海量信息加工处理低速、学生群体兼顾不足、主观经验主义缺陷等问题也需要充分借助数字技术优势开展人机协同教学。教师需要根据学生的特征、自身的需求等选用合适的数字技术或产品,并熟练应用于相应的教学活动场景中,同时也需要教师充分了解技术解决教育问题的优势和劣势,明确数字技术赋能教育教学的可达边界,针对数字技术在实践应用过程中存在的缺陷及不足,及时发挥人类教师在创新、批判、情感等方面的优势进行辅助弥补,有效融合人机各自优势,协同开展教育教学活动,助力学生发展培养及教师减负增效。[①]

当数字化概念逐步渗透到教师的日常跨界学习中,依据大数据可以实现根据教师不同发展需求和特点,提供个性化跨界学习内容的选择;并通过学习监测,基于对教师跨界阅读、跨界检索、跨界追问等数据的追踪与分析,进一步推送和优化更加符合其需求的跨界学习内容,以此促进教师学习兴趣,提升跨界学习深度。与此同时,数字化手段还可以通过数据分析和自动化评估,为教师跨界学习提供精准而高效的评估,反馈教师跨界学习的质量和效果。

【案例 3-10】AI 绘画的数字化精准推送

小周是学校的美术老师,一次偶然的机会,她在互联网上看到了全球闻名的佳士得艺术品拍卖会上拍卖的一副成交价约合人民币 301 万元的天价拍品《爱德蒙·贝拉米的肖像》。这是一幅由"生成性对抗网络 GAN 算法"加入随机化模块生成的"人工智能肖像画",从此打开了小周老师追寻数字技术与绘画艺术深度融合的跨界学习大门。她通过网络平台和数字图书,检索了大量关于AI 绘画的相关信息。随后她惊喜地发现,手机和电脑中的推荐词条竟然都自动生成为数字绘画的相关链接,大量的推送信息都是她从未涉及却异常感兴趣的内容。大数据的信息收集和精准分析功能,让小周老师在突破技术壁垒,探寻人工智能绘画艺术新领域获得了全新又深入的认识。

(案例来源:周芸颉)

---

① 郭炯,郝建江.智能时代的教师角色定位及素养框架[J].中国电化教育,2021(6):123.

（三）为教师跨界学习提供资源服务

随着智能数字技术在教育中的深度介入，跨界学习的教育资源走向多元化、智能化、生态化。在资源内容服务方面，以虚拟现实、增强现实、混合现实等为支持的虚实融合资源进一步丰富拓展，以智能导师、智能学伴、教育机器人等为代表的新型资源要素成为跨界学习环境中的重要组成部分，以 5G、区块链、人工智能等数字技术为支持，家庭、教育机构、企业等社会性资源逐步与校内的教育资源实现深度互联、体系融合、共享应用，驱动跨界学习资源走向大资源。在资源应用服务方面，以大数据、学习分析、边缘计算等数字技术为支持，智能时代的教育资源可以通过对用户个体及群体应用情况的深入挖掘，实现跨界学习资源的智能推荐、快速响应，提高资源的适配性。[①]

数字化教育平台是教师开展跨界学习的基础路径之一，包括常见的在线学习平台、云端资源库等，这些平台为教师提供了丰富的数字化课程，教师可以根据自己的兴趣，选择修习相关内容，并借助平台进行学习诊断与拓展。数字化手段的介入，让教师的学习资源和渠道无限扩大，实现了资源的合理共享和有效利用。

此外，通过数字化教育平台的共享资源，教师可以获得来自世界各地的优质教育信息和研修机会，让教师跨越地域界限、扩宽眼界、打开思路，领略来自不同背景、不同文化的碰撞，提高教师的国际视野和竞争力。教师在资源共享的过程中，逐步开放自我的"隐秘区"，同时也参与资源分享，实现教育资源的可持续发展。

全球化的时代背景下，教育的竞争越发激烈，教师的跨界学习依托数字化资源，可以实现例如数字孪生、虚拟实验、在线评估等多种方式。随着教育数字化转型的加剧，全球范围内的教育竞争带来教育资源的多元和融通，教育数字化的实现让教育资源共享成了一种现实，它可以通过在线学习平台实现教师低成本学习，更好地模拟和理解跨学科、跨领域的知识和问题，极大提高教师自主跨界学习的能动性和可行性，同时提高教育资源的利用率和能效性，为教师实现跨界学习提供和创生更多可能性。

---

① 郭炯，郝建江.智能时代的教师角色定位及素养框架[J].中国电化教育，2021(6)：123.

【案例 3－11】虚拟实验让虚拟变为现实

试管中的水加热到沸腾，万一烫伤学生怎么办？在加热的过程中万一试管炸裂，伤害到学生怎么办？物理组的教研一度陷入了沉默。不做实验空讲知识，学生缺乏直观体验，大胆实验体验为先，无法预知的危险如鲠在喉。水的加热和沸腾实验一直是物理组老师们想要完成，但又特别担心的一个难题。一台小小的 iPad，让水在数字化虚拟实验中沸腾了——参与教研的老师们轻触 App，模拟学生实验操作，观察并记录水在不同加热时间下的温度和沸腾样态，既真实可观看，又安全可操作，数字技术的引入破解了困扰物理老师们多年的研修难题，为教师提供了扩展实验资源的空间和可能。

（案例来源：吴怡）

【案例 3－12】增广度、掘深度的"跨学段"教研学习一例

这一次的中心组跨界学习，教师们被带到了卢湾高级中学，感受高中的高端化学实验室、精密物理实验仪器和精彩的 STEM 课程。

卢湾高中的夏丽老师带领中心组老师们动手探索了壁挂式互动实验；沈计春老师演示了"等时圆""感应电流"等趣味实验；郭乐峰老师带领大家体验了 DIS，直观呈现了以传统方式难以测量的量可以通过传感器精确测量；陈华老师带领大家动手体验趣味实验——肥皂制作……直观的理化实验颠覆了老师的直觉判断，让老师们惊叹理化知识奇妙无穷，也在充满乐趣的跨界学习中，感受到学段衔接的重要性。在后续的 STEM 课程体验中，中心组老师们围绕"中国禁售燃油车倒计时"的话题，小组合作进行了大开脑洞的设想，从充电桩的建设、电池电动汽车与燃料电池电动汽车市场份额、电动车工厂建设、人口失业等方面进行论述。

这是一场利用卢湾教育学区资源跨越初高中学段的教师跨界研修。中心组的教师们在资源服务的支持下，跨越了学段的边界，在拓宽知识广度的基础上，也拓宽了知识的深度，从而获得教学生命力的迸发。类似资源服务还有 3D 打印体验、激光雕刻体验活动，中心组为教师们提供了学校现有的创新实验室资源，带领教师们在实验室内亲历设计、制作到出成品的过程，思维的活跃度在其中悄然萌动。

（案例来源：吴丹）

（四）为教师跨界学习拓展研修方式

随着社会交互的网络化，教师跨界学习逐渐走向网络模式，以社会媒介和网络工具为中介的社会性学习已然成为当今社会的一种主要学习研修方式。将边界视为交换点的观点强调了学习者与其环境之间的依赖关系以及如何跨界进行交互。教师通过"跨越"不同场域下的多重语境，起到促进跨界学习的效果[①]。数字技术除了为教师提供了海量的跨界学习资源，也为教师创造了多样的跨界研修方式。教师可以通过在线课程、混合式学习、远程学习等，将自主学习和"云端指导"相结合，根据自身的学习兴趣和学习节奏，与来自不同地域、不同职业的人群进行互动交流。数字技术帮助教师克服时间和地域的限制，使教师能够接触来自世界各地的课程和资源，极大满足教师跨地域和跨文化的学习需求，促进教师专业发展和数字技能的升级。

荷兰学者阿克尔曼团队的跨界研究显示，教师跨界学习机制随时间的推移表现出一种由向外识别、协调，转为向内反思、转换的过程。数字技术提供了多元的教师跨界生长方式，支持教师开展自适应、自探索、自组织等模式的跨界研修，帮助教师的专业发展从固定、单一，走向多主体参与、多样态实施。比如，当数字技术给教师提供大规模在线学习环境时，教师有机会接触到成千上万名来自其他场域的教师学习者，且彼此间的伙伴关系的建立也不再需要寒暄或其他方式，而是在对话中的直接参与，通过整合他人的观点，内化自己的认知，并在连续的交互中形成多元主体协作的格局[②]。这一过程持续发生在教师的跨界学习中，让反思的比重在跨界学习里远高于其他机制，从而提升教师内在学习素养。

数字技术改变了知识生产模式，使来自不同学校、学段和学科的教师群体成为参与知识生产的多元主体之一。相较于传统的线下访谈或讨论会，数字技术让教师有更多机会认识并参与到不同场域下的学习实践中，这既为教师的个体发展带来了持续性与多样性的影响，也促进了教师对他人观点的理解与整

---

① 李昊鹏，王帆.大规模在线学习中的教师跨界学习：演化趋势与学习机制[J].中国成人教育，2022（23）：13.

② 李昊鹏，王帆.大规模在线学习中的教师跨界学习：演化趋势与学习机制[J].中国成人教育，2022（23）：16.

合。在识别、协调到反思这一持续的过程中,教师最初的知识与经验早已在跨界学习中被反复提取、加工和应用,并在内化和完善认知偏差的同时,逐渐发展为能够联结边界内外的综合性知识体系。[①]

【案例 3－13】与贵州的"虚拟"教师一起教研
——来自吴老师的朋友圈

此时的我仿佛还走在"数字的云端",感觉自己"被穿越"了。今天学校组织了一场堪称技术震撼灵魂的教研活动——虚拟分身远程联合教研。如果说腾讯会议是电话会议的 2.0 升级版,那么今天的全息影像虚拟分身就是进阶的3.0! 来自遵义的地理老师用他的虚拟分身全程参与了我们的跨界教研活动,虽虚幻又真实,虽遥远又可见,让我在感叹数字教育蓬勃发展的同时,为我们的孩子们感到由衷的高兴,因为技术让斯坦福大学教授的分身站在我们的教室里即将变得触手可及!

（案例来源:吴丹）

六、跨界学习的推进和保障机制

跨界学习机制一般指引发并维持跨界人员正面变化的要素(行动、过程和结果)之间的关系和运行方式[②]。为激发每位教师的潜能以及参与热情,保障教师跨界学习持之以恒地开展,学校思考和实践了针对跨界学习行动的整体推进、针对教师参与的资源支持和针对长效发展的多元激励等推进和保障机制。

（一）"项目运作＋任务驱动"的整体推进

项目管理制产生于现代管理理论,通常是指在预定时间内高品质地完成系统性的活动,为达成某一目标而进行的计划、控制、组织和协调活动的总和。其

---

① 李昊鹏,王帆.大规模在线学习中的教师跨界学习:演化趋势与学习机制[J].中国成人教育,2022(23):16－17.

② 陈向明.跨界课例研究中的教师学习[J].教育学报,2020,16(2):47－58.

优点在于目标明确、组建灵活、人员协同性强,突破了传统学校中以行政为中心的日常组织和运行方式。这与我们学校主张"去中心化"的组织文化也高度契合。

项目得以组织和运行来源于明确的任务驱动,因此在有跨界学习需求的教师阐明自己的项目核心任务时,就可能在教师学习共同体中寻找到目标相同的项目成员,组建起一个项目小组。也就是说学校在整体推进跨界学习的过程中将学校变革与创新需求转化为一个个具体的任务驱动的项目。各类型跨界学习共同体以项目为载体进行运作,设计项目,生成项目,论证项目,开展项目学习、项目活动、项目成果展示、项目过程管理、项目绩效评价。

【案例3-14】跨界学习助力新中考改革

中考新政策公布了"跨学科案例分析"的考核要求,这就像在所有地理和生物老师心里扔下一颗迷雾弹——只提出了对学生能力的要求,却无考纲出具,老师们的中考复习课教学设计陷入重重迷雾。地理老师和生物老师们一时间也难以设计"无考纲之复习课"。这时候,跨界学习组织就起到了关键的作用:不要慌,我们聚一聚,讨论讨论!

学校所有地理老师和生物老师就这样主动联合了起来,以"研发新中考背景下地理生命科学跨学科项目化学习"为驱动任务,开展了跨界学习之旅。在校科研室的支持下,老师们开展了第一个起奠基作用的项目活动:跨界老师们人手一本教科书,聚在一起埋头翻书,两相比对,从而"揪出"两个学科的交叉知识点。没有考纲?跨界老师们自己研究跨界考纲。没有教材?跨界老师们自创教材。无中生有,开辟独创。

第一个活动的奠基使得跨界老师们的项目有了明确的目标范围,同时也奠定了沟通的基础,随后,学校倡导教师们在跨界学习共同体中寻找到目标相同的项目成员,组建起更为聚焦的一个个更小的项目组。整个项目就由"研发新中考背景下地理生命科学跨学科项目化学习"的大项目分成了学科老师自发组队的小项目,大任务转化为小任务。学校在随后的过程中起到协助项目开展活动、推进项目成果展示、管理过程及绩效评价的作用。

地理学科吴丹老师的"澳洲兔灾治理方案"项目就是这样形成的。经过地理与生命科学学科知识点的梳理,吴老师提出了将时下"澳大利亚野兔成灾"的社会热点设计成项目的设想,随后她在跨界讨论中找到了生命科学老师陈昌杰一同来设计这一"小"项目。

老师们在一次次跨界研讨中,逐步勾画出"澳洲兔灾治理方案"的跨学科知识框架——生命科学学科的"天敌"知识点、地理学科的"大陆板块迁移""气候环境与植被生长"。学校在这一过程中始终处于"随叫随应""有求必应"的协助状态,提供良好的跨界交流场所、专家协助等。经过一次次的细细打磨,在两位老师最终拿出"澳洲兔灾治理方案"项目化学习设计方案,学校又为她们提供展示的平台,安排课程展示、组织跨界成员评价。就这样,在对一个个"小"项目的推动中,学校不断完善跨界学习组织的高校运行。

(案例来源:吴丹)

(二)"专家助学＋互访交流"的资源支持

当跨界学习项目组成立后,按照项目组成员的学习需求,根据任务达成的需要,学校提供各级各类、校内校外的智力支持,形成了"专家助学＋互访交流"的资源支持机制。

首先学校挖掘校内专家型教师资源(有丰富的教育教学工作经验、高级职称的资深教师等),形成高阶智囊团,按照跨界学习项目组需求,开展助学活动,及时有效地回应群体内其他教师的有效学习和研修。如果校内专家资源仍不能满足跨界学习项目组老师的学习需求,学校会聘请资深课程专家、学科专家深入项目组活动,适时点拨、答疑解惑。

【案例 3－15】"设计起跑线"专家指导实录

【指导实录一:指导项目研发】

实录背景:学校聘请专家参与跨界学习组织定期活动之——数学项目化课程研发跨界研讨会。

数学祝老师说道:"我想结合本学期数学学习重点'圆'做一个项目设计,但是选择的几个方向或是缺乏挑战性,或是缺乏真实的情境,不知道该如何开始,老师们是否有好的建议呢?"跨界共同体的老师们各抒己见,但讨论最终陷入了瓶颈,所有老师都赞同以"圆"为主题的项目设计方向,因为生活中处处都有"圆"这种基本图形结构,圆周长、圆面积的知识在日常生活中都有大量运用,合理的设计能达到对"圆"核心知识的深度理解和思维的迁移。然而，跨界的老师们却一时难以找到一个适合用作教学内容的切入点。

大家把目光投向了学校请来的指导专家。"为什么不向学生发放问卷，问问他们对什么感兴趣呢？老师的教学设计要以学生的学习现状为基础，前期调研很重要。"专家一开口，老师们茅塞顿开，是呀，与其冥思苦想猜测学生的兴趣点，不如用调研摸透学情再出发。

"那问卷需要涉及哪些方面呢？"现场的老师不放过讨教的好机会。

"可以分别从学生学习动机、学习能力、学习形式和学习兴趣这四个方面进行调查了解，通过倾听学生的真实反映，了解学生真实的学习现状，从而确定数学项目化学习框架。"

老师们一一记录专家点拨的方法。"好的，我知道该怎么开始了，谢谢专家。"祝老师由衷地说道。

"对了，有一点我要提醒大家，"专家补充道："得到调研结果后还要注意筛选，有些本质问题本身就是很合适的驱动性问题，而有些本质问题就太大了，需要放到具体情境中，驱动学生思考。有一些本质问题则需要缩小范围，放入具体的情境中，并且这个情境要与学生的实际经历相联系，才能让学生有切身的代入感。"

学校聘请资深专家参与到跨界活动中来，成为学习共同体的助学者，在跨界研讨中予以适时的点拨，引导教师们开展更有效的学习与研修。

【指导实录二：指导项目实施】

实录背景：祝老师最终确定了项目主题：设计"4×100m 接力赛的跑道起跑线"，在完成目标设计、入项设计后，进入到项目设施环节，学校聘请的专家予以后续一对一指导。

专家提出：为了让学生智慧而有效地迁移、应用知识，形成对核心知识的理解，持续推动项目进程，促成创造性思维、探究与问题解决和批判性思维等素养的综合发展，可通过关键词引导学生将驱动性问题进行拆解。

在专家的指导下，祝老师设计了"初步了解"→"深入考察"→"迁移知识"→"设计方案"的分解链，由浅入深，符合学生的认知规律，关注学生从低阶思维到高阶思维的转变。

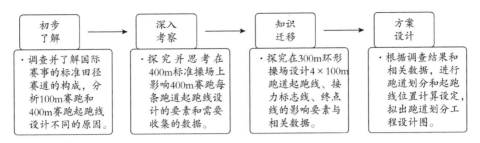

图 1 项目设计流程图

"你有想过如何分组吗？简单随意的分组必然会影响小组合作学习的质量,合作学习小组的构成对合作学习的成败起着至关重要的作用,结构合理的分组是小组合作学习取得成功的前提。"在专家的引领下,祝老师在原先的设计中加入了对分组过程的把关监督,她依据有效合作小组的学习特点,按照"组内异质,组间同质"的分配原则,让每一组的学生在组织能力、学习能力、个性特长、兴趣爱好等方面进行合理搭配,从而保证了合作组内成员相互间的互补性和差异性,以及和其他小组间的公平竞争性。

在专家的一系列指导帮助下,祝老师的"设计起跑线"项目经历了准确、精心的设计与推进,最终得以呈现优异的项目成果。在这个过程中,跨界群体内其他教师也跟着专家开展有效的学习和研修,期间不断开阔眼界,碰撞思维,汲取经验并更好地运用到教育教学中。

（案例来源:祝光兢）

此外,除了学科专家的智力支持,学校还提供更泛在的领域专家资源,为教师创建了更为广阔的互访交流学习场域,帮助教师走出校园,走向社会,在更为广泛的学习环境中了解未知的事物,学习自己专业外的知识,提升自己的素养。教师在收获更多学习资源的同时,思考自己除了专业知识外还欠缺什么,还能够教授给学生什么,以此丰富自己,充实自己。到各行各业的领域交流学习,扩展与延伸了教师的跨界学习的机会,为教师的成长提供了更宽广的平台。比如学校带跨界学习共同体走入目前全球极具价值的 AI 创新企业商汤科技进行参访交流,共同感受国家新一代人工智能创新平台"智能视觉"所带来的科技震撼。教师们通过参观了解商汤自主研发的深度学习平台和超算中心,人脸、图像、文本、医疗影像识别技术,视频分析终端,无人驾驶体验和遥感技术在城市区域分布中的应用,感受前沿科技带给人类生活的巨大影响和改变。这样的跨界学习的机会,让教师主动拥抱人工智能,利用智能技术支持人才培养模式的创新,支撑教学方法的改革,为推进学校 AI 科技的创立和发展而努力。学校还通过建立与其他国家、地区之间的校际往来,为共同体成员提供更多"走出去"的机会,让教师们在互访交流中开阔眼界,碰撞思维,汲取经验并更好地运用到教育教学中。

（三）"过程评价＋绩效考核"的多元激励

有效的激励机制是所有管理理念的重中之重。卢湾中学也紧跟国家教育评价改革步伐,探索适用于学校当前发展阶段以及学校愿景的考核激励制度,以激发每一位教师积极参与学校重大改革项目,主动将自身发展与组织目标相契合。在教师跨界学习的持续探索和实践中,学校主动变革结果导向的传统教师评价方式,依托项目组运行过程评价方式,并辅之清晰的绩效考核方式,探索出当前行之有效的考核激励机制。

学校从系统观念出发,建立了一套校本化、整体化的教师评价体系,包括教学核心活动子系统（包括课程建设、课堂教学、学法指导）,调节推动子系统（包括师生关系）,支持保障子系统（包括校本研修、家校合作）。三个子系统贯穿于学校教育"质量链"和教师"发展链"的各个环节,整体回应教师专业发展的综合能力,旨在激活教师发展状态。在学校整体评价体系之下,针对跨界学习,学校以增值为取向构建了多维度、多主体的专项评价评估维度及架构（表 3－5）。这主要参照了美国肯塔基州大学加思基教授（Thomas R. Guskey）的教师专业发展框架评价,他所提出的教师专业发展有效评价包括从参与者反应到学生学习的五个进阶关键层级。对教师跨界学习的专项评估,倡导过程性评价和表现性评价,凸显包括教师自评、教师互评、专家评价和学生评价的多元评价主体和多样评价方式,旨在反馈包括管理团队设计组织、教师参与跨界学习的过程、教师跨界学习后的能力发展和指向学生的学习变革等取得的实际效能。

表 3-5 卢湾中学教师跨界学习专项评价评估框架

评价维度	相关问题(示例)	信息搜集方法	评价内容	评价主体
参与者的反应	教师喜欢参与跨界学习吗? 学习时间的分配是否合理? 学习材料是否有价值? 学习引导者是否知识丰富,方法适当?	学习结束后的问卷调查、学习单等	学习经验的初始满意度	教师自评
参与者的学习	教师是否获得了预期的知识与技能? 问题是否得到解决? 在学习中是否主动提问或表达感受? 在学习中是否主动分享经验与资源? 是否提升与其他学科教师的协作能力? 对感兴趣的问题是否进行持续深入的思考? 是否聚焦主题、运用工具、基于证据发表观点?	口头、书面的学习小结与反思,教师发展档案袋	教师通过跨界学习获得的新知识与新技能	教师自评 教师互评
组织的支持	跨界学习是否得到了积极的支持? 问题是否得到有效而快速的回应? 组织是否提供充分资源? 学习者的成功是否得到认可与分享?	跨界学习后的交流、访谈等	参与者得到的支持以及跨界学习的质量	教师自评 教师互评
参与者新知识与新技能的应用	教师是否有效应用新知识与新技能提升课程与教学品质? 是否主动将所学应用于学校无边界课程建设、项目化学习的开发? 是否将所学知识用于课堂进行深度教学? 是否开展跨界学习相关的课题研究?	问卷、访谈、课堂观察、教师发展档案袋	教师参与跨界学习的程度与质量	专家评价 教师自评 教师互评 学生评价

（续表）

评价维度	相关问题(示例)	信息搜集方法	评价内容	评价主体
学生学习	对学生哪些方面产生影响? 是否引领学生进行深度学习? 对学生的学业成就和学习状态有什么影响? 对学生的创新素养培育有什么影响?	学生成长档案袋、课堂观察、调查问卷	学生学习结果:认知表现与成就、情感态度与个性品质、技能与行为	教师自评 教师互评 学生评价

过程性评价通过对学习过程中学习方式的评价,将学习方式导向深层,逐渐形成"深层式学习方式—高层次学习结果—深层式学习方式"的良性互动。跨界学习评价重视过程性评估,尊重教师在专业、个性、兴趣等方面的差异,开展全面、多角度、深入的评估活动;关注教师在跨界学习中"输入—过程—输出"全程中的表现;不仅如此,还关注学习组织所提供的资源和支持,充分发挥评价的引导与激励功能,促进教师的成长和组织的优化。评价维度与问题涉及跨界学习的各个环节,让教师明晰评价标准、明确目标导向、唤起指向目标的强烈的学习和工作意识,凸显了学校引导教师通过开展跨界学习共同体研修,研发跨学科课程、项目化学习,凸显学科课程的时间空间,改变课堂教学的学习质量,落地学科核心素养的根本导向。

评价方式采取量化评价与质性评价相结合,并用档案袋法全面记录。量化评价主要由学校课程与教学管理小组和评价小组依托评价工具,通过各类听课、评课、检查等实证方式获得教师在跨界学习以及课程教学实施中的专业状况。质性评价主要通过对教师跨界学习、课堂教学、学习指导等全方位的观察,全面充分地收集各种信息,来描述与分析教师专业素养的特质,从而进行价值判断,有利于促进沟通、反思与改进。

此外,学校在广泛讨论和充分酝酿的基础上制定了清晰的基于跨界学习项目组的绩效考核方案,以科学合理的绩效评价健全跨界学习的运作机制,进而累加跨界学习的效应,形成促进教师专业成长的学校文化。学校课程研发部根据学习共同体学期研修目标,合理规划专款奖励经费,制定项目预算,设立研修考勤奖、课程研发奖、课程实施奖和成果贡献奖等学期考核奖项,出台奖励方案,评定测量共同体教师在推进课题研究过程中的工作行为和工作效果,从绩效考核奖励层面体现教师的劳动价值,并为教师建立跨界学习成长档案袋,以此激发共同体成员的参与积极性,建立过程性评价与结果性评价相融合的教师评价体系。

表 3-6　教师参与学校跨界学习共同体绩效考核

评价内容	评价标准	评价分值(总分 100 分)
研修考勤奖	本学期主动参与学校跨界学习共同体的研修(包括校级培训、市级项目实验校工作坊)	满分:20 分 参与校级:10 分 参与市级:10 分
课程研发奖	本学期自主研发或者团队合作研发无边界课程、科创探究课程、项目学习内容、社团拓展课、数字化课程等	满分:30 分 研发 1 项:10 分,累计不超过 30 分
课程实施奖	本学期个人实施或者团队实施无边界课程、科创探究课程、数字化改革项目、项目学习内容、社团拓展课等	满分:30 分 参与实施 1 门:10 分,累计不超过 30 分
成果贡献奖	个人在跨界学习共同体中贡献成果 (1)成果在区级以上评比中获奖; (2)成果在学区、黄浦区和上海市、全国推广共享; (3)成果在区级、上海市和全国展示辐射,进行经验介绍。	满分:20 分 学区:2 分 区级:4 分 市级:6 分 全国:8 分 可累计,不超过 20 分

第四章

教师跨界学习的路径与环节

　　面对充满不确定性的未来，教师要能够发展学生的高阶能力，包括精准地获取关键信息，敏锐地发现问题，快速地对问题作出判断，敏捷地适应各种变化，创造新价值等。面向未来的教育，教师要发展学生的高阶思维能力，需要自身首先具备这些素养和能力。教师跨界学习便是一种有效路径。跨界学习不仅能打破教师学习的边界，使之获得更丰盈的知识体系、更与时俱进的知识观，还能将其从被动式的职后培训中解放出来，在志趣引领、自我导向、合作创新中不断开拓学习深度，拓展思维方式，创造知识价值，夯实面向未来的专业素养，从而更好地引导学生进行深度学习。

　　对于如何进行"跨界学习"，美国国家科学院院士 Laura Greene 教授提出了"T"型模式：T 的垂直线代表专业知识学习必须具有深度；"T"的水平线代表知识必须广泛地吸收。西南大学赵伶俐教授专门就训练"跨界思维"提出了"视点结构"理论，实现运用各事物的"核心特征"进行有意义的跨界。上述模式更多地是从个体的视角出发，却忽视了环境和学习共同体的价值。

　　那么，如何更有效地计划、推进、组织教师的跨界学习呢？理论层面离不开两个关键且有效的基础性策略：知识的内向转化与情境应用。知识的内向转化是指学习者经过对新知识的学习与交流，使新知识与学习者原有的内在知识体系融为一体，成为学习者知识基础的一部分。情境应用是指学习者在各种情境中应用所学知识，发展实践技能，实现从知识到素养的转化。现代学习理论认为，学习可分为初级和高级两类。初级学习以语言符号的编码为主，一般停留于概念的复述和再现水平，往往将知识简单化。高级学习强调在复杂的情境应用中对知识进行双重建构，即根据具体的情境从记忆中提取出已有概念来解决问题，在概念的多元表征、综合分析和创造性应用中建构出全新的经验，从而达到掌握概念的复杂性和在新的情境中解决问题的目的[①]。作为一种指向深度学习的教师学习形式，为避免教师止步于初级学习，跨界学习在环节设计与操作上特别强调要在各种情境中完成知识的内化与应用，借助情境的开放、多元，催化各类知识、技能的跨界融通，从而达到深度学习与素养提升的目的。

　　总的来讲，教师跨界学习包含以下环节：（1）以问题和发展为导向确立主

---

　　① 何莉，张怡.跨界学习：教师专业发展的新境界[M].上海：华东师范大学出版社，2019：28.

题;(2)以正、逆推演为路径构建目标;(3)以体验和探究为取向设计活动;(4)以教师观念和行为的改变为重点实施评价;(5)以关键信息为依托优化操作。

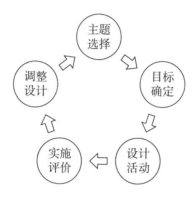

图 4-1 教师跨界学习的五大环节

一、以问题和需求为导向确立主题

跨界学习是一种泛在学习,教师研修的选题相对比较灵活。但为了帮助教师更快地成为面向未来的教育者,学校从整体上对教师跨界学习的主题进行系统规划。当前,以培育核心素养、开拓跨学科教学为主要特征的新一轮课程教学改革正如火如荼地进行着。一方面,解决跨学科教学实践中遇到的新问题是教师跨界学习的首要动因,也是学校在谋划教师跨界学习主题时应优先考虑的方面;另一方面,为了避免总是在"头痛医头、脚痛医脚"中仓促应对,可持续地发展教师面向未来的专业素养,更好地满足教育综合改革需求,教师学习的主题也覆盖学校提出的面向未来教育的教师五大核心能力"与时俱进的知识力、突围创新的思考力、深度学习的领导力、数字运用的胜任力、自我导向的学习力"等各个方面。基于解决问题的思维突破,基于教师综合素养的发展需求,我们选择确立如下跨界学习的主题(部分)。

表 4-1 跨界学习的部分主题

核心能力	教师发展需求	跨界学习主题
与时俱进的知识力	丰富的学科专业知识 广博的科学文化知识体系 必备的教育科学知识	"学术共享 百家争鸣"跨界学习素养
突围创新的思考力	吸纳新的教学理念 多元的认知结构 批判性思维 创造性思维	"学会批判 关注创新"跨界思维训练
深度学习的领导力	课程结构的整合能力 教学资源的创造能力 实施以学生为主体的创造力教育 引导学生发展深度学习能力	跨界实践能力:指向创新素养培育的跨学科教学和项目学习 跨界实践能力:支持深度学习任务的资源创造
数字运用的胜任力	必备的数字素养和伦理态度 运用现代教育技术的能力	跨界学习素养和跨界实践能力:以 TPCK 为核心的教师数字技术能力提升三级专题研修
自我导向的学习力	终身学习的理念 教育研究的能力 开展反思性实践能力	跨界学习素养:科研导向激励的深层次探索 跨界实践能力:跨学科教学的反思随笔和反思案例

(一) 以问题解决为导向的主题选择

跨界学习的核心理念之一就是为了问题解决而学。此类选题源于真实的跨学科教学情境,教师学习的主动性最强。而且,在去中心化的学习共同体中,问题解决的过程通常也是练习和提升自我导向学习力的过程,能进一步巩固和优化教师对跨界学习的情感、态度、价值观。

以问题解决为导向确定跨界主题的基本步骤为:(1)明确教师群体在跨学科教学中遇到什么问题;(2)找寻解决问题的关键;(3)确定问题涉及对哪些相关知识和学科的学习;(4)评估已有策略能否通过跨界学习促进问题的解决。

经过多年的实践和探索,卢湾中学聚焦教师在跨学科实践中遇到的以下三类问题,并以此为导向形成教师跨界学习主题,依托跨界教研找寻问题解决的关键。

1. 如何形成跨学科研讨氛围

跨学科教学项目的起点是各学科教师打破原有单学科教研组的研讨模式,积极寻求各学科的交合点,探讨知识的融合方式,摸索教学方法的适配性。如何让各学科教师相互熟悉起来,从不怯于沟通逐步走向携手深度学习呢? 从以下"为'昆虫博物馆'添砖加瓦"跨学科研讨中可以看出卢湾中学去中心化学习共同体的自发形成过程,感受到教师们被激活的自主跨界研讨的热情。

【案例 4-1】"为'昆虫博物馆'添砖加瓦"跨学科研讨采访纪实

采访背景:

语文闫老师设计的跨学科项目化学习课程"建设昆虫博物馆"备受好评,采访者通过访谈了解该课程的创作过程。

以下为访谈片段。

采访者:闫老师,您是怎么想到"建设昆虫博物馆"这样一个跨界项目的呢?

闫老师:统编版语文教材对学生提出了整本书阅读的要求,法布尔的《昆虫记》就是八年级第一学期的阅读书目,我们八年级语文教研组就一直在探讨怎样读好《昆虫记》这个问题。这本书很有趣味性,学生的阅读兴趣较为浓郁,完整读下来其实问题不大。但是这本书的价值并不仅限于是一本科普读物,它传达的是一种尊重生命平等的大爱,字里行间是法布尔作为昆虫学家科学严谨的态度,同时它又兼具了细腻生动的文学性,我们很想发挥这本书的最大价值,让学生读出这本书的价值。

采访者:有道理,读出科学性和文学性确实要比仅仅了解昆虫要深刻,对学生来说,这样就会有不一样的学习效果。

闫老师:是的,我就由科学性和文学性联想到了生命科学学科和语文学科的跨界,这就是这个项目的最初灵感来源。

采访者:真是非常棒的一个契合点,感觉您的思维很活跃,特别有创意。随后您就找到了生物老师去研究跨界项目了,是吗?

闫老师:是的,没那么顺利,我一直在考虑语文的"读"和生命科学的知识该怎样有机结合呢? 我并不想只是布置一个"学习小报"这样的传统任务,对于学习小报来说,语文读也读了,美术画也画了,生命科学知识学也学了,样样都涉及一点,但样样浮于浅表,没学透,没学精,我不想给学生设计这样的学习。

采访者：我真的很佩服您的教学态度，为学生设计更有深度的教学，那后来是怎么解决的呢？

闫老师：我们有跨界学习团体呀！我一个人解决不了的问题，我们语文组解决不了的问题，我们就放到跨界学习团体里来解决，集合所有学科的智慧，集合去中心化的个体创意，一起想办法。我把这个创意困境跟课程部主任吴老师一反馈，吴老师一拍即合，爽快地跟我说"好的，安排"，然后，就专门组织了一次《昆虫记》项目设计跨界主题研讨。

采访者：就是不同学科的老师聚集起来，一起跨界教研是吗？

闫老师：在讨论之前，吴老师把大致的方向提前发给老师们了，老师们在会前记录起自己点滴的创意，到了研修集合在一起的时候，我们就已经是一个热切交流的状态了，绝不会冷场，人人都是现场研讨的"中心人物"，在交流中又会出现灵感的碰撞，现场可以说是一场"主题派对"，有时候甚至还会为了一个创意点怎么精细化争得面红耳赤。

采访者：氛围这么好啊！很想听听这次的"面红耳赤"。

闫老师：当时我提出了不想做"学习小报"但是还是想融合语文、生命科学、美术学科的想法，物理叶老师第一个建议说道："博物馆呀，我前几天还去了一个汽车博物馆，就搞个昆虫博物馆！"这时候另外两个老师异口同声说叶老师说出了自己的想法，美术董老师继而发问："博物馆现场能看到昆虫，还需要画吗？""场馆入口处的宣传手册呀！"她的问题很快得到现场解答。"宣传手册好，情境富有趣味性，做出来学生会很有成就感。""对的，这样还能避免小报内容扎堆于某种昆虫的情形，学生们自主分配章节任务，能全面覆盖到不同昆虫的知识介绍。"语文老师满意地说道。"那昆虫一般需要介绍哪些内容呢？"大家又齐刷刷看向生命科学徐老师，由她来解惑……老师们一句接着一句，我飞快地在纸上记录大家如泉涌的思维火花，就像往油锅里撒了一小把玉米，顷刻间就绽放出一锅莹白的爆米花。

采访者：太有意思了，这种跨界研讨氛围真好。犹如一场"主题派对"，以探究主题为中心，发表不同的观点和看法，开启一场头脑风暴，集众人的智慧解决真实教学中的问题，教师的研修氛围是开放的、自由的、浓厚的。

闫老师：日常工作中我们也是这样，不同学科的教师常常聚集在一起，分享自己的知识领域、见闻，聊聊跨界结合点，这已经是我们学校的跨界氛围了，慢

慢地大家都有了更强的洞察敏锐度，更活跃的思维能力，也可谓学校有着一种
"跨界文化"。

（案例来源：吴骏）

2. 如何开发跨学科教学项目

割裂的学科教学弊端明显，新课标强调要培育学生的核心素养，开展跨学
科教学项目成为课程改革的新趋势。崔允漷教授认为跨学科教学难度最大，须
兼顾多学科核心素养培育任务来开展。与国家课程学科教学不同，跨学科教学
项目没有教材、没有考题，"项目"从何而来？这是绝大部分教师在尝试跨学科
教学实践时遇到的最大现实问题。因此卢湾中学的教师跨界学习就找寻解决
这一问题的关键点，并要解决跨学科教学项目的研发，为全校推进跨学科教学
提供典型案例，从而丰富无边界课程"跨学科课程群"的学习内容。在开展跨界
学习中，我们发觉，跨学科学习与传统教学不同，传统教学有时侧重强调学科知
识逻辑，而跨学科视域下的教学项目更基于学生认知经验和成长逻辑，其本质
凸显学科整合、社会生活和儿童经验三项原则，三者共同强调的是深度学习、真
实情境的学习、解决复杂问题的学习。而这"差异"就为我们研发跨学科项目找
到问题解决的关键点。于是，围绕跨学科教学项目开发技术的跨界学习课程应
运而生：跨学科教学思维训练活动，帮助教师克服日常教学的思维定势；无边界
课程开发讨论会，通过头脑风暴发现诸多学科间的知识交叉点和关联性情景；
创意海报设计活动，让教师在亲身体验由专家带领的跨界学习后，更好地反思
和改进自己的跨学科教学项目……这一个个主题帮助教师更快、更准地掌握教
学新命题，在转折的风口逆风而上，立于前列。在一次次跨界学习中，"无边界
思维坊"研修共同体的老师们达成共识，依据"三项原则"研发一个个项目，实现
学校无边界课程的创新发展，为学生提供融知识体系、逻辑体系和价值体系于
一体的学习内容。

以下为跨界学习之后，老师们形成的关于开发跨学科教学项目的研究
成果：

（1）学科整合：指向学科（跨学科）大概念（大任务）

学科整合是开发跨学科教学项目的首要原则。真实的问题需要不同学科
的知识、方法、能力去解决，故学科整合是跨学科视域下教师设计项目的出发
点，也是学生解决真实问题的必要途径。跨学科教学项目的开发中教师要站在

整合立场,尽可能指向学科上位知识和核心概念,或者学科间的关联大概念,建立跨学科的新情境来设计项目。在跨学科学习的历程中,知识并不是对现实的准确表征,它只是一种解释、一种假设,它并不是问题的最终答案。相反,它会随着跨学科学习的不断推进被不断补充,更新建构,并随之出现新的假设和新的探究。

（2）社会生活:基于问题任务,聚焦核心挑战

社会生活是跨学科项目来源中最"真实"的,其本身就具有与时俱进的复杂性,学生在面对时必然需要用到多个学科的知识与能力。真实的社会生活情境促进学生深度学习。在当下真实的世界时事热点情境中,学习不是知识由教师向学生的传递,而是学生建构自己的知识的过程,学生不是被动的信息吸收者,而是信息意义的主动建构者。

（3）儿童经验:围绕一段有意义的学习经历

跨学科项目的研发也要注重让学生形成一段有意义的学习经历。学生是学习的主体,也是解决问题的主体。在日常生活中,在以往的学习中,他们已经形成了丰富的经验,跨学科学习遵循学生的认知经验和成长逻辑,重视学生的真实体验,将现有的知识经验作为新知识的生长点,引导儿童从原有的知识经验中迁移、"生长"出新的知识经验。

例如以百年党史为主题内容的跨学科项目"百年时空·立方展馆":在实施项目之初,跨界学习共同体的老师考虑到六至九年级的学生已经各自具备了历史、道德与法治、信息技术、美术等多学科的基础知识。在跨学科视域下,老师们将零散的旧知识、旧经验作为基点,引导学生探索整合初中教材中没有单独体系的"党史",以此依托设计展馆任务驱动来探寻党在上海的百年足迹,开展跨学科主题学习。学生经过资料论证、数据库建立、3D建模、线上展馆设计、实物模型制作,融合历史、道德与法治、信息和美术等学科,将"党在上海的百年足迹"通过富有创造性的原创成果"27宫格—立方魔方"和原创线上展馆带进了校园。

跨界学习共同体的老师们依据"学科整合、社会生活和儿童经验"三原则作为解决跨学科教学项目研发的关键点,在跨界学习中一次次寻找项目时,从三项原则整体出发,结合实际情况,拓展、细化了跨学科教学内容研发的多元路径,诸如综合课程标准教材、日常生活、新闻热点、学生困惑问题、学生兴趣、网络技术、社区环境等角度,随之也诞生一个个跨学科教学项目。

以地理学科寻找跨学科教学项目为例,地理老师们在跨界学习共同体里与其他学科的教师们互相"碰撞",彼此"联结",研发出众多"地理＋"跨学科项目,诸如寻找到来自日常生活现象的地理与生命科学跨学科项目"疾病的'苦恼'"、地理与数学跨学科项目"守护上海";来自新闻热点、大事件的地理与生命科学跨学科项目"澳洲兔灾治理""地球之'肺'";来自学生兴趣的地理与生命科学跨学科项目"寻找真正'圣诞树'""探秘新疆葡萄";来自学生困惑的地理与生命科学跨学科项目"高原鼠兔与高山草甸";来自校园的地理与工程跨学科项目"空中花园梦想改造";来自社区的地理与科学跨学科项目"垃圾分类";来自网络平台的地理与道德与法治、科学、工程跨学科项目"未来城市"……当然也可从课程标准与教材中衍生出更多的项目,诸如地理与物理跨学科项目"风,从哪里来",地理与历史跨学科项目"'大中国'系列",地理与历史、道德与法治跨学科项目"驼铃声声话'丝路'",地理与生命科学跨学科项目"设计'大山'"……

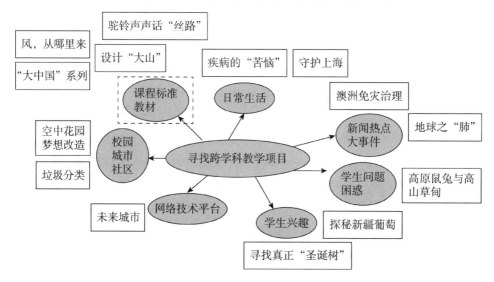

图 4-2 "地理＋"跨学科项目内容研发(部分)

再以美术学科寻找跨学科教学项目为例:美术老师们依托跨界学习伙伴合作,基于学科实践与不同学科融合,同样研发出"美术＋"跨学科教学项目。例如与日常生活息息相关的美术与数学跨学科项目"比例和透视";来自学生热衷讨论的美术与音乐跨学科项目"色彩与节奏"、来自学生困惑疑问的美术与化学跨学科项目"化学反应与美";来自当代社会与新闻热点的美术、历史与语文跨学科项目"国家宝藏""非遗传承";来自美术场馆与在线技术平台的美术、历史、音乐与舞蹈跨学科项目"敦煌乐舞";在中国传统文化中找寻到了美术、语文和地理融合的跨学科项目"中国水墨山水画"、美术与历史的跨学科项目"寻找中国年";老师们更多是从课程标准与教材出发,寻找到了美术与语文的跨学科项目"以无胜有之'留白'""寄情梅兰竹菊"、音乐戏剧与美术融合的跨学科项目"走近京剧艺术"、美术、文学与建筑相统整的跨学科项目"走进石库门"……这些都成就了"美术+"跨学科学习的新可能,带领学生开展了丰富多样的美育学习活动,也充分挖掘了学科育人的价值内涵。

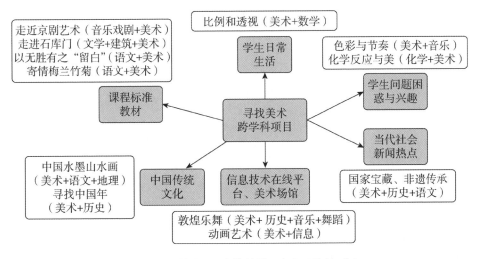

图4-3　"美术+"跨学科项目内容研发(部分)

3. 如何组织实施跨学科教学

通过对比各学科课程标准与教材,我们发现跨学科教学的切入点并不难。但如何有效组织教学,真正让学生在跨学科项目中动起来、想起来、学起来却并不容易,帮助学生在跨学科学习中对不同学科领域之间知识形成有意义的关联更不容易。为了解决这一真实教学问题,卢湾中学组织教师在跨界学习中深入分析学生最喜爱的跨学科项目的特征,在集体研讨中还原、梳理参与研发和授课的教师的想法与做法,并结合国内外文献资料,提炼校本实践经验和模型,引领全体老师掌握实施跨学科教学的诀窍。从"设计'大山'"项目开展的课后集体研讨中可见一斑。

【案例4-2】"设计'大山'"项目开展集体研讨案例

2021年1月在一次固定的研修时间里,跨界学习共同体"无边界思维坊"展开了一次跨界学习活动,此次的活动主题定为"如何高质量实施跨学科教学项目",研修方式是"案例剖析式",所有"无边界思维坊"教师在415未来教室集结。此前,"无边界思维坊"老师们都已亲临现场观摩过"设计'大山'"这一项目的全程实施,师生评价俱佳。

"设计'大山'"是立足地理和生命科学的交叉知识点开发的跨学科教学项目。地理吴老师与生命科学陈老师轮番上阵,在未来教室硕大的屏幕上"拆解"这一项目的设计和实施的全过程,对整个项目进行了复盘。

片段1:对驱动性问题的四次迭代

两位老师还原了跨界学习共同体伙伴在一次次研修中,他们经历的对驱动性问题的四次迭代(如下图所示)。最终选用的虽然是一个被特意设计的非现实任务,但被学生认为"酷",也让学生有点"懵",问题的开放度更高,依据挑战性原则,指向地理与生命科学的关键概念与能力,更有利于学生在两个学科关联性分析与创造性设计中培育学科核心素养。这回应了教师们日常对驱动性问题取舍的纠结。同时,跨界学习中大家共同合作,思维激活,最终提炼出驱动性问题的"四步迭代法",供大家共同借鉴参考。

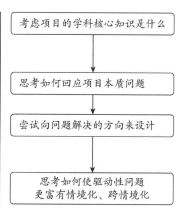

图1 跨学科项目"设计'大山'"驱动性问题"四步迭代"历程

片段2:对结构性与进阶性任务的研讨

跨学科教学项目旨在培养学生整体性思考能力和创造性解决问题的能力。

两位老师谈到在实施过程中教师要给予学生充分的话语权、选择权以及深入探究的时空。由于初中生能力有限,教师要更细致地分解目标与任务,提供更多的学习支架。因此他们将结构性任务以"任务串"(如下表)的方式来推进实施,贯穿于学生整个跨学科学习过程。

表 1 "设计'大山'"目标与任务分解

项目学习过程	结构性任务串	教师支持
定义问题	"生物圈二号"新闻/"生物圈三号"任务	项目资源、动机激发
明确任务	项目规则、检索能力、信息能力	规则引导、能力培训、目标分解(小组分工 PPT)
文献学习	"山体"设计思考维度框架(两学科阅读素材、读本资料)	项目资源、知识讲座、解答疑惑(KWH 分析表)
建立假设	建立学科间关联,"山体"位置放置,调查地理位置、气候特征、植物种群	教师指导、引导知识建构(思维导图 PPT)
形成设计	采用不同形式制作山体成品	教师指导、提供必要材料资源
评价修正	"山体"设计可行性分析(回应本质性问题)	教师评价、项目专家资源、同伴资源
成果公开	"大山"成果公开	教师评价、专家资源
反思回顾	项目总结、成果改进	总结评价

现场交流中,物理学科小潘老师也谈到,他在实施物理和地理跨学科项目"海洋变迁与板块漂移"中,采用了"问题链"方式,类似两位老师今天提出的"任务串",为学生学习提供"支架",通过子问题 1、子问题 2 等,将大任务分解,便于学生一步步解决跨学科的大问题。

跨界研修让老师们一致认为,通过"问题链"和"任务串"形成结构性任务,不仅在学科中达成紧密的学科知识和学科能力串联,更在学科间获得学科素养的综合提升,同时通过时间线的划分与清晰的任务发布,逐步引发学生进阶性思维,学生能依托"支架",充分发挥主观能动性去整合项目中的碎片化的信息,在新的情境中去转化并运用,从而创造性地给出属于自己的作品成果。

(案例来源:吴丹)

　　结合跨学科教学情境的研讨活动使得教师们获益颇多。此后，学校诸多教师开始尝试跨学科项目，先是对成功样例进行讨论、思考和模仿，设计出了一个个规范的跨学科教学项目，又在多次主题研讨中不断迭代设计和实施要素，创造出一个个堪称优秀的跨学科教学项目。最终，"无边界思维坊"老师们从实践中，依据"目标—要素—工具"教学设计与实施思路，共同提炼出普适性的"三维八要素"跨学科教学项目的实践模型（图4-4），分为目标维度、情境与活动维度和资源维度。其中目标维度包含领域内容与知识概念、关键能力与跨学科素养这两个目标要素，情境与活动维度包含创设学科间联结、驱动性问题的情境与跨情境化、结构性与进阶性任务、成果与评价这四个要素，资源维度分为活动工具和团队资源两个要素。

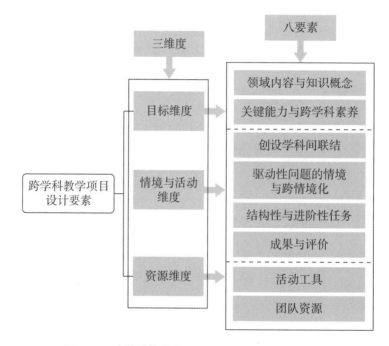

图4-4　跨学科教学项目"三维八要素"校本实践模型

　　依据"三维八要素"实践模型，"无边界思维坊"老师们又在跨界学习中，研发了校本化的跨学科教学设计表（表4-2），设计表作为设计支架可供所有教师学会并熟练掌握跨学科教学设计，从而更好地做好前期的项目设计。

表 4-2 学校跨学科教学项目设计表

项目名称		
跨学科视域的呈现方式		
学科内跨	围绕_____学科的_____（概念/知识/方法/能力/素养）展开，会运用学生已有的（其他学科的）_____概念/知识/方法/能力/素养。	
学科互跨	深度学习理解_____学科的_____（概念/知识/方法/能力/素养）和_____学科的_____（概念/知识/方法/能力/素养），生成全新的学习理解。	
学科外跨	基于_____的情境，综合运用_____多门学科的多种概念/知识/方法/能力/素养。	
目标维度设计	领域内容和知识概念（Know）	学生将要知道（Know）
	关键能力与跨学科素养（Do Be）	学生将要设计（Do）学生将要成为（Be）

情境与活动维度设计	创设联结	学科 1	联结点（绘图表示）		
		学科 2			
		学科 n			
	驱动性问题	设计导向（角色代入、产品设计、争辩思议等）：具体问题设计；（真实情境，有挑战性、开放性）			
	本质性问题				
	结构性和进阶性任务	问题链/任务串	子目标	过程性评价指标		
				知识评价内容	素养评价内容	评价主体和方式

（续表）

情境与活动维度设计	成果		结果性评价指标		
			知识评价内容	素养评价内容	评价主体和方式
资源维度设计	活动工具	（"硬件"工具如场馆、教室……） （"软件"工具如量表、课程资源……）			
	团队资源	（校内同行、家长、校外专家同行等）			

（二）以发展需求为导向的主题选择

美国著名教育学家琳达·达林-哈蒙德认为："当今世界高速发展，日新月异，教师的职责不仅仅是传授简单的知识和技能，而是要让学生适应未来社会的发展，那么作为教师就应该转变自身观念，提高自身的知识素养和能力素养，从根本上来说就是要求促进教师专业化的发展。"[①]当一名教师从师范院校毕业来到教学岗位，当他/她开始输出自身的知识储备，开启自身的教学生涯时，并不意味着教师学习的结束，相反，这是另一段学习的开始，一段漫长的、持续的、循序渐进的、与时俱进的新学习旅程。

这一段学习没有统一的教材，没有固定的时间，没有既定的考核，是为了更好地满足教师适应未来教育的发展需求，或者说是为了更好地完成教育工作者的时代使命，更好地培育适应未来发展的国家人才。综合学校教师发展"全域素养"的"五大核心能力"，在以问题解决为导向的跨界学习主题中，我们重点解决了跨学科教学的实践问题，同时着力发展了教师深度学习的领导力。在以发展需求为导向的跨界学习主题中，我们则试图重点在跨界学习中解决教师综合素养的发展、思维突围的发展和数字赋能发展三方面的提升。其中以"综合素养发展"为主题的跨界学习，目标是让教师具有丰富的专业知识、广博的科学文

---

① Linda Darling-Hammond,美国教师专业发展学校[M].王晓华,向于峰,钱丽欣,译.北京:中国轻工业出版社,2006:15.

化知识体系、必备的现代教育知识和研究反思改进的能力,即提升教师与时俱进的知识力和自我导向的学习力,从而满足综合发展的需要;以"思维突围发展"为主题的跨界学习,目的是让教师在开放性的跨界探索中改变固化陈旧和线性单一思维模式,吸纳新理念,形成多元认知,学会批判,即提升教师突围创新的思考力,满足教育创新发展的需要;以"数字赋能发展"为主题的跨界学习,指向教师在智慧教育环境下利用新技术变革育人方式,实施教育教学活动的能力,即提升教师数字运用的胜任力,满足技术支撑现代教育转型的需要。以教师发展需求为导向确立跨界学习的主题,体现了需求与学习的紧密关联,提升了教师跨界学习的实效性,为教师成长真正赋能。

1. 综合素养发展需要

在求学阶段,教师们通常接受的是分科教育,满足以往的教学任务绰绰有余,但今时不同往日,随着培育学生综合素养的要求的提出,要求教师能结合各类教学与生活情境综合落实德、智、体、美、劳的培育,同时,新课标也要求教师能在自己任教学科中落实 10% 课时实施跨学科主题学习。这都对每一个教师自身的综合素养提出了较高的要求。

为此,卢湾中学开设了"学术共享·百家争鸣"跨界学习素养综合课程。该课程以通识学习为基础,包括人文社科、工程技术、经济商业、数理科学、艺术审美和健康运动等六大领域内容,促进教师实现"博学与精专相统一"。诸如人文社科领域的学习,培养了教师的人文情怀与多元理解;数理科学领域的内容,让教师丰富前沿科学知识,学会求真求实,优化逻辑思维;工程技术领域的内容,让教师开阔高新技术眼界,具备工程思维,提高新技术运用能力;经济商业领域的内容,促进教师认知现代社会,促进与文化的融合,让教师体验实践与学会创新;艺术审美领域的学习,增强教师的审美意识和创作意识;健康运动领域的学习,发展教师健全的人格、健康的身心。为了提升教师通识学习的深度,学校不仅组织了很多情境式、体验式学习项目,还鼓励教师结合自己兴趣和跨学科教学项目研发需要在六大领域的主题模块中自由选学。

【案例 4-3】参观创新工作室之"上海梦想隧道"有感

诸光路隧道作为连通国家会展中心的快速通道现已基本完工,今天参与跨界学习,在学校的组织下有幸进入隧道实地参观,了解诸光路隧道项目。

诸光路隧道是一条超大直径隧道,施工难度大,技术要求高。作为上中路隧道、军工路隧道、外滩隧道及虹梅南路隧道等超大直径隧道的项目负责人,李章林老师有着丰富的经验。他引进国外先进技术并进行创新改造,带领团队步步探索,开中国超大直径隧道技术先河,并引领技术走向成熟。不仅如此,诸光路隧道更是全球第一条全预制拼装隧道,预制拼装率达到90%,李老师将环保、高效的"乐高式"拼装工艺运用于密闭的地下空间,极大地提高了施工效率。在进行内装的隧道没有想象中的尘土飞扬,反而干净整洁。

通过此次"工程技术领域"教师跨界学习,我了解到隧道建成的过程,对隧道创新技术也有了更深入的了解。除盾构机的使用机制等,我理解了预制拼装技术的优势,更感叹一条隧道建成得不容易,每一条隧道都是一个"传奇"。这有别于以往语文教研活动的通识性学习,让我认识到知识的广度远远超出我们的想象,知识的探索是无穷无尽的,我们要打开与时俱进的格局和视野,实现知识素养的提升。在语文学科的跨界教学中,或许也能效仿"乐高式"拼装思路,提高阅读技巧与其他学科知识的融合效应,提升学生的综合性思考能力。

(案例来源:李文雅)

【案例4-4】"特"力创"新",走进特斯拉 GIGA 博物馆

新学期,学校课程研发部以提升未来教师的"全域素养"为目标,以"拓展眼界 激发灵感 突破壁垒 提升素养"为研修主题,以"新能源""人工智能"等社会热点为关键词,整体架构并先后开设了新能源科技讲座、特斯拉 GIGA 博物馆参观等跨界学习素养课程,以及自动驾驶 VS 手动驾驶——乐高巡线小车搭建等跨界实践能力课程,为跨界中心组的老师们打通知识领域壁垒、聚焦科技前沿热点、融通知识、联通时空、变通角色、提升科学素养助力服务。

在跨界学习素养课程中,学校带领老师们走进特斯拉 GIGA 博物馆,精心安排了科技讲座、展馆参观和试驾体验三个环节。在聆听科技讲座中,老师们为特斯拉创始人马斯克所追求的"低碳环保""完全可持续能源"的设计理念深深折服,也为特斯拉各系车型所兼具的高科技手段惊叹不已。在特斯拉 GIGA 博物馆,老师们走进复刻版超级工厂,从特斯拉的发展历史,到特斯拉的车配组装,从 Dojo 超级计算机,到 Tesla Bot 人形机器人,透过一个个精美的复刻品,直观地了解了每一台车的诞生过程,直面人工智能为社会生产和生活带来的巨大改变。炫酷的

特斯拉灯光秀表演,完美地呈现了科技与音乐相融的视觉盛宴,这是工业创新与艺术美学的跨界灵感。在现场参访和随后的试驾体验过程中,老师们通过对特斯拉能源体系设计的进一步了解,切身体会了"从大自然转化清洁能源"的未来新能奥义——随着全球经济的不断发展以及人口的快速增长,能源问题正受到越来越多的关注。传统能源已经不能满足现代社会对能源的现实需求,其对环境和人类自身健康也带来了日益严重的影响,目前对于绿色、环保、可持续发展的新能源的开发和利用尤为迫切,如何更高效、更稳定、更绿色地开发和使用可持续能源,尽可能地保护地球环境与气候是人类共同的议题和责任。

在参与"新能源""人工智能"跨界学习之后,一些老师纷纷将学习收获运用到教学实践中。科学创智HOME的陈老师和袁老师成为学生"未来新能"项目学习的指导老师,指导学生们利用乐高机器人模拟搭建、生产自给自足的清洁能源给社区供能,并形成智慧能源社区的方案;利用水力发电,驱动游乐场运转,形成新能"园"清洁能源游乐场方案。这两个方案在上海市人工智能科创挑战赛中获得了季军和优秀团队奖。

通过这次跨界学习活动,音乐老师也激发了课程的创造力。音乐杨老师在参观汽车灯光秀展演时,敏锐地感受、观察到特斯拉汽车的车门和灯光效果能跟随着音乐的节拍进行律动,将音乐伴随律动的结合运用于汽车功能设计,这随之也拓展了她对音乐课跨界教学设计的新思路。于是她将音乐与数学结合,引导、启发学生将音乐的旋律线绘制在数学坐标轴上,实现了音乐的可视化,诞生了跨学科项目"当格里格遇见笛卡尔",将理性的数学和感性的音乐两门相隔甚远的学科有机地融合、联系起来。

(案例来源:吴丹)

这些能与教学情境相融通的跨界学习综合素养通识类课程不仅拓宽了教师的知识视野,也有助于提升教师跨界学习的积极性和主动性,厘清自身专业发展的需求,提升自我导向的学习力、与时俱进的知识力和深度学习的领导力。此外,通识课程的学习不仅拉近了各学科知识之间的距离,也自然而然地拉近了参与活动的各学科教师的心理距离,因而跨界教学创意灵感频现,创意不断萌发,成员们始终致力于知识与思维的整合创新、方法与技术的变革实践,不断突破自我,反思迭代,用新理念、新品质、新知识、新技能服务教育教学,助力学校和学生的可持续发展。

2. 思维突围发展需要

西南大学张学敏教授在《面向未来的教育变革与教师发展》一文中指出："教师的创新素养是支撑教师开展课程创新、教学创新、评价创新、管理创新、指导创新的基础。"[①]创新的前提即是教师要有良好的思维品质，没有良好的思维不可能产生有意义的经验。卢湾中学的教师跨界学习开设了以"学会批判 关注创新"为主题的跨界思维训练课程，强调使用思考工具，培养思考习惯和技能，激活思维动能，促进教师批判性思考和创造性思考能力的发展。在各种跨界的开放式情境中，教师们积极参与活动，在常式中寻求变式，在探讨中激发思维的质变，寓教于乐地培育批判性思维和创造性思维。

对于批判性思维的提升我们借助思维训练课程，提升教师的整体系统思维、高阶抽象思维、多元迁移思维、创意组合思维、敏捷开发思维。借助时下流行的思考工具，如：思维导图、六顶思考帽、PDCA 循环等，让教师掌握思考的方法，培养思考的习惯。以跨学科思维训练为例，我们对教师培训侧重三种路径的思维训练：一是学科内跨，即对学科本身的批判性反思，改善学科内部结构；二是学科外跨，结合类学科与前沿学术成果，对学科范畴进行优化整合；三是学科互跨，具有超学科的意识，淡化边界。在跨界思维训练中，学校还采用了"柯尔特思维课程"，运用 PMI 思维法（一种对观点或建议进行全面分析的思维方法）和 CAF 思维法（考虑所有因素思考法），要求参与者练习使用思考工具，掌握思考的方法、培养思考的习惯。跨界思维训练课程对批判性思维等各种思维形式及其训练课程间的关系做了系统性、综合性的关联。该课程是具备卢湾中学特色的、系统的教师思维训练体系，很好地发展了教师的批判性思维技能。

同样，这也是一个创造性思维的时代，教师在跨界学习过程中需要着重培养创造性思维，这不仅有利于促进自身的发展，也有利于促进教学活动的开展。在"智慧联运"跨界学习中，卢湾中学积极整合教师知识体系，为教师创造性思维奠基，为创造性人格助力，提升教师数据智慧，为教师的创造性成长加翼添彩。

---

① 张学敏.面向未来的教育变革与教师发展——侯小兵博士《教师创新教育素养研究》述评[J].绵阳师范学院学报,2021,40(12):154.

【案例 4 - 5】"智慧联运"教师创造性思维训练项目

又一次,跨界学习共同体的老师们集聚一堂,开展日常跨界教研活动。但这一次的跨界教研活动很特别,未来教室的桌上放满了琳琅满目的乐高积木与机电设备,这是哪门子教研? 那可得从乐高教育 FLL 科创活动和国际赛事说起。

FIRST LEGO League(FLL)是美国 FIRST 机构与丹麦乐高集团于 1998 年组成的教育联盟组织。其宗旨是通过乐高的积木和教育产品,用各种活动和竞赛的方式,快乐地激发青少年对科学、技术、工程、艺术和数学(STEAM)的兴趣。其赛事通常由 4—10 人组队,完成机器人场地挑战任务,以此为基础来解决现实世界中的问题。

FLL 2020—2021 赛季的国际赛事取名为"智慧联运",需要团队利用乐高零件和电机组件搭配、制作一个送货机器人,用它在指定的路线上执行货物运输的任务。这是一个相当具有社会意义的主题:2020 年疫情来袭,科研人员发现,人与人的接触、物品的传递是病毒传播的主要途径。然而,在电商、网购、外卖行业蓬勃发展的今天,物品的无接触运输尚未实现。

全球 110 个国家 68 万多学生参与这一主题赛事,学校敏锐地发现了这一赛事对创造性思维的潜在激发作用,抓住了赛事的契机,并将其引入教师的跨界教研中来,由此有了这样一个特别的跨界教研活动。

跨界学习共同体教师成员在培训师的带领下,尝试自行搭建具备跨越障碍能力和运输能力的机器人。机器人的行动需要借助于 iPad 的相关程序调试速度、距离、转向、开门装置等。所涉及的学科知识有数学中的长度测量、车轮圆周长计算;物理学中的力臂、力的大小、摩擦力;美术中的结构与美化等知识。不同学科的教师优势互补,共同思考、多次尝试,他们热烈地讨论需要解决的问题,运笔如飞地做着计算,在 iPad 上尝试着排序程序代码,全情投入。

趣味横生的活动中困难也时时伴随。老师们不断地遇到新的问题:这个水坑怎么绕过? 那个桥梁坡道需要用多大的推进力? 下坡时怎么控制车速? 怎么设计开闸装置? 这些问题没有标准答案,也没有人能帮助老师们,答案在哪里? 在老师们的创造力里。老师们你一言,我一语,你出点子,我来改进,没有解决办法,那我们就创造一个个解决办法……

到这次跨界教研结束的时候,每一组的机器人扛着物品或左转,或掉头,或绕过水坑障碍，或用悬臂开闸，行云流水，一气呵成。更关键的是，每一组的机器人都"长得"不一样，老师们的创意各不相同，单是"开闸"这一项，老师们就设计出了"悬臂开闸""重力摆锤开闸""抬杠开闸"等多种方式。那一刻的他们看起来不再是囿于自身学科专业的普通教师，而是闪烁着新时代智慧光芒的创造家、教育者。

教师们乐在其中，又学在乐中。学科的跨界更自然地生发了，像春雨潜入夜一般，教师们的创造性思维悄无声息地激发、生长、蔓延开去，助力跨界教师们的成长。

（案例来源：吴骏）

以思维突围发展为需求的教师跨界思维训练课程，让教师逐步学会批判思维与论证问题，让教师关注创新思维的拓展和开发，教师的批判性思维和创造性思维都得到了很好的激发，也在多角度创造思考、多思维解决问题上收到了良好的效果。随之，在教学改革中也展现了教师的课程思维整体优化，他们"跳出学科教学科"，有了学科综合关联的思维，有了多元认知结构，有了课程整合的思维，有了教学资源创造的思维，研发了 50 多门跨学科课程，成为课程的"创造者"和学程"设计者"，实现更深层次的专业发展，也逐步提升了教师的"全域素养"。

3. 数字赋能发展需要

数字技术作为赋能教师开展教育教学的有效工具，已然成为当下教育行业发展的重要路径和手段。纵览目前各国的教育发展形势，美国提出"信息化重塑教育，加强数字化时代人才培养"的目标，日本推出"培养面向社会 5.0 的信息化人才"概念，数字化进程已超前于全球多数国家和地区的印度强调"'数字印度'战略下推进智慧教育"的方针，英国教育部也发布了"充分释放教育技术的潜能"政策，明确了当下和未来的教育技术发展愿景。

作为新一代的教师，数字运用胜任力也成为教师发展的重要素养需求。数字化时代要求教育行业利用数字化技术和数据实证，实现教育理念、教育模式、教育内容、教育管理等方面的创新和优化，以适应数字经济、数字社会、数字文化的发展趋势。教师要能在数字化学习环境中，借助各类智能终端和大数据分析技术，精准掌握学生的学情与各方面特点，泛在访问互联网资源，灵活选择有针对性的教学策略，快速形成线上、线下融合的教育方案。

面对数字化转型的蓬勃来袭，教师们也面对很多挑战。很多安于现状、故步自封的教师也惶然于技术壁垒带来的不安，这是对固守传统教育理念的教师个体的必然挑战。但当教育数字化转型以一种摧枯拉朽之势横扫整个教育行业之时，我们也欣然发现，数字技术的强势介入除了对教师教学专业性提升带来前所未有的挑战和影响外，对于教师的研修模式也产生了深远的影响，尤其体现在教师的跨界研修上。对于教师来说，如何突破个体的"隐秘区"与"盲目区"，如何跨步走向"未知区"，都是教师数字赋能发展的难题和难点，为此学校在教师研修中融入进阶式数字赋能跨界学习三部曲"教师数字技术能力提升工程"专题研修。

（1）破理念困境

进阶式数字赋能跨界学习三部曲的第一部就是通过定期开设"跨界学习讲坛"主题，设置"技术前沿学习菜单"（菜单内容具体可见第二章第三节），让教师进行数字化理念的更新，认识数字化可能带来的优势与挑战，破解"技术崇拜"或"技术恐惧"的二元困境，填平数字汪洋与现实学习不足之间的鸿沟，让教师与信息化时代的发展并行。

"技术前沿学习菜单"为教师创设了丰富的学习形式和内容，如学校定期邀请数字技术专家为"酷课·创学中心组"教师们开展与数字技术与教育发展相关的讲座，组织真实情境的观摩与互动体验，还会通过伙伴间的交流研讨实现数字技术"接地气"式的内化，从而实现数字技术理念的更新，为教师们打开数字技术赋能跨界学习的认知之门。根据教师需求，学校还设置更多的"技术前沿学习菜单"，多形式多层次地更新教师的数字技术理念。如专家讲座中的知识理念普及、亲临体验和同伴分享，多途径多层次地为教师们带来了数字技术，并让数字技术自然而然地融入教师生活，为教师提升数字胜任力打下根基。

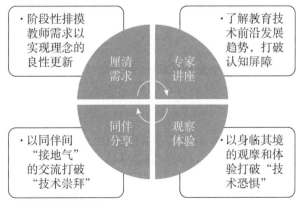

图 4-5 多形式多层次"破理念困境"

（2）攻技术难关

长期以来,数字技术在教育中的应用存在单一和浅尝辄止的现象,基于此,学校通过主题课程的精心安排,在三部曲中的第二部直奔数字技术能力提升的核心地带,组织了专项校本教研"能力提升工程",以通识类课程、专题类课程、个性化课程的层进式设置,带领教师从易到难、从通用到个性地学习数字技术,攻技术难关。

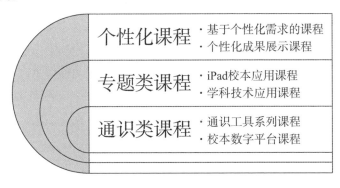

图 4-6　技术学习阶梯课程图谱

第一期通识类课程的学习主要包括通识工具系列课程和校本数字化平台课程。通识工具系列课程从数字技术入门到学习各种教育教学中常用的技术,如动画应用、视频制作、多种 APP 学习等。校本数字化平台中涵盖了课程设置与运行、课程互动教学、作业发布与管理、移动听评课、分级阅读系统的使用等。

表 4-3　数字技术学习培训第一期课程:通识工具系列

第一讲	数字教学入门(一)
第二讲	数字教学入门(二)
第三讲	定格动画工作室
第四讲	iMoive
第五讲	Memopad
第六讲	SimpleMind+
第七讲	动态几何画板
第八讲	Desmos
第九讲	iTeach(一)
第十讲	iTeach(二)

表4-4 校本数字化平台课程内容节选

课堂互动教学	1. 一平三端介绍视频	支持通过手机移动终端APP进行课程建设、教学、学习,并查看数据,所有学习数据与电脑端保持一致。同时,移动端支持课堂互动功能,如PPT投屏上课、课堂签到、抢答、选人、测验、分组讨论、投票、讨论上墙、课堂报告等,覆盖所有课堂教学互动功能,可以提高课堂活跃度。
	2. 一平三端课程教学课堂实例	
	3. PPT投屏	
	4. 签到	
	5. 直播	
	6. 图片	
	7. 视频	
	8. 云盘	
	9. 章节	
	1. 选人	
	2. 投票	
	3. 抢答	
	4. 主题讨论	
	5. 测验	
	6. 拍照	
	7. 问卷	
	8. 评分	
	9. 分组任务	
	10. 计时器	

（续表）

作业发布与管理	1. 作业创建	a. 作业可以是来源于题库、作业库或自定义，须具有每次布置作业，自定义的题目保存到题库的功能。 b. 教师可以随时查看学生作业的完成情况并对作业进行线上批阅打分，学生在线提交作业后，系统能对于客观题自动判分。教师可以将线下作业成绩登记到线上，以备定期统计，了解学生的学习情况。 c. 作业需具备生生互评的功能，设为互评的作业，学生间对作业相互打分，教师可参与最后的评估。 d. 可对作业进行随机出题，从海量题库中随机抽取若干道题目，保证每位学生收到不同的作业。 e. 作业支持文档、附件、视频、音频等形式，同时音视频支持在线播放功能。
	2. 作业智能导入	
	3. 作业发布与设置	
	4. 作业批阅	
	5. 作业提交情况统计查看	
	6. 作业库	
	7. 作业数据统计与管理	
移动听评课	1. 手机线上评课	能够实现在移动设备上同时同地、异时异地远程听课、评课，打破时空壁垒，灵活机动，使学校日常教研活动更加便捷。"移动听评课"将教师应该具备的课堂教学能力，转化为课堂行为、行动的指标，通过多维度的量化，将评课的数据聚焦到教师能力上。此外，其特有的"走班评课"模式，可实现随机课堂抽查、教学检查等，方便学校管理者收集更为真实的数据，便于科学研究。通过"移动听评课"这个智慧教研小工具，学校可以沉淀校本课程资源。
	2. 手机走班评课	
	3. 线上直播开课	
	4. 线上第三方录播教室对接建课	
	5. 已有视频上传建课	
	6. 课程管理	
	7. 数据统计查看导出	

（续表）

分级阅读系统	1. 图书馆	教师登录后，可根据教学计划和班级情况制定班级阅读任务。教师账号与相应学生相关联，教师设置任务后，选择完成时间，任务发布后，学生收到任务信息，即须按时完成。期间教师通过发布通知等功能，监督学生阅读学习，并可随时在线上管控学生学习情况。
	2. 阅读作业（阅读任务发布与管理）	
	3. 阅读课程	
	4. 资源	
	5. 课堂教学 & 示范教学包	
	6. 投屏	
	7. 研修课程	

第二期专题类课程主要包括校本设备 iPad 的技术应用课程和各学科技术应用课程。学校在跨界学习中为教师配备专门的校本设备 iPad，因此在培训中也为教师提供了 iPad 多用途、多类别的技术应用，例如个性化文档制作、图片素材制作、视频素材制作等。此外，在不同的学科中会有不同的技术应用侧重，例如，音乐老师有更高的音频技术的需求，美术教师有更高的图片和视频技术的需求，数学教师有更高的画图技术的需求等，学校根据学科教师所需技术的侧重，设置了分科技术应用的专题培训。

表 4-5　校本设备 iPad 的技术应用课程

序号	主题	培训课题	知识点关键词	培训内容
1	文档制作	简历	Pages—模板应用	视频引入（老师的自我介绍视频），引出第一个主题——展示自我。简单介绍 Pages，利用 Pages 中的个人履历模板，让学生设计一份自己的简历，学会用自己的话语替换模板中的字符。简历包括名字，生日，班级，爱好，不喜欢，理想，自己的好朋友，等等。制作完成添加为我的模块，保存以便后面使用。

(续表)

序号	主题	培训课题	知识点关键词	培训内容
2	文档制作	第一部影片	可立拍—拍摄连续片段	介绍可立拍。两人一组合作,打开上节课 Pages 中制作的简历,两人共享对方的简历。两个人轮流录制自己的介绍视频,当一个人在录制的时候,可以让队友帮忙打开简历,以演讲模式展示作为提词器。分成几个片段连续拍摄,根据学生自己的想法,引导学生自己分配片段数量和内容。
3		个性化标签	可立拍—文本标签,贴纸表情符号	打开上次拍摄的视频,为自己的每个片段加入文本标签,或者贴纸表情符号,提醒学生根据视频情境氛围去添加,不能随意设计,影响自己的视频效果。
4		展示自我	上台展示自我介绍的视频	老师准备抽签纸,让学生抽上台展示的顺序(只有 10 个同学能抽到数字,其他同学为空白的签)。学生上台展示自己设计的自我介绍视频,可以穿插一些现场介绍,让同学和老师更加了解自己。组织投票,没有上台的同学都有 3 张票,投给自己喜欢的视频制作者,最后得票最高的前三名给予奖励。
5	图片素材制作	神秘的自己	相机和照片—逆光拍摄对象,编辑剪影照片	播放一个预告片(上节课老师的自我介绍视频预告片),引入主题。两人一组合作,为对方拍摄照片,要求逆光拍摄,并且被拍摄者侧脸对镜头。为拍摄的照片编辑剪影,调整滤镜,达到氛围十足的效果。
6		宣传海报	Pages—创建空白模板,设计自己的页面布局	为预告片做一个宣传海报,可用于后面插入预告片。创建空白模板,将 Pages 文稿用作空白画布,从头开始设计自己的页面布局。可以将文本、照片(上节课设计的剪影照片)放在任何需要的位置,为自己设计独一无二的海报。

（续表）

序号	主题	培训课题	知识点关键词	培训内容
7	图片素材制作	预告片设计	iMovie—预告片剪辑，屏幕截屏	介绍 iMovie。创建预告片，自主选取预告片模板。点击预告片中的故事板，观察每个占位符，自主设计替代占位符的镜头。打开上个主题自我介绍的视频，自主选取某些画面，使用截屏软件截取下来，添加到预告片中。
8		预告片展示	上台展示预告片的视频	老师准备抽签纸，让上次没有抽到签的学生抽上台展示的顺序（只有 10 个同学能抽到数字，其他同学为空白的签）。学生上台展示自己设计的预告片视频，可以穿插一些现场介绍，吸引同学和老师的注意。组织投票，没有上台的同学都有 3 张票，投给自己喜欢的视频制作者，最后得票最高的前三名给予奖励。
9	视频素材制作	采访稿	Pages—设计采访稿，设置文本格式	播放一个人物采访视频，引入主题。确定被采访人，与他成为一组，互相采访。用 Pages 设计采访稿，列出采访时需要提问的问题，学习文本设置格式，创建列表，让整个文稿的格式保持一致，打造简洁、专业的效果。
10		勾勒画像	Keynote—临摹图画并添加画线的动画效果	简单介绍 Keynote。引导学生拍摄一张被采访人的照片，利用 Keynote 的绘画功能临摹照片，勾勒人物的轮廓和五官，然后添加成画线的动画效果，导出影片格式，作为采访视频的开头，达到神秘的效果。

（续表）

序号	主题	培训课题	知识点关键词	培训内容
11	视频素材制作	采访拍摄	相机—中景镜头 iMovie—剪辑影片，插入，拆分，删除片段	利用相机拍摄，拍摄人的中景镜头，使用三分法，确保采访对象与其中一条垂直网格线对齐，而不是位于正中间。利用 iMovie 剪辑影片，在采访视频前面加入上节课的人物勾勒视频，可以拆分自己不想要的片段然后删除，控制时长和提升采访效果。
12		专访展示	上台展示自己的采访视频	老师准备抽签纸，让上次没有抽到签的学生抽上台展示的顺序（只有 10 个同学能抽到数字，其他同学为空白的签）。学生上台展示自己设计的采访视频，可以穿插一些现场介绍，吸引同学和老师的注意。组织投票，没有上台的同学都有 3 张票，投给自己喜欢的视频制作者，最后得票最高的前三名给予奖励。
13	富媒体课件制作	场景设计	Keynote—制作幻灯片，展示自己的故事场景	播放一个有一定的故事情节的小短片，引入主题。老师展示提供的视频片段和图片，让学生根据这些材料创作一个小故事。用 Keynote 制作幻灯片，整理故事内容，每一页展示自己的故事场景，梳理思路。
14		拼接镜头	iMovie—视频剪辑，拼接片段	根据自己的场景设计，用 iMovie 进行视频剪辑，拼接老师提供的视频片段和图片，也可以根据故事内容需要，加入自己的视频片段或者图片，丰富自己的故事。
15		音乐组合	iMovie—添加音效	根据自己上次剪辑的故事内容，去设计不同场景的背景音乐。可以在媒体库中挑选不同的音频，尝试匹配到自己的故事场景。通过添加合适的音乐，可以增加故事的幽默感、悬念和戏剧性。

（续表）

序号	主题	培训课题	知识点关键词	培训内容
16	富媒体课件制作	讲故事	上台展示设计的故事视频	老师准备抽签纸,让上次没有抽到签的学生抽上台展示的顺序(只有 10 个同学能抽到数字,其他同学为空白的签)。学生上台展示自己设计的故事视频,可以穿插一些自己的现场介绍,吸引同学和老师的注意。组织投票,没有上台的同学都有 3 张票,投给自己喜欢的视频制作者,最后得票最高的前三名给予奖励。

　　第三期个性化课程主要是教师在阶段学习和应用之后的分享与探讨,以及基于教师或项目个性化需求所开展的课程。为确保学习的连贯性和深入,学校固定每周一下午第 4 节课为"酷课·创学中心组"专题学习时间,每月安排 1—2 次数字技术学习培训,每季度安排一次外出培训学习,为教师的数字赋能需求形成校本化的教师培训课程,为技术与跨界学习的融合提供良好的基础。

　　（3）立实践根基

　　进阶式数字赋能跨界学习三部曲,在实践层面形成了沉浸式实践体验、交互式实践操练、跟随式实践指导三位一体的数字技术实践学习模式,研修与实践并行。学习技术在跨界学习和教学情境中的应用,进一步破除了技术畏难心理,让教师们在动手体验与实践中学会运用数字技术,实现数字技术的真正赋能。

图 4-7　"三位一体"数字技术实践学习模式

数字技术的学习与应用,提供了多元的教师跨界生长方式,其强大的功能足以支持教师开展自适应、自探索、自组织等模式的跨界研修,使教师专业发展模式逐步从经验主义走向数据驱动,从固定、单一走向多主体参与、多样态实施。通过以上的探索与学习,教师的数字化理念得以更新,"技术崇拜"或"技术恐惧"的二元困境也得以破解,这也为教师数字赋能的落地发展奠定了坚实的基础,让教师对数字技术有了更加全面、深刻和直观的了解。同时,数字技术应用于跨界学习的实践,也促进教师们创生出更多跨界的深度思考和研究成果。

"基于微视频教研"的跨界学习就是一次十分成功的实践案例。驱动性的问题情境让教师们暂时放下对技术革新的敬畏,投入到对情境任务的多角度探究中。团队成员聚焦中心任务的信息沟通,畅通了各学科相关知识节点的联结,活跃了思维。而借助信息化工具时时开展的效果验证,更让教师充分感受到数字技术加持对学习者自主建构知识的巨大影响力。翻转式教学拟态情境、教师团队教研和技术培训,能综合提升与时俱进的知识力、突围创新的思考力、数字运用的胜任力,并对激活自我导向的学习力、发展深度学习的领导力有积极的作用。

【案例 4-6】"基于微视频技术的教学赋能"跨界学习案例

我们需要给学生提供怎样的线上课程?怎样监督学生学习过程、跟踪学习进度?怎样检测、评价学习成果?一系列问题盘旋在教师们的脑海,教师们的创思颇多,但要一一落实还需数字技术的支持。卢湾中学依托于微视频教学互动平台,为教师提供足量的数字技术指导,使教师用技术赋能教育的妙思得以落地。

以科学老师与物理老师合作的"漂浮的结构"跨界课为例,学习共同体的技术支持与指导使这节课最终以喜人的态势呈现。

课前:跨界教研+微视频制作

"漂浮的结构"是一节科学与物理结合的无边界校本探究课。科学老师提供给每个小组一块橡皮泥、一张滤纸,要求同学们合作完成一个能在水面独立漂浮的结构,其最终目标是能独立漂浮并尽可能承受更多的重量。

这节课没有老师的讲授,只有学生的自学和探究。课前,物理老师与科学老师跨学科研讨,确定了探究所需的精准知识要点。随即,物理老师将每一个知识点都拍摄成不超过 2 分钟的讲解视频,简明扼要,直击问题。视频制作完成后,借助卢湾中学微视频教学互动平台发布视频,供学生课中使用。

课中:数字跟踪学习过程＋云引导

课中,学生在微视频互动平台上自主选择学习内容,完成"浮力""重心""稳度""防水材料"等知识点的学习,进而探索"使结构漂浮并承重"的办法。观看视频后,学生在平台上完成自我评价和学习检测,如对视频学习内容及探究过程产生疑惑,则可在平台互动讨论区交流。在这一过程中,物理老师和科学老师通过终端平台跟踪学生的视频观看、检测情况,对讨论区的问题讨论进行云引导或解答。在此基础上,教师根据学情反馈及时调整教学设计,完成二度备课,使教学内容更具针对性和实效性。

课后:个性需求下的视频丰富化

在跨界教研中,共同体的老师提到,在此节课后为了完善学生对结构认知的知识,拓展学生学习的兴趣,可以补充制作一些拓展类微视频供学生自主选看,依托平台技术并设置答疑和互动讨论。于是"承重的结构""反重力结构""谁主'沉浮'""巧竖'鸡蛋'"等一系列关于"重心""浮力""结构"等跨学科学习微视频在老师的娴熟技术下诞生了。

此后,以"漂浮的结构"跨学科教学项目为研修案例,其余各学科在跨界学习共同体成员的带领下纷纷加入实践,借鉴此案例运用于教学前、中、后的经验,从之前单一课程视频的制作逐渐走向"系列、专题"微视频的开发。可以说,微视频在经过丰富后,已然形成了成熟完备的课后微视频学习课程,从而真正让视频成为需求性课程。

例如,老师们对于课后微视频,又从不同功能出发设计了拓展提高类、专题复习类、主题项目类三种视频类别。

拓展提高类视频:例如物理组为学生制作了近 50 个拓展类微视频,学生可以根据个人需求在课后自主选择高于课堂教学的学习内容,真正满足了资优生群体的个性化需求;

专题复习类视频:例如英语组编制了写作教学和语法教学系列视频,用于初三学生课后复习;语文组研制了用于古诗文复习的系列视频;数学组以七年级教学为例,为学生制作了综合题例题讲解专题复习视频。

主题项目类视频:跨界学习共同体"无边界思维坊"在疫情期间,坚持线上跨界学习，把握教育契机，融合多学科视角，分别从地理、历史、生命科学、道德与法治等角度，为全校学生制作了"无边界'战疫'课程"系列微视频，让学生全面了解新冠疫情。

又如，对于课前微视频的技术如何更好赋能教学，老师们在跨界学习中又生长提炼出"一课一视频一练习导学单"，并初步探索了"四环节"翻转式实践模式：

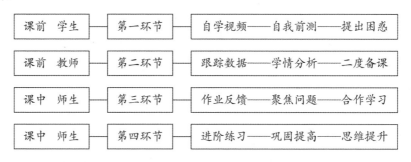

图 1 "四环节"翻转式实践模式

此外，学校开发了包含智慧课堂互动教学平台、学情分析系统、课程教学管理系统、自主学习资源中心、教师数字化教研系统、应用教学资源系统在内的校本教学交互平台，便于教师在真实的教学情境中学以致用、用以促学、学用相长；学校还搭建了教师与技术人员跨界交流的渠道，极大地提升了技术培训人员对教师实际需求的了解度，从而能定期推荐更适用于教学情境的普适性软件和学科专业工具；学校还定期组织教师交流新技术使用心得并展示成品，极大地促进了数字技术与课堂教学策略的跨界融通及校内共享。

以上两种确立教师跨界学习主题的方式，让教师跨界学习更接地气，更具实效。我们以问题解决为导向确立教师跨界学习的主题，在教育理念与教学范式上，让教师逐步呈现"单学科性"向"综合性"融合、"知识性"向"思维性"进阶、"内容性"向"方法性"超越。我们以发展需求为导向确立教师跨界学习的主题，让教师在哲学社会科学、人文素养、自然科学、信息技术、美学艺术、创新精神、实践能力等多方面逐步成长为博学多识、融会贯通的通才型教师。以问题和发展为导向确立教师跨界学习的主题，能从"短期"和"长期"两个方面可持续地推进教师全域素养的螺旋上升，帮助教师成为面向未来、潜力无穷的新型教师。

二、以正、逆推演为路径构建目标

主题的选择是对教师跨界学习内涵的具体阐释，在推进教师专业发展的道路上能起到方向标的作用。每一次教师跨界学习的目标构建则是在据实勾画教师们的最近发展区，在持续提升教师面向未来的专业素养上能起到接力站的作用。卢湾中学通过策划和组织教师跨界学习，提升教师的跨学科教学能力，从而在师生互动、教学相长中实现教师专业素养和学生核心素养的双增长。因此，构建可操作、能进阶的教师跨界学习目标至关重要。可操作强调既要综合参与教师的实际需求和能力基础设计目标，不好高骛远，又要基于教师素养发展方向和跨界学习的主题设计目标，不信马由缰。能进阶要求除了明确本次教师学习的具体目标，还要设立提升自我导向的学习力和深度学习的领导力的长远目标，加快从教师跨界学习到跨学科教学的转化速度。经过多年的实践，卢湾中学逐步探索出正向推演和逆向推演两种教师跨界学习的目标构建路径。

（一）正向推演构建目标

正向推演构建目标法是一种自上而下的设计过程，从顶层目标出发，逐步细化到底层的细节，首先被应用于以发展需求为导向的教师跨界学习中。即从教师某项需要发展的素养出发，先通过内涵剖析与任务分解，明确该素养所包含的知、情、意等重要成分，并结合学校实际情况找出其中的重点和难点，再采用大任务统领的研修学习设计思路，整体规划该系列教师跨界学习活动，自上而下地构建每一次教师跨界学习的具体目标，并激励教师将所学、所思融入教学实践，孕育相关的教学新实践或新项目。

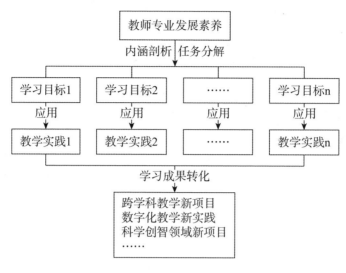

图 4-8　正向推演建构图

以下以发展"教师数字运用胜任力"这一核心素养为目标，介绍正向推演构建教师跨界学习的过程。

自 2019 年起，面对新技术对教育教学带来系统性变革的时代挑战和发展机遇，学校聚焦"教师数字运用胜任力"，力图在教师跨界学习中主动探索数字赋能发展的更适合的主题选择和路径，让教师更全面、深刻、直观地了解数字技术应用于学科教学和跨学科教学的方法，充分发挥技术赋能教育教学的作用。为此学校聚焦"教师数字运用胜任力"，以此为出发点，正向构建，自上而下，厘清教师技术短板和发展需求，内涵剖解数字运用胜任力的校本行为和具体表现，构建"学后达成目标"，进而明确目标维度之下"学什么"与"怎么学"，寻找将数字潜能转变为现实的跨界学习主题选择和路径研究方向，打造出进阶式数字赋能跨界学习三部曲——教师 TPCK 三级研修课程（图 4-9）。此课程围绕"教师数字素养""伦理态度""数字运用技能"等子目标，从理念层面、技术层面、实践层面，采取系列举措，如设置"技术前沿学习菜单"破理念困境，了解技术前沿发展趋势，提升教师数字素养；开发"信息技术培训课程"攻技术难关，包含通识类、专题类、个性类课程，将教育技术领域的发展和学科课堂教学打通；以实地学习立实践根基，三个层级逐级提升，为数字赋能跨界学习打开通路，在教师研修和教学实践的良性互动中探索了数字化教学新实践，诸如"微视频教学""翻转课堂""混合式教学""全息教学""电子书"等，并形成了校本模式和经验。正向推演建构的进阶式的数字赋能跨界学习三部曲,整体推动了学校教师信息素养和数字运用胜任力的提升。

以TPCK为核心的教师专业知识结构

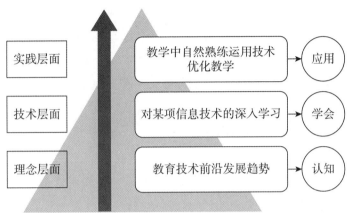

实践层面	教学中自然熟练运用技术优化教学	应用
技术层面	对某项信息技术的深入学习	学会
理念层面	教育技术前沿发展趋势	认知

图 4 - 9 以 TPCK 为核心教师数字技术能力提升三级专题研修

以下再以"跨界·阅读·新视界"活动的策划过程为例,介绍为培养教师突围创新的思考力正向推演构建跨界学习目标的过程。

【案例 4-7】"跨界·阅读·新视界"读书分享会

学期初,学校确定本学期教师跨界学习的重点是培养突围创新的思考力。这个主题涉及的内涵和任务非常丰富,既有知识结构的拓展,又有批判性思维的训练,还有创新精神的激发,等等。学校跨界学习共同体的管理团队召集各教研组长讨论在这一主题下,教师们面临的最大困难是什么,首先要突破的点在哪里。经调研访谈,发现教师们普遍对跨界创新有畏难情绪,缺乏走出舒适圈的勇气。于是,管理团队建构了第一个跨界学习子目标——采用最简单易行的方式让教师走近跨界,体验微创新的魅力,打破教师们对未知的畏惧感。经头脑风暴,大家一致同意采用跨界阅读的方式来落实此项学习目标。

这次跨界学习的研修任务是所有教师读一本跟自己所教的学科没有直接关系的书,再分享一篇读书笔记。分享的笔记不限字数和形式,唯一的要求是不能让读者立刻猜到笔记的作者是谁。一开始老师们惊讶于学校布置了一个有点"无厘头"的重点教研任务,时不时在脑海中转悠看什么书、怎样写才能蒙住所有人。截稿日期未到,读书笔记已塞满上交通道。随后,学校组织科研团队对教师的读书笔记进行仔细梳理,遴选出能覆盖更多领域的书籍分享目录。最后,学校组织召开跨界阅读分享会。主持人先介绍被选中的书名、主要内容及笔记作者的推荐理由或主要感悟,全校教师齐聚礼堂竞猜笔记作者到底是谁。然后再请出作者以自己喜欢的方式分享自己的读书笔记。

在"跨领域阅读"的维度中,李老师从数学领域跨向经济学领域,通过思辨形式分享了《薛兆丰经济学讲义》一书;语文陈老师以案例分析的方法介绍了《批判性思维》一书。他提到这本书帮助他从感性领域跨向了理性领域,也让他明白了深耕教育领域是教师的本分,但这并不意味着要独守在所教学科领域里观望,更应该从教育领域延伸到其他领域以博采众长。

在"跨专业阅读"维度中,俞老师从历史专业跨向文学专业,通过视频形式分享了俄国作家陀思妥耶夫斯基的《白痴》一书;物理余老师则从物理专业跨向数学领域,通过现场互动体验的形式分享了《渴望不可能》一书。她跳出专业范畴,向全体教师生动地演绎了如何不囿于专业的隔阂,借鉴数学的理论、方法及模型看问题,让数学教研组长也赞不绝口。

在"跨身份阅读"的维度中,语文闫老师从文学思考者跨向哲学思考者,通过朗读者形式分享了《时间的秩序》一书;体育李健老师则通过访谈的形式分享了《搅局者》一书,向全体老师展示了从活跃的运动者向沉静的思考者的跨界演绎。让大家看到一位体育老师基于知识储备对于世界的不同视角。

在"跨文化阅读"的维度中,档案管理的陈老师穿梭在中美文化之间,通过影评形式分享了《大地》一书,对于同时深刻了解两国文化的她来说,每一个笔触无不流露着对东西方文化碰撞的深刻思索,在如今这个广开国门的时代,重读这本书,更加深了人们对这种跨越了文化与种族,兼具了交融与进步的时代情感的深刻领悟。

在这样的"新视界"下,沉浸式的作者竞猜与多形式的阅读分享,让全校教师不仅开阔了眼界,拓展了思维,也在不知不觉间拉近了他们与创新之间的心理距离,还学会了在日常教学中通过制造意外的方式来调动学生的积极性。更重要的是,教师们不再害怕打破学科界限,乐于参与跨学科教学项目开发的人更多了,持续学习、融合共享、协同创新的校园文化逐步形成。教师的跨界阅读不仅不是专业性的弱化,相反正是一种强化的重构,它打破了学科界限,不囿于

单一领域。跨出去的,是界限,而跨进去的,是另外一个新视界,也生长着教师
突围创新的思考力。

（案例来源:吴骏）

（二）逆向推演构建目标

在教师跨界学习目标的构建中,逆向推演法遵循的是自下而上的设计过
程,从底层细节"小问题"到顶层目标的逆向推导。即以希望产出的某个跨学
科教学项目或某项教学新实践为起点,通过对该教学项目或教学实践的内
容、方式等的具体构想倒推教师在设计和实施这样的跨学科教学或者教学新
实践中需要具备什么样的专业素养,再据此构建教师跨界学习活动的具体目
标。以问题解决为导向的教师学习较多采用逆向推演法构建目标。因此,要
特别关注起始教学问题的代表性和典型性,逆推教师某些素养的普适性以及
该素养在其他教学实践中的可应用度,尽可能拓展该教师学习活动所能产生
的效益。

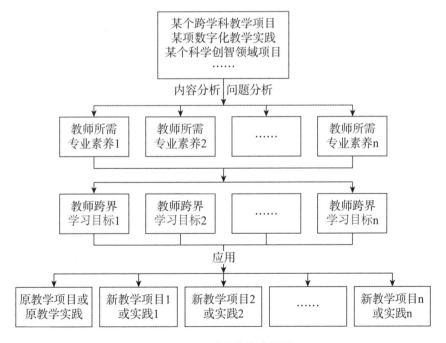

图 4 - 10　逆向推演建构图

以下以"掌握跨学科教学和项目化学习中的管理工具"教师跨界学习活动的策划过程为例,介绍逆向推演构建目标的过程。

【案例4-8】基于"老旧小区'上上下下'的幸福
——共奏集体生活的和谐乐章""卢湾中学的校园风景"
项目管理工具的跨界学习

道德与法治学科方老师正在开展基于真实问题情境的项目化学习"老旧小区'上上下下'的幸福——共奏集体生活的和谐乐章",让已经具备一定社会公共生活经验的七年级学生探讨老旧小区加装电梯的社会热点话题,借此正确认识个人与集体、社会的关系,并以设计一份社区加梯推进方案为学习任务。但当该探究任务作为长作业布置下去后,方老师看不到学生们的调研进展,不免对两周后的集体讨论有所担忧。同样的情况也发生在语文学科陈老师研发的跨学科学习项目"卢湾中学的校园风景"中。尽管陈老师设计了极具趣味性的驱动性问题:"在一年的学习生活中,你是否在卢湾中学中发现属于你的那片风景呢?卢湾校园纪实专栏现要征集你们眼中的卢湾校园风景一角,请制作你们的介绍短片吧!"学生们最终能否完成展示校园美景的视频作品,并将语文学科有关景物描写、点面结合、动静结合、有详有略、情景交融与修辞的知识与技能,以及信息技术学科有关固定镜头、运动镜头、景别、拍摄脚本与剪辑的知识与技能综合运用其中,陈老师心里也没有底。这反映出教师们对跨学科教学和项目化学习在实施中的学习指导能力还不够,缺乏对此类教与学新方式的过程性管理的具体方法和技能,且这个问题有一定的普遍性。因此,学校将近期的教师跨界学习以这两个项目为起点,基于跨学科教学和项目化学习实施中教师需要具备的学习指导能力,将跨界学习的子目标设定为掌握跨学科教学和项目化学习的管理工具,通过广泛发动教师寻找、集中研讨筛选和试用经验分享等形式,最终帮助全校教师掌握了三种常用的过程性管理工具:

第一类:创建项目团队日志

该方法要求在项目开始之初即有意识地培养学生的项目规划意识,在项目推进中要求学生通过团队日志来呈现项目进程,并自主开展过程性监控。这样既可以为学生自主制定项目计划积累经验,也便于教师及时了解学生遇到的问题,提供有针对性的指导。

第二类：提供半结构化的项目实施计划

教师根据某个跨学科教学或项目化学习的目标和内容设计半结构化的项目实施计划。布置项目时，先带领学生一起讨论、确定该项目实施的主要阶段，明确各阶段的标志性成果，并请学生自主制定各阶段完成时间。填写半结构化的实施计划能有效帮助刚接触跨学科学习或项目化学习的学生做好日程规划，也便于教师对项目推进情况进行过程性管理。

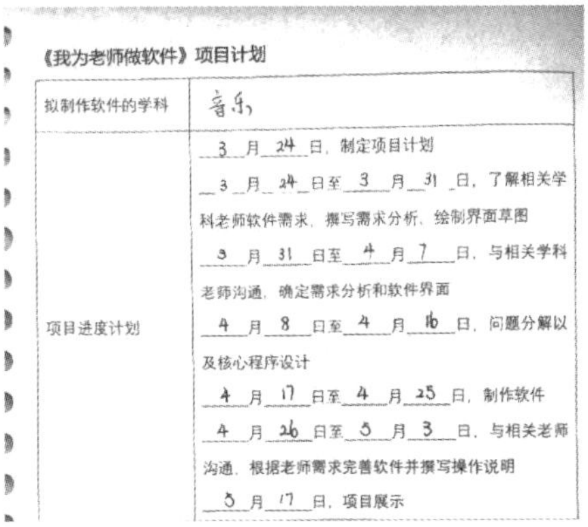
《我为老师做软件》项目计划

拟制作软件的学科	音乐
项目进度计划	3 月 24 日，制定项目计划 3 月 24 日至 3 月 31 日，了解相关学科老师软件需求，撰写需求分析、绘制界面草图 3 月 31 日至 4 月 7 日，与相关学科老师沟通，确定需求分析和软件界面 4 月 8 日至 4 月 16 日，问题分解以及核心程序设计 4 月 17 日至 4 月 25 日，制作软件 4 月 26 日至 5 月 3 日，与相关老师沟通，根据老师需求完善软件并撰写操作说明 5 月 17 日，项目展示

图 1　项目实施计划

第三类：制定团队项目规划表

对于已经积累了一定的项目化学习经验并有较强规划意识的学生，教师可以指导他们自主制定开放度更高的团队项目规划，明确阶段性任务、时间节点及其负责人。通过对所遇问题的记录，帮助学生及时发现问题、自主调整规划、积极寻求帮助。教师也能更具体地了解项目实施过程，及时提供所需的指导。

表 1　团队项目规划表

<table>
<tr><td colspan="5">项目名称：</td></tr>
<tr><td colspan="5">项目团队名称：</td></tr>
<tr><td colspan="5">驱动性问题：</td></tr>
<tr><td></td><td>主要解决的任务</td><td>主要的分工计划</td><td>汇报交流的时间</td><td>产生的主要问题</td></tr>
<tr><td>第一阶段</td><td></td><td></td><td></td><td></td></tr>
<tr><td>第二阶段</td><td></td><td></td><td></td><td></td></tr>
<tr><td>第三阶段</td><td></td><td></td><td></td><td></td></tr>
<tr><td>第四阶段</td><td></td><td></td><td></td><td></td></tr>
</table>

这样的逆向推演构建的跨界学习不仅解决了方老师和陈老师在开展跨学科教学和实施项目化学习时遇到的实际问题，也让全体教师都掌握了解决同类教学问题的通用工具及适用对象，更提升了教师们在教学实践中对学生开展过程性学习指导的意识和能力，从而能更好地引领学生开展深度学习。

在后续的教师跨界学习中，学校继续深化推进，将跨界学习的子目标深化为研发跨学科教学和项目化学习中的校本工具资源，在一次一次教师跨界学习碰撞中，研讨分析、实践运用、筛选迭代，将工具资源分类为课程资源工具、学习组织工具、思维支架工具、应用评价工具等多形态工具。诸如教师在项目过程中运用"KWH表"，引领学生梳理"已经知道、还想知道哪些问题"；又如通过"概念架构图"或"思维导图"梳理明确学科概念和跨学科概念；使用"流程图"，使团队所有学生都明确项目推进流程……同时在跨学科教学和项目化学习教师教学设计校本模型中，将"工具资源"作为设计的一个要素融入，引导教师在教学设计时充分考虑到项目实施中的过程管理和学习指导方式。

（案例来源：陈漱雯、方红艳）

总而言之，不论是正向推演还是逆向推演，其目的都强调基于具体的情境，通过综合分析、逻辑推演构建更系统、具体、务实的教师跨界学习目标；都要求在新知学习与实践应用的循环论证中不断筛选、打磨更有推广意义的教师跨界学习目标。这种逻辑推演过程"自上而下""自下而上"，双向路径具有"靶向效应"，有效提升了教师们的系统思考能力和自主发展意识，在参与跨界学习时不再仅着眼于解决眼前的实际问题，而是能更辩证地看待培养学生与发展自己之间的互动关系，从而更乐于通过跨界学习来全方位提升自己的专业素养。

三、以体验和探究为取向设计活动

教师的跨界学习是以"跨"为核心驱动点认知"陌生"知识的学习。要让教师们跨得出、悟得深、融得通，"如何学"是关键，设计好教师跨界学习活动，也决定了认知"陌生"知识的方式。基于跨界学习中异质群体的充分有效交流，学校以沉浸体验和问题探究为取向设计活动。沉浸体验与问题探究是吸引注意力、点燃跨界激情的有效手段,而内涵丰富、层层深入的活动过程是呵护跨界兴趣点、提升融合创新能力的关键所在。沉浸体验是一种基于活动情境的积极的心理状态,它会使个体在参与学习活动时获得很大的愉悦感,从而促使个体反复进行同样的活动而不会厌倦。先发散后聚焦的问题探究,提供了觉察问题的多元视角和协同攻关的情感基调,从而能充分调动团队中每一个人的智慧,拓展探究的深度与广度,实现更高层次的合作创新。以教师需要解决的、有意义的真实问题为原点创设跨界学习情境,在畅想课堂教学变革的教学情境中深化探究,从而使试教试用的情境具备了萌发新一轮跨界学习需求的驱动力……以体验和探究为取向设计教师的跨界活动,借助学习情境与教学情境的双向融通、步步深化,成为教师面向未来持续提升专业素养的有效途径。

(一) 沉浸体验式活动设计

沉浸体验式的活动设计强调"做中学"。它以学习者为中心,通过具体情境,经由全方位的体验,启发反思与行动,通常包含具体体验、反思观察、总结归纳和行动应用四个阶段。经过多年的探索,卢湾中学逐步形成了游戏体验和角色体验两类跨界学习活动设计。

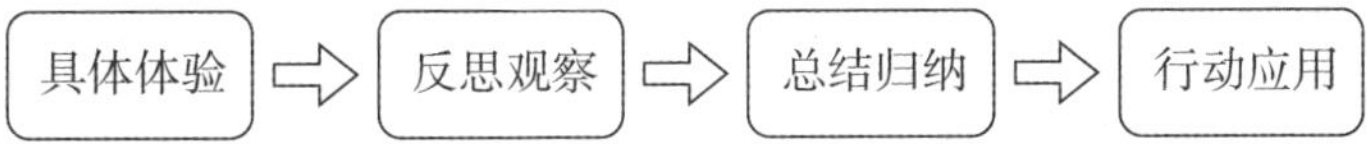

具体体验 ⇨ 反思观察 ⇨ 总结归纳 ⇨ 行动应用

图 4-11　沉浸体验式学习活动四个阶段

1. 游戏体验活动

游戏体验式的跨界学习通过精心设计的情境游戏,帮助教师克服对跨界的紧张焦虑感与自我怀疑,在不知不觉中走出舒适地带进入学习区,发展出能迁移至日常教学的观察感知能力或知识技能,从而让自己快速成长。以下以"心乐生慧"活动介绍游戏体验活动设计。

【案例 4-9】"心乐生慧"游戏体验跨界学习

在教师跨界学习素养课程的"艺术审美"领域模块中,学校为教师设计了一场"心乐生慧"的鼓圈游戏体验活动。首先,培训师通过互动操作,让参训老师了解"鼓圈"中非洲鼓、沙锤、棒铃、手铃、三角铁、木鱼组等各种打击乐器的音色与基本演奏方法。然后，老师们选择自己喜欢的打击乐器，围成一圈，在培训师的指挥下开始即兴演奏。打击乐是最容易上手的乐器，无须太多演奏技巧，培训师从基本的节奏型入手引导，由简入繁、循序渐进。近身聆听与协同演奏让老师们很快都沉醉于时而疾如骤雨，时而轻如扶柳的鼓声之中。音色和节奏的多样组合，创造出层次丰富的乐章，培训师基于老师们神情反馈的指挥，让"鼓圈"演奏产生了点燃情绪的魔力。虽然大部分老师是初次尝试用音乐表达情绪，但这种简单易行的沉浸式体验让每个人都真切地体会到酣畅淋漓的快感，激发了绵延演奏的自觉。

正当全场情绪激昂时，培训师悄悄退出鼓圈中央的指挥位置，成为众多演奏者中的一员。这精彩的鼓圈要戛然而止了吗？沉浸在兴奋中的音乐老师一个箭步冲入中心，手执牛铃，气场全开；体育老师又接过指挥棒，充分表现出艺体不分家的风范。之后，数学老师不遑多让，为节奏加了倍速，语文老师跃跃欲试，让鼓音有了古风……在这里，任何被创造出来的声音都是被允许的，它不是打击乐技巧的展示平台，而是个人情感的抒发，每一个人都是节奏的缔造者、情绪的推动者、跨界表达的践行者，一场即兴指挥让人感叹高手在民间。

当老师们体悟到艺术表达的魅力，激活了多元表达的热情后，培训者又带领老师们运用手中的打击乐器开展"听音寻宝"活动。寻宝者以引导者演绎的鼓声为线索，寻找培训师事先放置好的"宝物"。由于无法用语言及其他动作交流，寻宝者与引导者只能以鼓声的高、低、快、慢传递信息，只能用表情的识别与反馈技术来共商信息传递的规则。最后，给参训教师布置一个思考题：今天的音乐游戏能帮老师创生出哪些教学智慧？

心理老师谈到，鼓圈作为一种团体音乐活动，可以迁移到心理活动课中，让学生配合背景音乐去不断变化鼓点，改变心情，每个人也可以去感受彼此包容和彼此支持，提升积极的心理能量；音乐老师谈到，鼓圈这样的即兴节奏活动，可以运用到音乐教学，通过这样的活动项目为乐曲片段创作律动并一起合乐表现，突破印象派器乐音乐的教学难点；体育老师谈到鼓圈的体验活动有利于肢体协调，这样的击鼓活动经过巧妙化的游戏设计，可以融合运用到体育教学中，配合肢体变化，发展学生动作的敏捷性，也增加体育课程的趣味性和合作性……

（案例来源：吴丹）

在这看似玩游戏的学习活动中,环环相扣的活动情境,让老师们在轻松愉快的氛围中完成了一次与艺术的跨界拥抱,从游戏体验到思考观察到总结归纳,并在教学中付诸行动创新。一场跨界学习,看似"跨出学科",实则"跨入教学创新",有的老师学会了运用艺术元素调动课堂情绪的技巧;有的老师生成了突破思维定势、创新表达方式的经验;有的老师提升了通过表情识别被引导者思维状态的觉察能力,有利于在日常教学中面对不愿举手提问的学生创生出更有针对性的引导策略;也有的老师将活动体验基于学情变换设计,迁移运用到本学科教学中,形成新的学习情境和学习任务。游戏体验跨界学习于教师而言,有趣、有用、也有意义。

2. 角色体验活动

面向未来的教师需要更开放、多元、灵活。但在工作中长时间保持单一的角色,容易将教师的思维固化在某个学科之中,或局限于某类分工之内。这不仅不利于开拓思路,久而久之,还会堆积对跨界学习的畏难、抵触情绪。卢湾中学主要通过换科教学和轮值组长两类角色体验活动,帮助教师打破职业固着,实现跨界发展。

"换科教学"就是定期组织老师体验其他学科的教学任务,如生物老师教授科学、地理;化学老师教授劳技,信息老师教授社会学科。换科教学是真教实讲,必须精心设计和组织前期各项筹备活动。首先,学校通过组织跨界读书活动,鼓励广大教师学习自己感兴趣的非本学科知识。通过定期组织的跨界分享会,倡导教师通过多种形式分享自己的跨界体验。再通过观察分享会上与其他教师互动跨界知识的能力,筛选出更具换科教学潜力的"种子"老师,增配带教师傅。最终,经过一段时间的备课、磨课,换科教学才能实施。这样的体验活动确实会花费较多的时间,但换科的方向是教师自己感兴趣的领域,既有压力也有动力。带教、磨课的过程,师傅会对换科的徒弟有更大的包容度,更容易产出打破常规的教学思路。被选为"种子"的荣誉感以及真实教学的冲击度,给教师深度内化和应用跨界知识提供了源源不断的动力,从而在本学科教学中逐步形成集两门学科之长的特色。

"轮值组长"就是对不同层次的校内教研岗实行每周轮值制度。组内教师轮流当组长,统一教学进度、策划教研活动、研讨教学要求、撰写活动记录与总结。为了让教师能更好地胜任组长的工作,学校设定了先轮值跨学科教学项目召集人,再轮值备课组长,最后轮值教研组长的工作路线,由易到难。并规定原组长要根据每个轮值组长的具体情况提供必要的协助与指导,确保"轮值"不"虚值"。教师们在步步深入的真实换岗中增进了对彼此的理解,凝聚了对教研内容与教研方式的共识,改变了一味等待任务布置的被动学习心态,不仅提升了教师自我导向的学习力,还让轮值老师成为各种研修组织中的"中心"。

(二)问题探究式活动设计

课堂是"基于问题的解决"。问题探究式的教师跨界学习活动是由差异化的团队成员围绕需要解决的中心问题或需要教师关注的核心问题开展平等、开放、深入的探讨和研究,不同学科、不同学段的教师进行思维碰撞,呈现自己的观点和看法,在共研共探中对中心问题形成完整的理解,做出综合性的行动策略。中心问题的可发散度或核心问题的典型性对探究的深度有直接的影响。问题探究式活动通常包含提出问题、充分讨论、形成假设、探究解决、行动应用五个阶段。经过多年实践,卢湾中学主要采用主题派对和焦点解决两种方式设计该类活动。

图 4-12 问题探究式学习活动五个阶段

1. 主题派对活动

以主题派对形式来开展问题探究式的教师跨界学习,研修中教师们围绕要解决的中心问题或要关注的核心问题,基于自己教授的学科发表不同角度的专业意见,开启一场多视角的头脑风暴,激起教师们对研讨问题的深度探究和学习热情,广泛收集信息,形成知识共享,梳理出更丰富的知识脉络,达成对问题的共识,并将学习成果转化,研发更多的跨学科教学项目或运用于新的教学改革实践项目。

以下以"一带一路"跨界学习活动为例,介绍主题派对活动设计。

【案例 4 - 10】"一带一路"跨界主题派对活动

在学校某次"无边界思维坊"教研活动中,数学、语文、历史、地理、物理、科学、化学等学科的教师围绕"一带一路"这一主题开展了主题派对式跨界教研活动。教师们首先通过查阅相关资料了解"一带一路"的背景知识,又通过"一带一路"现场知识竞赛反馈了对"一带一路"常识的掌握,随后教师们交流起丝绸之路上有意思的故事和传说,大家充分了解了丝路历史和人文故事。经过相关知识的学习,大家又坐下来研讨,教师们发现各门学科都有交集,在学科的交叉地带往往会有新事物产生,然而学科交叉点又与创新有着必然联系。教师们在研讨过程中通过对社会热点现象的分析,揭示了这些现象中蕴含的知识领域,在交流、合作、探讨、共享中研发了新的跨学科课程。

经过学习与思维的碰撞,跨界教师们开发出了"丝绸之路"与物理融通的"电能的丝绸之路"(关注电力合作与再生能源),与科学、生命科学融通的"丝绸之路与葡萄酒"(中国葡萄酒业的发展与葡萄酒的酿造)和"从郑和远航看中国古人智慧"(坏血病的成因与中国古人的航海食物),与化学融通的"丝绸之路之茶卡盐湖"(盐的提取)等跨学科课程。

(案例来源:杨海蓉)

主题派对学习像是一次知识的狂欢,教师在学科探寻、派对交流、头脑风暴、梳理整合中打破了学习的界限,激活了跨界互融的灵感,充盈了知识储备,提高了跨学科教学的素养。

2. 焦点解决活动

焦点解决活动以教师们遇到的实际问题为驱动,要求以差异化的团队为单位,集体推进问题的解决:既要直面焦点问题,形成具有操作性的解决方案,又要充分利用差异化团队的资源,打造多元的问题分析空间,并在分析、比较、综合多种问题解决路径的基础上形成能从根本上解决焦点问题、避免问题泛化的行动方案。

以下以"蝉的面面观"为例,介绍焦点解决活动设计。

【案例4-11】"蝉的面面观"跨界焦点解决活动

部编教材《语文》八年级中有一篇截取自法布尔《昆虫记》中的文章《蝉》,是一篇说明文,其中提到蝉的幼虫的生活习性是"地穴常常建筑在含有汁液的植物根须上,为的可以从根须取得汁液"。我国古代文学家虞世南的名篇《蝉》中有"垂緌饮清露"的描述,与此相似。语文老师就在上课时补充介绍了这一名句。没想到,这竟然引发了学生的追问——蝉真的是吸取树木汁液吗?这不是对树木有害吗?从语文老师的视角来看,虞世南这样的写法更能凸显蝉的高洁品质。但这样学科化的回答真的能解答学生关于这个问题的所有疑惑吗?一场围绕"蝉"的跨界探究正式启动。

首先,语文老师邀约生命科学老师来解答蝉的饮食习性。生命科学老师来了兴趣,从蝉的生活习性角度谈了"垂緌饮清露"对植物的危害,认为与高洁品质并不相符。怎样才能给学生一个令人信服的答案呢?语文老师邀请各学科老师一起参与对蝉的习性与品质的理解的焦点讨论。

在发散研讨阶段,历史老师介绍了"玉蝉"在古人心目中的地位,美术老师介绍了蝉的"国画添香",物理老师则用科学的态度批判了"居高声自远"的问题,数学老师通过天敌数量的推演讲述了蝉的幼虫要在土里蛰伏17年对保持种群延续的重要性……整场研修妙语连珠,高潮迭起,从不同的视角为解答学生的疑惑提供了丰富的信息资源。在聚焦决策阶段,老师们通过综合比较,认为解答学生的这个问题主要涉及两个方面:一是蝉实际的生物习性,二是古人对蝉习性的象征性理解。但初中学生的认知特点和学习能力毕竟有别于教师,每个学生感兴趣的点也不尽相同,不能简单搬用教师跨界学习的头脑风暴方式来组织教学活动。

于是,基于团队全体老师的跨学科教学的经验,提出先开展《昆虫记》整本书阅读,在理科老师的协助下引导学生完成对蝉生物习性的全面探究,再开发"蝉'游记'"的跨学科教学项目,综合人文、历史、艺术等学科的内容,启发学生发现古人开展象征性理解的常用方法。最终以"我眼中的蝉"为题,请学生结合蝉的生物习性与象征性理解方法,介绍自己眼中的蝉具有什么样的品质,与古人的看法有什么一样和不一样之处。

(案例来源:陈思新)

这一焦点解决推动的跨界学习,不仅帮助语文老师跳出学科视角找到了更好的问题解答方案,解决了现实的教学难题,而且真实问题所引发的观点争辩与交融,教学相长所产生的知识拓展与情境转化等也对教师深度内化和应用跨界知识大有裨益。

活动设计既是吸引教师参与跨界学习的抓手,也是实现教师专业素养发展的载体。差异化团队虽然自带多维的知识空间,但也因为成员间有专业壁垒,容易使团队讨论止步于信息交换或互不理解的阶段,因此如何设计好跨界学习活动的方式显得尤为重要。以体验和探究为取向设计教师跨界学习活动,能让教师们积极投入"疯狂"的游戏、亲身的体验、自由的讨论、碰撞的思维、精彩的争辩、紧张的决策之中,有利于启动跨界深入交流和深度学习。从跟随体验到主导活动,从深挖本学科到综合构建脉络,在体验与探究情境演变的驱动下,循序渐进地提升跨界学习的深度,教师突围创新的思考力全面激活,与时俱进的知识力高速扩张,自我导向的学习力空前高涨,深度学习的领导力持续夯实。深度融合的博采众长实现了跨界学习"1+1>2"的功效。

四、以教师观念和行为的改变为重点实施评价

跨界学习是一种提升教师素养的专业活动,整个环节与操作中评价与反思必不可少。由于教师的跨界学习强调拓展知识视野、建构全局性理解,学习的内容往往是低结构化的,学习的结果(即延展出的知识与能力)还带有明显的个人主义色彩,难以通过统一的测试来检核教师们知识、技能、素养的提升情况。笼统地给予优、良、中、差的等级标签,也不适合在一个去中心化的组织中发挥评价促进教师学习的功能。本书第三章中陈述到学校教师跨界学习评估维度的架构,包含参与者反应、参与者的学习、组织的支持、参与者新知识与新技能的应用、学生学习五个进阶关键层级。同时学校将教师参与跨界学习纳入每学期的绩效奖励,设立多维度考核项目。无论是管理层面的学习评估维度,还是设立的考核项目,都兼顾过程性评价和结果性评价,并包含教师隐性观念、教师显性表现与行为、教研组织行为、学生学习表现等。要获取这些评估内容需在每一次跨界学习中进行相应的信息搜集,并及时记录。

卢湾中学在多年的探索中，通过档案袋法全面收集教师参与每一次跨界学习各方面的情况及每阶段专业成长变化，发现教师对跨界学习观念的更替先于教学行为的改变，并逐步形成以隐性的观念以及显性的教学行为改变为重点的综合评价方式，贯穿于每一次的跨界学习研修环节之中。

卢湾中学的教师跨界学习档案主要包括教师在学习活动中的参与表现，诸如时间、次数、讨论发言等，也关注教师在学习中质的变化，诸如跨学科教学项目研发情况、新项目的实施、公开汇报、课题研究、案例获奖、对外辐射等，还收集教师们在学习中的学习感悟、心得撰写、资源作品等。为洞悉教师对跨界学习隐性观念的变化，档案中还有教科研部门就相关重点问题所进行的教师访谈记录。为跟踪教师教学行为的显性变化，学校制定了关键行为分层评价表，并将收集到的跨学科教学行为数据纳入档案袋。以教师隐性观念和显性行为改变为重点实施评价，能更及时获取教师跨界学习的近期成效，调整改进跨界学习的组织、设计和实施，同时也有助于学校管理团队做好过程评价和绩效考核。

（一）对隐性成效的评价——教师观念的更替

教师跨界学习成效首先反映在教师知识观、学习观、价值观的隐性改变上。跨界学习不是要让教师彻底忘记自己是什么学科的教师，而是要让教师不满足于仅了解该学科内容；不是要让教师彻底脱离备课组、教研组等常规教研组织，而是要让教师不满足于只被动接受单学科的学习安排。跨界学习与传统分学科教研最根本的区别点在于知识的组织结构和教学方式。思想决定行动，行为反应理念。教师是基于过去的成功经验，向学生单向传递高度结构化的知识，演示知识应用的方法和技巧，还是面向不确定的未来，与学生一起在问题情境中探索、建构所需的知识脉络，在综合形成解决策略中创新知识的应用方法，这首先取决于教师自身的教育观念和育人价值。这些知识观、学习观、价值观的改变是培育教师与时俱进的知识力、突围创新的思考力、数字运用的胜任力、自我导向的学习力和深度学习的领导力的沃土。

学校通过分析教师定期撰写的跨界学习体会、研修感悟及在学校跨界论坛中的主题发言，了解其知识观、学习观、价值观的改变情况，观察教师群体和个体教育理念的更新状况，以此来初步判断跨界学习基本成效。

以下是音乐教师参加完"百变线条"跨界主题派对学习活动后撰写的学习体会。

【案例4－12】"百变线条"主题派对跨界学习感受摘录

我觉得这样围绕一个主题开派对式研讨很有意思！每个学科的老师都从自己的专业出发阐述了自己对"线条"的理解，让我大受启发。作为音乐老师，我认为音乐的旋律就是一种"线条"，根据音乐的特点，这个"线条"有曲折、有平坦、有连贯、有跳跃，甚至含有情绪。我有时在课堂上会要求学生跟随我一边哼唱乐曲旋律一边用手指比划旋律线，学生的手随着音的高低而上下起伏，随着旋律的进行特点时而流畅舒展，时而断断续续，我想这种手势活动就是对看不见的音乐的身体表达。今天的跨界学习，让我感悟到这种线条美和语文老师谈到的古诗中的曲线美、体育老师诉说的人体的线条美和美术老师眼中各种线条类型的美都应该有某种联系，这个想法好像在我心中种了草，好奇心促使我去查找资料、去思考、去跨越学科，去找到音乐学科的线条美与上述学科的线条理念之间的联系，我觉得自己的工作充满了奇妙的探索，从音乐学科跨出来，去融合其他学科，这似乎是我的使命！

（案例来源：杨海蓉）

从老师的感悟中，学校获取了一些基本信息并在档案袋中记录：本次跨界研修组织设计"主题派对"活动形式激活了更多教师的头脑风暴、互动分享，实效不错；研修促使了老师对其他学科的认知拓展；研修促使了老师去思考，激发了老师去探索。此外，在研修之后，音乐老师通过学科融合的理念改变，推动了行为改进。她主动探索后，发觉了数学"坐标轴"也是一种线条，这种线条"美"体现在工具价值上，于是她携手数学老师，共同以"音乐可视化"作为问题驱动，引导学生将音乐的旋律线绘制在数学坐标轴上，从而将理性的数学和感性的音乐两门相差甚远的科目联系起来，打破学科间的壁垒，助力学生用不同的思维认识和解决生活中的问题。于是，学校将其理念转变之后带来的成果输出也及时记录到教师个人成长档案袋。

此外，卢湾中学还通过定期访谈来收集教师对跨界学习的想法、教育观念的更新，持续了解教师的跨界动力，及时答疑解惑、加油鼓劲，并对跨界学习作质性评估。

以下是部分教师访谈的记录。

问题1:作为一名一线教师,您觉得教师跨界学习重要吗? 必须吗?

龚老师:作为一个普通的英语教师,我也在思考一个问题:英语老师教英语,需要"跨界"吗? 答案是:需要。我觉得今后的基础教育可能会发生一个很大的变化——每个学科从以本学科知识与能力体系转向以人的全面发展为总目标的学科教学体系。将有三个问题会呈现在教育领域:一个是在未来的社会当中,学校教育能为学生准备什么关键的生存能力? 其次是学生需要具备哪些良好的行为习惯、优秀品格和道德观念? 此外学生需要何种思维方式与思维能力,即"必备品格与关键能力"是什么? 以上面三个问题为基础,英语学科如何通过其教学内容,在培养学生英语运用能力的同时,将上述目标与英语学习结合,成了英语老师一定要"跨界"的最充足理由,所以我想要培养能跨界的学生,我自己要先学会跨界。

宋老师:语文学科的"跨界"其实是无处不在的。怎样能更好更有效地实践语文教学中的跨界? 我以为必须组织有效的学习活动,这样我们能从众多的"跨界点"中寻求"学科最佳融合点",提升课堂品质,以更优的方式最大限度地满足学生全面发展的需要,从而实现新课标学科育人的价值。

王老师:就拿我任教的道德与法治学科来讲,其实在教学中会涉猎多学科的知识,例如语文、历史、数学等,如果教师对其他学科内容一窍不通的话,那课堂上根本无法来应对学生的提问。特别是使用了部编教材后,对学科融合的要求更高了,因此,跨界的学习成了我平时在教学、备课的过程中不断推进的学习内容,我不断补充和完善自己的知识结构,同时也在课堂教学中适时地进行整合。借助跨专业、跨领域的学习活动,提升我们思想的路径、思考的深度,也促进我们的专业成长。教师需要在不同学科之间迁移和贯通,不停地进行跨界学习,来适应这个时代的教育方式,时代嬗变,教育遭变,生活回归,跨界教育成为一种必然和应然。

问题2:参与教师跨界学习活动能带给你什么呢?

徐老师:我觉得参与跨界学习能拓展自身眼界、激发创新灵感、挖掘教学潜力和提升思维能力。比方说我在学校里开设的"视频拍摄与剪辑"课程,这就是需要跨界才能完成的学习活动。拍摄需要的是艺术思维,剪辑则需要电脑操作的逻辑,学生要完成这样的过程,真的需要调动多学科的学习经验,运用不同的思维方式,才能让自己成功地完成视频作品! 而老师更加需要熟练运用摄影摄像艺术、文案撰写和编导理论、专业剪辑软件,培养学生的团队合作精神,这不就是跨界学习吗!

黄老师:跨界艺术欣赏活动不仅提升了我的艺术修养,而且也使我在自己的专业领域找到了共通的地方,真正地融会贯通。比如在我的英语教学中,特别在内容的剖析中,我可以抓住内容的一点,从学生们容易理解的或是熟悉的地方入手,带领学生学习其中的内容,这样深入浅出的教学过程,不会使学生感到一上来就难以接受,有了较易的切入口,学生就更有学习兴趣,那么对于老师后面布置的学习任务,学生也会有兴致学下去,能更好地完成老师布置的任务。

马老师:参加跨界学习活动后我觉得跨界学习是在现有的知识体系之外,再建立其他的知识体系,并让知识体系间产生链接,形成一个更大的知识体系网。跨越自己现有的知识边界,跨行业、跨领域、跨文化甚至是跨时空,在寻求有针对性的多元素交叉的新型学习方式下,能拓展视野、获得创新的灵感。以前我都觉得这些和我没有什么关系,直到我参加了培训,走进上博。结合自己的工作,想到英语教材中出现了许多与文化背景有关的地方人物及他们的故事。在教授教材中语言材料的同时也可激发学生更加深入地学习探求世界各国的历史人文,加深学习的欲望和兴趣。

宋老师:在观摩我校音乐和数学的跨界课程中,我意识到了跨界教学的优势在于将两项内容进行融会贯通,便于学生理解知识要点。加上初中体育多样化的教学改革,我对于传统健美操教学方法进行了思考。怎样才能激发孩子们上课的热情以及他们对动作编排的创造力呢? 我想,音乐可能会是一个突破口。在日常的教学过程中,我也会借助音乐来渲染课堂气氛,以音乐来刺激同学们的运动积极性。针对不同的练习项目,通过不同背景音乐的选择,激发他们的学习兴趣,提高他们的运动节奏感,提升他们的运动技术,从而提升整节体育课的课堂质量。

袁老师:教师通过跨界学习,吐故纳新,不断更新知识体系,不断整合知识结构,不断对教育教学问题进行反思。教育教学反思过程,让教师践行从实践到认识,到再实践再认识的过程,促进教师在深挖专业的同时拓宽认识领域,逐渐成长为复合型教师,以适应越来越复杂的教育教学要求。教育教学反思过程要求教师从单纯的知识传递者走向探究者、思考者，乃至成为专业素养纯熟的教育引领者。

从以上教师的体会和访谈中，可以捕捉到教师们对跨界学习的两点关键认识：第一，教师均认同跨界学习的必要性。因为新课标对学生的跨学科学习有明确要求，这是现实需求，要求教师必须了解怎样去跨界。第二，教师认为参与跨界学习活动能提升自己的思维品质，并帮助自己学会实施跨学科教学。跨界让教师可以取他家之长，充实和优化自己的学科教学，促进教师成为教育的排头兵、引领者。隐含其中的知识观、教学观、育人价值观的更替既能反映跨界学习的成效，也是未来推动跨界持续深入的不懈动力。

（二）对显性成效的评价——教学行为的改变

教师跨界学习的显性成效是指借由相关学习提升的知识力、思考力、领导力、胜任力、学习力等改变了教师的教学行为，提升了教学素养。作为一项指向深度学习的在职教师研修学习活动，无论是问题解决导向的活动还是素养发展导向的活动，学习的最终成效都应体现在教师教学行为的转变与优化，进而实现质变，提升专业素养。

每一次跨界学习研讨就是一次"知识输入"，学习思考之后教师们都逐渐将学习成果转化输出，在实践中孵化理念，在实践中运用体验，在实践中迭代生长，进而积累展现出跨界学习的成效。在跨界学习的评估环节，除了关注隐性成效，学校更聚焦在显性成效上，借用表现性评估对教师实施跨学科教学的表现进行行为分析。于教师而言，自主在实践中运用跨界学习中的各类"知识"，也是一种跨界学习活动。因此，对教学行为跟进评价也是对教师日常自主开展非正式、泛在跨界学习作用的肯定，更有利于维护自循环可迭代的教师学习生态。

下面以跨学科教学项目"设计'大山'"为例，介绍根据跨学科教学评价指标评价教师教学行为改变情况的方法。

卢湾中学基于多年的实践经验，总结了跨学科教学的设计与实施要点，并据此编制了关键教学行为评价工具。以下是运用该表对"设计'大山'"项目进行评价的情况。

表 4-6 "设计'大山'"项目评价量表

评价维度	评价指标及具体表现	实施情况及评价
项目研发 (10 分)	4 分:符合新课标理念和要求	评价: 与实践深度融合(1 分) 与核心的学科内容(跨学科内容)有机融合(1 分) 关注学生关键能力和核心素养(2 分)
	3 分:符合学生认知体验	评价: 符合学生年龄特点(1 分) 符合学生知识储备(1 分) 符合学生技能基础(1 分)
	3 分:符合项目选择三原则	评价: 大概念/大任务,关注学科整合(1 分) 真实,基于社会生活(1 分) 有意义,关注儿童经验(1 分)
设计情境 和 驱动问题 (20 分)	20 分:教师对问题的阐述清晰、具有吸引力和挑战性。实施内容以问题为导向,过程合理,注重问题探究过程,明确预期形成公开的成果。 15 分:教师提出明确的问题。实施内容以问题为主。具备对内容与过程的简介,教师对学科结合有一定思考。 7 分:教师阐述了基本问题,有项目活动的大致内容和基本过程,但教师对学科融合缺乏深度思考。	情境问题: 地球被科学家们称为"生物圈一号",然而地球的生存环境日益恶化,为了帮助人类了解地球是如何运作的,并研究在仿真地球生态环境的条件下,人类是否适合生存的问题,美国在亚利桑那州建立了"生物圈二号"实验基地,历时8 年,耗资 1.5 亿美元……然而,这个庞大又令人激动的设计却最终以失败而告终,难道人类就真的没有第二个家园了吗?难道曾经的梦想真的不能在未来被实现吗? 理想中的"大山"模型会不会成为人类的第二个家园?2019 年,"生物圈三号"模拟实验再次重新启动,勤于思考、勇于探索的孩子们,基于已有的地理和生命科学相关学科知识,用自己的努力,寻找并设计一座"理想中的'大山'"作为人类新生存基地的前站,"大山"选址何处?因何缘由?如何构建"大山"的生态系统以模拟人类的第二个家园? 评价:运用了产品设计导向,设计了驱动问题(5 分); 驱动性问题体现了开放性、挑战性、动态性和创新性;(10 分) 驱动性问题指向清晰,激发了学生参与研究兴趣(5 分)

（续表）

评价维度	评价指标及具体表现	实施情况及评价
梳理核心知识（10分）	10分：教师在教学设计中对项目涉及的每个学科的核心知识点梳理清晰、完整，并且明确指向项目的问题解决。 7分：教师对项目涉及的每个学科核心知识点做了罗列，基本能围绕该项目要解决的问题开展。 4分：教师不能完全罗列出本项目学科核心知识点，不能非常明确地指向项目的问题解决，需要进一步思考与修改。	① 位置：包括海陆位置、经纬度位置、半球位置（山体的阳坡和阴坡） ＊学生建构山体首要考虑的就是其地理位置，距离海洋的远近、所处地带的纬度均会对该山体的降水和气温情况形成制约和影响，山体的半球位置还会影响到该山体的阳坡和阴坡分布，对于后续植被的选种影响较大。 ② 气候特征：包括降水、气温分布（包括温度带、活动积温）、盛行风向（山体的迎风坡和背风坡）、洋流及其影响 ＊气候因素是后期建构植被群落的重要影响因素，气候因素中需要考虑当地的降水总体分布情况和特殊地点的分布，例如受盛行风向影响下的迎风坡和背风坡的降水区别。气温的影响会直接制约植被选种的实施，除了考虑前述纬度地带的基本影响外，山体海拔高度的因素也应在重点考虑范围之内，除此之外，洋流也会对山体的选址产生较大的影响。 ③ 植物的基本类群 ＊通过之前的学习，学生知道生物分类的方法、植物的基本类群及其特征。在"大山"的实际设计中，学生将应用该知识，选择合适的植物"种植"在"大山"中，构建植物群落。 ④ 生态系统的组成及其相互关系 ＊学生通过学习知道种群的概念及其变化规律，知道生物与生物、生物与非生物环境之间的关系。在构建"大山"项目中，学生将运用以上知识，进一步探究植物与其生存环境"大山"之间的关系以及不同种群植物之间的关系，以构建最合理的植物群落。 评价：本项目在教学设计时，对项目涉及的地理与生物核心知识梳理清晰完整，指向问题的解决。（10分）

（续表）

评价维度	评价指标及具体表现	实施情况及评价
提炼 关键概念 和 本质问题 （10 分）	10 分：教师对关键概念阐述精练，直击项目问题。核心概念能指向学科大概念、大任务。 5 分：教师提炼了基本概念，但需要进一步明确项目问题导向。	关键概念： ① 山体垂直地带性分布 ② 植被随海拔变化的分布 本质问题："大山"上选种的植被如何与所处地区的地理环境相适应？ 即通过研究"大山"放置的地理位置、山体布局的植物群落等相关内容，探究地理环境与植物群落之间的相互联系，希望通过这一探索，寻求人类的另一种未来。 评价：教师运用了概念架构图工具来完整梳理概念，自然建立起两个学科的桥梁；本质性问题设计清晰，指向学科上位大概念，问题聚焦。 （9 分）
教师 学习指导 （30 分）	30 分：教师在项目实施中能设计好子问题链或任务串，给予学生学习支持，做好小组分工，引导学生自主建构知识。在项目推进中，能运用好工具资源和团队资源，助力项目的管理和实施。在教学实施中，教师能根据学生的表现鼓励持续性的探究，学生思维进阶性发展，能创造性地解决问题。 20 分：教师在项目实施中能推动学生开展项目研究，基本按设计实施，大部分学生能跟随老师的步骤和要求开始探索，学生能完成问题研究，但创造性思维一般。教师对工具资源和团队资源运用不太充分。 10 分：教师在项目实施中无法引领学生落地或组织效果不佳，需要修改调整。	评价： 本项目实施中，教师运用任务串方式，帮助学生建立明确的学习过程，助推学生能清晰地从定义问题—明确任务—文献学习—建立假设—形成设计—评价修正—成果公开—反思回顾，经历项目探究的环节。教师给予了动机激发、规则引导、目标分解、解答疑惑、资源提供、评价改进等各种学习支持。 项目中为了让学习更安排有序，教师运用了 KWH 表、项目管理学习日志、概念架构图等工具资源，同时引入了华东师范大学、卢湾高级中学的生物和地理学科专家及教师团队，给予学生更好的指导。 学生的思维变化，从入项聚焦地理与生物知识点，到项目初期以学科间关联为思考，到项目中期以大山设计并选材制作为思考，再到项目后期进行可行性分析、人地关系与生态平衡分析。整个思维不断发展，从琐碎的知识点上升到学科间关联概念、上升到策略；认知水平从识记理解上升到在新的问题情境中的创造，更产生了学生个性化的表达。 （28 分）

（续表）

评价维度	评价指标及具体表现	实施情况及评价
学习评价设计与实施（20分）	20分：学习评价设计合理科学，注重过程多元评价，结果多维度评价，贯穿项目。对成果评价要体现学生对跨学科项目问题情境探索的结果。 15分：能设计项目的学习评价，对学习过程和学习成果评价不够全面，参与主体不够多元。 8分：未能在项目中设计好学习评价，或者评价实施不科学合理。	评价： 本项目在评价中使用了学生自评、互评，教师评价、专家评价和家长评价，评价主体体现了多元化，并贯穿于项目的中期和项目的出项。本项目的成果包含设计方案写作成果及动手创作成果。写作成果包含了"大山"设计预案、"大山"选址分析、"大山"选种植被分析；在创作成果评价维度上包含了知识范畴、成果演示及整体方案设计。整个成果评价包含个人成果和团队成果。 本项目在评价中充分体现了发展性原则、主体性原则和多元化原则。 （18分）

　　该评价表是对教师从项目研发、项目设计到实施的全过程关键教学行为的评价。其中，项目研发阶段重在考查教师全面构想、科学设定、研发合理、理解课标、认知学情等各种要素的能力。设计阶段突出从驱动问题、核心知识、关键概念、学习评价等维度进行项目设计的能力，避免片面追求活动形式的出新出奇，脱离核心素养培育的目标。实施阶段强调教师跨界学习提升的知识力、思考力、领导力、胜任力、学习力等不能停留于纸面，要在实践情境灵活应用，侧重于跨学科深度学习中教师的学习指导能力和学习评价能力。

　　基于教师在跨学科教学中教学行为的显性表现而制定的观察与评价量表不仅提升了评价的可操作性，也便于教师明确跨界学习显性成效转化的关键点，从而更有针对性地投入跨界学习之中。学校也能通过定期的评价，了解教师在行为转化上面临的问题与困难，从而有针对性地组织相关主题的学习，提供更切合实际需要的指导，加速教师跨学科教学素养的提升。可见，这种对显性学习成效的评价，重在跨学科教学实施质量分析与教师教学行为转化支持，能更好地达到以评促建的评价目标，更适合教师的跨界学习。

　　以教师隐性观念及显性行为为实施重点的成效分析，是一种体现表现性评价、综合性评价和增值性评价理念的新型评价方式。这种评价融于教师跨界学习活动的进程之中，以呈现学习状态、洞悉学习需求、研判学习走向、提供学习支持为重点，能有效破除形式化、功利化的评价弊端，增强评价的反馈功能，为学校管理者及时而全面积累五个层级评估维度的信息。无论是跨界学习的提议者、策划者、组织者还是普通参与者，对评价指挥棒不再产生畏惧情绪，还因能从中获得切实的指引和帮助，而对评价活动甘之如饴，从而沉浸到"学习—评价—再学习"的良性循环之中。

五、以关键信息为依托优化操作

完成了对跨界学习成效的评价并不意味着跨界学习的结束，基于评价结果优化操作才是最根本的目的。作为一种植根于教学实践的教师学习，跨界学习中不乏评价与改进跨学科教学项目的研讨活动，但这里所说的调整与优化是针对教师跨界学习活动本身的。档案袋法沉淀了大量教师学习的资料，从中梳理出若干关键信息，持续跟踪、对比，对进一步完善教师跨界学习的主题选择、目标构建、活动设计等大有裨益。多年来，卢湾中学牢牢抓住跨界学科分布、学生素养提升情况与师生课堂体验三个关键点，不断优化教师跨界学习的实施。

（一）依托跨界学科分布优化学习主题

教师跨界学习的起点是开阔眼界。虽然对每个老师来说，他可以根据自己的兴趣自由选择跨界学科，但对整个学校来说，为了让教师形成更综合的分析问题、解决问题的能力，既不希望教师的知识囿于所教学科，也不希望仅止步于某个兴趣点。因此，学校要定期了解教师们自主跨界的学科分布。若发现某个学科占比过重，或某个学科空缺时，即要反思造成这种局面的原因，并通过调整教师跨界学习的主题选择，组织更广泛的通识学习来拓宽教师的兴趣点，激活跨界新思路。

以下是 2022 年 10 月统计的全校教师跨界学习所涉及的学科分布。

表4-7　全校教师跨界学习学科分布情况

学科	占比	学科	占比
语文	71.43%	生物	31.43%
数学	62.86%	道德与法治	26.67%
英语	29.52%	科学	53.33%
物理	40.00%	美术	64.76%
化学	32.38%	音乐	51.43%
历史	47.62%	体育	28.57%
地理	48.57%		

在学校范围内追求跨界学科分布相对均衡,有利于形成更具生命力和创造力的教师成长生态圈。在各类正式、非正式的展示交流中,参与跨界的学科越多,教师能自然接触到的知识领域就越广泛,潜能挖掘就越充分。同时,一个知识场域更全面的学校,也能更好地满足学生差异化的发展需求,实现师生综合素养的教学相长。

(二) 根据学生变化优化学习目标

教师跨界学习的驱动力是培育出能肩负起民族复兴重任的一代新人,创造性地突破各种"卡脖子"的技术难题,让中华民族实现从"跟跑"到"领跑"的华丽转身。卢湾中学通过问卷调查定期跟踪学生创新素养的变化情况,从而能针对教学薄弱点优化教师学习的目标。以下是2022年10月调研学生"无边界"课程(即各类跨学科教学项目)对提升创新素养是否有帮助的调查结果。

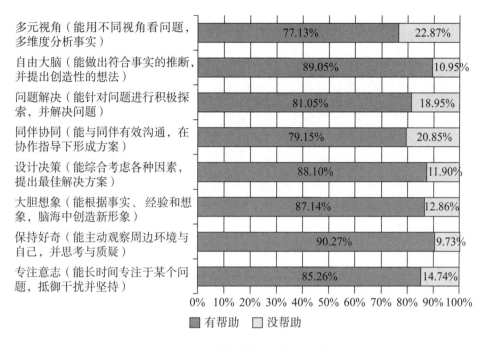

图4–13 "无边界"课程提升创新素养调查结果

上述数据显示,学生在采用不同视角看待问题、多维度分析事实上存在更多困难。为了解决这个问题,卢湾中学逆向推演了若干教师跨界学习的目标:一是组织教师学习打破思维定式的常用方式,二是研讨将逆向思维、横向思维、发散思维等非常规思维方法应用于跨学科教学项目的方式方法,并创设了主题派对这种教师跨界学习形式,通过对常见教学主题开展跨学科的头脑风暴,帮助教师先活化自己分析问题的视角,再探究培养学生的有效方式。

此外,学校还委派心理教师深入了解学生不能长时间专注于跨学科任务的情况,发现学生在创新实践中容易半途而废的原因主要有两点:一是这些学生依赖心理比较重,探究小组内常有能力强、责任心重的"大神"级同学,他们认为由其包办产出的成果可能比合作产出的获得更高的分数;二是缺乏问题解决能力,在面对相对陌生的活动任务时确实不知如何入手。

对此,学校又组织教师开展了"优化小组合作支架,提高问题解决能力"的跨界学习。下面以跨学科教学项目"百年时空·立方展馆"为例介绍相关情况。

【案例4-13】以学习评价优化小组合作,聚焦学习任务
——以跨学科案例"百年时空·立方展馆"为例

"百年时空·立方展馆"是一个基于党史学习教育、信息技术和道德与法治学科的跨学科教学项目,指导学生运用建模思想设计有特色的党史展馆。在整个活动中,学生被分成若干个展馆设计组,共同完成资料收集、设计美化、模型制作、汇报展示等任务。为了避免学生因不了解完成相关任务方法而退缩,教师们在跨界研讨时要对学生不熟悉的三类探究任务设计更细化的评价表,让每个学生不仅知道要做什么,还知道怎么做,如何改。经过多次修改,各类探究任务的评价表最终制定如下:

表1 各类探究任务的评价表

	任务	要求	评分标准
资料收集	1. 收集不同时期的资料	能体现迄今为止中国共产党发展历程中的重要历史阶段。呈现新民主主义革命时期、社会主义革命和建设时期、改革开放和社会主义现代化建设时期发生于上海的中国共产党历史大事件。	7—10分:资料查找精准,分类合理,数据库建立完善,无科学错误,并主动进行论证修改。
	2. 收集不同种类的资料	有代表性地展现分布于上海各区县有关中国共产党历史的第一发生地、纪念馆、博物馆、名人故居和城市规划等。	4—6分:资料查找准确,分类较为合理,数据库建立较为完善,基本没有科学错误,针对疏漏之处进行修改。
	3. 按地区对资料分类	对上海地区划分合理,便于在空间上定位党史资料。	
	4. 建立资料数据库	通过建立数据库,掌握excel来进行史料的分类。体现从多种渠道搜集历史资料的能力。从中分辨不同史料的价值,初步掌握史料实证的能力。	1—3分:资料查找不够准确,分类不够合理,数据库建立不完善,修改不够积极。

（续表）

	任务	要求	评分标准
设计美化	1. 设计展馆内不同时期、地区、种类的党史资料的展示方式 2. 编辑、美化展示的党史资料 3. 展馆周边产品设计	布局合理、风格鲜明、有设计感。周边产品(如宣传单、指路牌、纪念章等)实用、有特色。	7—10 分:能根据资料设计场馆风格,红色主题鲜明,有创新点,设计有思考,美观且有卢湾、黄浦和上海特色。
			4—6 分:风格设计与资料相关,有红色主题,有思考,美观。
			1—3 分:风格设计与资料无关,红色主题不够鲜明。
模型制作	1. 草图绘制 2. 模型搭建	草图能清晰完整地展现模型三个维度的设计。鼠标键盘遥控器设计快捷,能方便观看党史资料。搭建的实体模型能完整地呈现场馆设计。	7—10 分:草图绘制准确,无科学错误,设计合理,有创新点,并主动根据教师指导修改完善。
			4—6 分:草图绘制较为准确,设计较为合理,有思考,能根据教师指导修改完善。
			1—3 分:草图绘制有明显错误,设计不够合理,待修改完善。

　　此外,为了避免小组合作演变成独挑大梁,教师们在跨界研讨时还提出要制定每个人参与小组合作情况的评价表,并在最终的综合评价环节弱化成品质量的比重。经过几次迭代,最终设计的个人评价表如下:

表 4-8　学生个人评价表

	10—20分	0—10分	得分
1. 时间节点把控	能按时完成小组分配的任务并提交成果，不拖拉，有所提前，便于修改。	有超时提交。	
2. 个人完成度	对于任务内容理解准确，完成度高，有个人的思考和创新。	完成度不足，任务理解有偏差。	
3. 合作探究协作	能和组内成员及时交流，互相取长补短，共同探究，组内关系和睦。	交流较少，合作不足。	
4. 反思修正完善	能在每次指导讨论交流后，主动反思，有针对性地修正任务成果。	需要督促，修改方向把握不够。	
5. 汇报呈现	能大方自信地参与阶段汇报，阶段任务呈现效果好。	由他人代汇报，或汇报过简。	

（案例来源：陈潋雯）

评价表将任务具体化，将要求明确化，并强调了小组合作对开拓思路、突破创新的重要性。这些小组合作的支架打破了滋生依赖性心理的氛围，并为学生参与创新提供了个性化指导，有助于从面上提升学生投入创新的专注度。跟踪、分析学生创新素养变化情况是优化教师跨界学习目标的有效途径。

（三）基于师生体验优化学习内容

教师跨界学习最终实现的是师生综合素养的协同成长。教育是一棵树摇动另一棵树，一朵云推动另一朵云，一个灵魂唤醒另一个灵魂。关注各类参与主体的真实感受，才能优化出行稳致远的教改新样态。学校定期收集师生对各类教育创新举措的意见和建议，针对大家感受到的问题组织教师开展专题学习与研讨，为落实教改新理念迭代出更适宜的操作方式。以下以语文学科教师跨界学习内容的演变为例介绍相关情况。

【案例 4-14】《枫桥夜泊》跨学科案例

语文学科的跨学科教学通常可采用组织学生开展古诗文吟诵、表演、演唱等方式进行。这样的学习方式不仅可以反复揣摩诗歌,也给学生提供展示的平台,一堂堂生动有趣味的诗文展示课由此而生。根据跨学科教学的实际需要,语文老师邀请艺术学科教师共同备课,请音乐老师指点朗诵配乐,请美术老师参谋服装搭配,请舞蹈老师指导编舞演绎……先对各个教学环节精雕细琢,再自信满满地走进课堂,与学生共演一场"文""艺"盛宴。

语文学科组的"文""艺"跨界一直运行良好。陈思新老师在准备《枫桥夜泊》跨学科赏析时,"夜半钟声到客船"让她突然想到一个理科问题——为什么夜里山上的钟声会传到水面上? 为了探求答案,她邀请科学、物理、化学、地理老师参与备课,也设计了抛出问题—合作探究的教学环节。但真到上课时,当有的学生说"是因为夜里比较安静",有的说"是钟声敲得比较响"……面对五花八门、莫衷一是的答案,陈老师拿着备好的教案突然觉得底气不足,不知道该怎么应对学生们的追问。课后学生们也反馈课是有趣的,但钟声的问题还是没明白。

总不能激发了学生的好奇,却最终收获一个"无解"吧! 跨界备课的老师们围绕这个问题又展开了热烈的讨论,认为只有教师先储备丰厚的语文知识和科学知识才能从容应对课堂即时生成的综合性问题。但教师很难在短时间内高质量地完成跨界知识储备,协作教学或许是解决此类问题的一种方法。于是,备课组将这个教学环节的学生合作探究改为在"智囊团"导师的协助下开展合作探究。科学、物理、化学、地理等学科的老师从幕后走到台前,根据学生现场提出的问题有针对性地进行指导。换班教学后,学生们反馈收获满满:"没想到一句诗的背后,蕴含着丰富的物理和地理知识!"而最先提出这个问题的陈老师,也借由"智囊团"与学生的互动问答对这个问题有了更深入的理解——除了夜晚可能更安静外,夜晚时地面温度比空气温度高,温度高,声音传递得快,山上的钟声就能传播到客船上。

(案例来源:陈思新)

首次协作教学成功后,教师们在跨界学习体会中写道:文理贯通有助于学生综合素养的提升,但常规教学方法的难度大,协作教学能很好地解决这一问题。但协作教学不是半节语文课加上半节物理课的简单结合。只有将不同学科教师的教学引导有机融合起来,才能帮助学生建构起对这一问题的综合性的思考。不然就仅仅是在不同学科老师的带领下串联式地思考了一系列子问题而已。于是,语文老师与其他学科教师的跨界合作从"一同备课"步入"协作教学"的新时代,跨界学习内容从研讨跨学科教学设计转向研讨如何在各教学环节中发挥各学科教师的优势,增进教学默契,打造更开放、综合的知识空间。

之后,学习了"风,从哪里来"跨学科教学项目的学生反馈:在物理老师的启发下,经过两周的实验,我们验证了"风是空气从高气压运动到低气压形成的"这一结论。我们都非常开心,毕竟我们还没有学过物理学,但通过物理实验可以让我们直观地理解物理学原理,这对我们来说是一种全新的体验和挑战。这样的学生反馈进一步激励教师开展协作教学方法的跨界研讨。教师跨界学习内容时刻跟随着师生的体验而变化,使得原需"破釜沉舟"的创新变革也有了让人不禁想要亲近的新样貌。

教师跨界学习的路径与环节,以正逆推演为路径,从确立主题—构建目标—设计活动—实施评价—调整优化,每一个环节都是让跨界学习更有实效,更接地气。双向路径和五大环节不断突破教师学习之边界,在"跨界"中解决问题和瓶颈,积蓄教师个体专业能量,激励组织创造更大价值。当一个学校真正形成"无边界"成长的文化和氛围,更多的教师跨界学习是非正式和泛在的,或许也可能没有什么固定的环节和流程。但在我们朝那个目标努力的过程中,以上路径与环节可作为点燃教师跨界热情的火种,作为攀登面向未来的专业成长之峰的垫脚石。当然,兼顾短期需要和长期发展的理念,在学习与应用的循环中双向推演的方法,关注参与者体验与感受的思路,以及指向行动改进的综合评价方式,任何一种教师跨界学习形式都值得参考和应用。

第五章

成就可持续发展的专业品质

联合国教科文组织提出："教育始于教师，复兴始于教师。"教育质量的提升，教育的高质量的发展，关键点在教师，发力点在教师，最终希望点也在教师。新时代中学生的培养、学校的发展，都与教师的专业品质息息相关。跨界学习即是卢湾中学多年来为应对信息时代和未来社会挑战，发展学生核心素养，发展教师"全域素养"而探索开发的教师专业学习的新模式。

通过多年的实践，卢湾中学以跨界学习提升教师专业素养，已然成为滋养教师生长的沃土。教师群体在跨界学习中不断突破自己原有的最近发展区，突破边界去思考，探索"陌生""未知"的盲区，改善知识结构，进行知识的纵向深入和横向连接，形成纵横贯通的知识体系，这是一条提升与时俱进的知识力的有效途径。在此基础上，跨界学习由知识层面延伸到思维层面，不断激活教师学科思维的深度融合，完成多元学科的融合，从而在教学实践中成就了师生共同的跨界探索，让他们的思想从固有的框架下解放出来，进而产生跨界、跳跃、自由的畅想，促进了教师形成突围创新的思考力。跨界学习也助力教师学会从动手与动脑、学习与创造、自我与社会协调、工具与技术的角度来整体设计、完善跨学科教学和数字化转型，成为学程的"设计师"，教师也逐步把在跨界教研活动中的跨界融合思维引入到课堂教学，把数字技术这一边界物件引入学习并与之产生潮流互动，不断激活学生的深度学习和思维多向拓展，也发展着教师自身的深度学习领导力和数字运用胜任力。知识无边，学习无界，跨界学习为教师创造了一条生生不息的自我成长与提高通路，教师浸润在"跨界"研修文化中不断自我内化修炼，自主实践研究，自我反思改进，提升了教师自我导向的学习力。

实践证明，教师跨界学习打通了以"五大核心能力"为特征的学校教师"全域素养"发展通路，将学校构建的"能力系统"与"实践系统"实现双向互通，也成就了以教师的"全域素养"育"完整人"的价值追求。

一、促进了知识的全方位迭代更新

"知识"是学校中最关键的资源，既包含教师个体知识和教师群体知识，也包含显性的本体性知识、实践性知识和隐性的教学智慧、思维。我们把知识管理理念引入跨界学习管理模式,使知识管理与教师全域素养发展形成动态循环。

在跨界学习过程中,教师通过对学科、学段、外部社会、场所等边界的跨越,不断提升自身的专业素养。在跨越学科边界中,教师与同伴群体针对特定问题进行深度对话和思维发散,不仅加深了教师对本学科知识的认识和理解,还由点及面扩宽了知识广度。教师与社会群体对话,更是跨越教育与社会、与生活的边界,为提升知识结构的整体性和与时俱进性提供了空间和可能,开拓出新的学习生长点。教师与专家群体对话,便能进一步拓展教师的理论视野,从纵深层面认识教育的本质。教师的跨界学习活动,为教师专业成长打开了新的更广阔的发展空间,使教师知识的优化进入了新的更高境界。

我们对"无边界思维坊"的教师进行问卷调研,了解这些身处跨界学习第一线的教师对跨界学习的感受与收获。问卷调查数据显示,82.35%的受访教师认为通过跨界学习有效促进了教师知识的全方位提升;88.24%的老师认为跨界学习促进了更广泛的学习,拓宽了知识广度,有助于知识结构整体性的提升;85.29%的老师认为通过跨界学习促进了教学方法的优化;88.24%的老师认为跨界学习促进了问题解决的多元视角和知识理解的纵深发展。

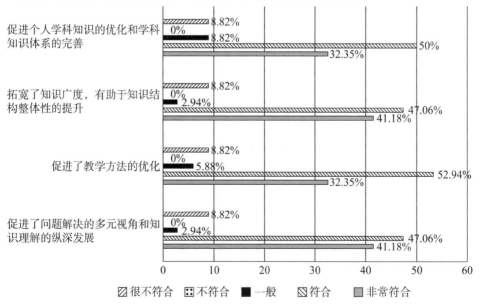

图5-1 跨界学习优化知识能力

（一）边界消融，拓知识广度

学校努力共创教师跨界研修的愿景"在变化的时代改变自己"，致力构建学习共同体，倡导"去中心化"学习研修。诸多教师积极转变教育教学观念，从个体知识与群体知识的共享中汲取营养，营造了一种自由共享的研修文化。教师参与跨界学习时，带着狭隘的"专业"自我来到学习共同体，经过两种及以上不同学科内容、思维等的融合，在异质性知识越来越多的影响下，专业的边界逐渐消融，教师获得更多足够弹性和灵活性的知识，有效激发了教师学科知识、一般教学法知识、学科教学法知识、课程知识、情境知识和个人知识广度的拓展，激发了知识结构全方位的更新生成和优化提升。

【案例 5-1】一位年轻教师的"走出去"与"引进来"

在每周一次的"无边界思维坊"中心组活动中，我与老师们或是体验乐高与人工智能的结合，或是体验音乐在生活中的痕迹，或是就某一个问题展开多学科的联合研讨。例如在执教《梦回繁华》一课时，我向化学老师请教了色着于绢而千年不褪的奥秘。此外，美术老师从艺术的角度表达对《清明上河图》的解读，介绍画家张择端在中国美术史中的地位；历史老师由北宋工商业空前繁荣讲述到画卷所展示出的繁华，以及为何在北宋会出现这类民间风俗画，不仅如此，还深入介绍了这幅画作中所体现出的北宋政治弊病等。通过这样的研讨，不仅给老师们奉献了一场知识盛宴，还共同研讨出一节跨学科课，以教师知识融合下的深度思考带动学生的深度思考。

在卢湾学区跨学段研修中，我与高中带教老师以新闻板块为例，探讨实用性文本在初高中教学的衔接，由此更深入地了解到很多初中阶段涉及的知识纵然中考不考或很少考，但在高中却是重点内容，所以在学习中，就需要初中打地基，高中建高楼。鉴于此，针对新闻板块，我们在初中阶段开发了"新闻眼 校园行"这一初步感受新闻项目，在高中阶段开发了"新闻眼 社会行"这一深入学习新闻项目。

此外，我们还突破空间边界，到各类场馆中，到各个行业中。例如，语文组教师基于视野的开拓，开发了"建设昆虫博物馆""我的国宝会'说话'"等项目。

"走出去"的多了，"引进来"的也便多了。教师在日常的教学中，不断走出学科、学段的束缚,走出空间的圈定,不知不觉中各种各样的知识、更为丰富的思维方式、更多的教学方法也被引进到了自己的知识体系中。在不断"走出去"与"引进来"的过程中,我们还开发出了跨学科项目"梦回宋朝——开活版印刷店""'陋室'不陋——《陋室铭》微项目教学""物换星移之'现代闰土'"等。

(案例来源:闫锋)

教师是学校发展的力量,学校为他们的专业发展提供了"为有源头活水来"的诸多方式和途径,"引进来""走出去",不断跨越学科、跨越学段、跨学区、跨越学习空间……跨越一切阻碍知识延伸触角的"界",然后为自身的知识体系引入源源不断的"活水"。

跨界学习跨越学习的边界,突破学科的边界,拓展了教师的知识广度,让教师既基于学科,又能"跳出学科教学科",孵化了大量的"无边界"跨学科学习项目。

【案例 5 - 2】跨界学习,打开美育教学的广度

卢湾中学美术组教师在一系列跨界学习中,通过寻找、研究自身学科与其他学科的联结点,在多元研究视角中激发出美术项目化学习的研究,并在研究中开拓出一条探索美、发现美、创造美的校本实施路径。

在跨界学习的初期,美术组两位老师在诸多问题上与各学科其他老师建立互动讨论和联结,在这个过程中老师基于自身学科不断进行思维发散和知识触角的延伸,扩展了看待本学科的视角,并发现不局限于自身学科,在很多与美术关联的跨学科项目化学习中,美术的知识与能力呈现部分都在潜移默化地培养着学生的审美素养。

在随后的几次跨界学习中她们以建构美术为中心的跨学科教学项目为目标指向,先后经历了跨界收集信息、拓展架构系列、细分活动单元、推演具体项目等自上而下的发散式研修过程。最终基于课程标准和教材内容,围绕美术学科的核心素养衍生出一系列的"美术＋"项目化学习内容,包含"中国画""民间工艺美术""平面与空间艺术"等 6 个单元主题的 21 个活动项目。这些项目体现新课标倡导的学科实践性,让学生感受到美术知识的华丽和有趣,发现美术与日常生活的密切相联,更完整地认识了美术世界,发展了在真实情境中解决问题的策略。

表1 跨学科视域下初中"美术＋"项目化学习内容

系列	单元主题	项目活动
主题融合 美术实践与 探究项目	中国画	寄情梅兰竹菊
		巧构山石 云游其间
		水墨山水宜静亦能动（水墨定格动画）
		以无胜有之"留白"
	民间工艺美术	寻找"中国年"
		陶瓷之美
		彩陶艺术
	平面与空间艺术	黄金分割
		平面镶嵌
		会说话的"图标"
		走近石库门
	校园主题设计	国潮T恤设计
		校园环境创设
		校园平面图绘制
	艺术宝库	我的国宝会"说话"
		走近京剧艺术
		敦煌乐舞
		名画的故事
	艺术流派	创意波普
		梦幻"印象"
		放大解构

两位老师依托跨界学习，不断拓展了美育教学的广度，找到了关于审美素

养培育的新方式，找到了教学研究的新视角，还成功申请课题"指向培养学生审美素养的初中美术项目化实践研究"。跨界学习，让教师视野得以拓展，思路不断开阔，也让他们切实感受到突破创新的乐趣和成效，专业素养在新的维度里获得快速成长。

（案例来源：周芸颉）

（二）融合学习，增知识深度

跨界学习有助于教师突破习惯性认知局限，打破潜意识中的认知上限，让教师走出自身舒适区，克服思维定势的消极影响，接受新的挑战，从而进入更广阔、更深入的知识版图。

跨界学习习得的知识是以自身学科知识和教学为中心的知识版图的有序扩展，这种扩展在横向知识的牵连中不断纵向深入。当教师有意识地进行跨界学习时，便会在思维层面将多个学科、多个领域之间知识的共性与个性进行分析、联结。由此，教师在跨界学习中，不仅实现了多学科、多课程、多领域、多学段知识的融合，还在这种知识的迁移和融合中，促进了问题解决的多元视角和知识理解的纵深发展。

【案例 5 - 3】知识二度开发和"高阶智囊团"的深度引领

在跨界学习的过程中，我和数学老师针对上海地区海平面上升和地面沉降的问题展开深入探讨，联合开发出"守护上海"跨学科项目——运用数学建模思想和工具，搜集数据，统计拟合，预测上海城市未来地表趋势变化，并通过手绘海报、3D打印、手工制作等形式，展示学生对于上海地区海平面上升和地面沉降的奇思妙想。

虽然这是我第一次基于跨界研讨开发出跨学科项目，但我并没有忐忑不安和茫然无措，因为学校跨界研修共同体"高阶智囊团"的支持给予了我底气。"高阶智囊团"里有学校聘请的资深课程专家、学科专家，担任老师学习的助学者，同时逐步把校内有丰富教育教学经验的资深教师等纳入其中，形成教师深度学习引领团。在"高阶智囊团"的帮助下，我们不断补足自己在跨界中联合学习和深度思考上的漏洞。我的"守护上海"项目在完成了中期展示之后，听取了专家们和共同体其他教师的指导意见，进而继续钻研对项目问题的深度认知，并修改成型。我和数学老师共同指导项目组的学生，通过进一步的调查，完善了关于海平面上升的预测。通过预测，在电子地图上获得了上海预计将被海水淹没的区域，并制作成了总体项目的底图。在此底图上，规划了可升降通航大坝和移动大坝的建造地点，再将淹没地区进行了功能区的划分，打造"海上上海"。最后针对人类活动影响因素，项目组学生拟定出一系列措施，通过改变某些人类活动，来减弱全球气候变暖的影响。一路的项目研发和实施，伴随着一次次的跨界学习，让我们在跨界知识更深度理解和融合的基础上，完成了项目的二次迭代，也实现了自身专业知识的深化。

（案例来源：盛燕婷）

在没有开展跨界学习之前，一些初中老师曾经认为只要教好初中的内容就可以了，因为小学和高中不是他的"一亩三分地"。自从开展跨界学习之后，学校将边界突破的眼光也聚焦到跨学段联合学习上，旨在通过跨越学段边界，打通初高中衔接，让初中老师了解一些必要的高中学科课程教学内容和高中教学方式，一方面可以提升教师学科教学整体课程观，另一方面为更多教师积累本体性知识，拓展知识的深度。学校依托卢湾学区资源，联手卢湾高级中学，开展跨学段师徒带教跟岗学习，为中青年骨干教师配备高中带教老师，定期参与到高中学段的教研活动，同时推进两校骨干教师柔性流动。通过跨学科段的师徒带教和岗位互换，促进了教师个体的专业发展，教师对教学整体把握得更自如，知识理解更有深度，思路更开阔，同时以点带面，带动双方学科组的对接和跨学段教研，实现了教研组（备课组）的自主发展。跨学段教师学习实施后，10位参与项目的老师中有3人成为双名工程"种子计划"学员，3人成为区名师工作室学员，3人顺利完成职称晋升，助推了初中教师的专业成长。

跨界学习吸引了越来越多的教师参与，在共同愿景和集体智慧中依托异质性知识的介入，优化本学科内容知识和学科教学法知识，拓展知识的"内容空间"。在跨越个体日常认知边界中，掌握新领域最新知识、最前沿知识，并通过思维的优化助力知识深度关联。跨界学习犹如催化剂，让教师的知识产生"化学变化"，创生出更有价值的"新知识"。

二、激发了教育教学的创新活力

跨界学习的理论基础是"美第奇效应"和"水平思考"。通过一系列有针对性的跨界交叉活动，学习者可以获取创新灵感。跨界学习具有开阔眼界、激发灵感、挖掘潜力、提升能力的显著作用。

正如温格等人所指出的，跨界学习会促使学习者以新的眼光看待并反思他们长期从事的课程教学实践活动，因而有助于提供创新或改善课堂教学的机会。在实践中也证明，跨界学习是助推教学实践创新的好办法，是培育学生创新素养的有效方式，能为教师的课堂教学研究提供更丰富的研究视角。

自2014年开始尝试跨学科教学，学校积极探索指向学生深度学习的无边界课程和指向教师发展的跨界学习。实践证明，跨界学习有力推进了教师在批判性思维和创造性思维上的发展，激发了学校教育教学的创新活力。问卷调查数据显示：88.23%的受访教师认为跨界学习帮助自己在问题解决中破除本学科的思维牢笼，在更完整的知识结构中，找到新视角和新方法；91.17%的教师认为通过跨界学习，面对教学中的跨学科问题，能将不同学科的知识和思维方法联系起来，构思解决方案；88.23%的教师认为通过跨界学习，自己具备了建立多学科的知识图谱的能力，形成对所任教学科的综合性思考；85.29%的教师认为自己具备促进学生形成无边界思维和知识视野的思维习惯，具备培养学生树立整体知识观和知识视野的教育理念。

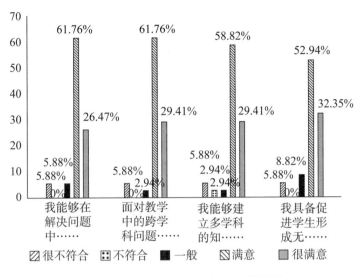

图 5-2 跨界学习提升思考力与创新活力

（一）助推教学实践创新

不同学科知识之间存在着静态牵连，不同课程的思维方式存在着动态互动关系，然而现实中的学科课程教学往往"各扫门前雪"，影响学生实现完整、综合而有深度的学习。而跨界学习对教师解决课堂教学中所存在的这些障碍具有极大的帮助作用。教师在学习其他领域知识的过程中，不仅能够拓宽知识面，而且能够学习其他领域的思维方式，由此拓展思考问题的宽度和深度，从而实现教学创新。

在教学实践中，通过学科知识在情境中的运用、学科知识间的融合，引发了教师思维的火花，并在迸发之中，自然而然地实现了创新。在很多情况下，教师很容易借鉴其他学科知识产生新的思维火花，仅是四溅的火星对于教学就已经足够，甚至可能带来重大创新。教师在跨界学习过程中会自然地带着课堂教学中出现的问题去思考。因此，跨界学习在帮助教师打破原有认知方式，运用跨界思维创造性地解决问题的同时，也提高了教师教学实践的创新能力。

【案例 5-4】打破语文文言文的"老学究"气场

文言文学习是中学生的痛点之一,难懂、难背、难入心,那么如何让"老学究"气场的文字表述方式和内容活泼起来,变成学生可以有兴趣感知和探索的知识? 在跨界学习中,这群教师各显身手,"打出一记组合拳"。

语文与艺术的惺惺相惜。部编版《语文》教材七年级中有一篇非常经典的古文《爱莲说》,作者借花喻人。如果我们的语文课程还像从前那般疏通字义,理解文意,再要求学生加以背诵,难免枯燥乏味。为了能让孩子们能更深刻更有趣更具探索性地感受《爱莲说》的魅力,美术老师与语文老师展开头脑风暴,将语文学科中的文学创作与美术学科的构图题款设计进行跨学科项目学习的联结:研发"寄情梅兰竹菊"项目,为学生创设新情境,以仿照《爱莲说》中的句式,仿写并创作"梅兰竹菊"题款、图画作为高阶学习的驱动性任务,将语文学科仿写句子、托物言志写作手法、作者情感、描写角度等知识与美术学科的中国画构图、题款的作用、题款艺术创作等紧密串联起来。

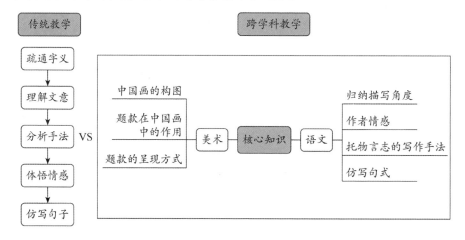

图1 "寄情梅兰竹菊"进阶教学思路图谱

语文与历史的交相辉映。针对部编版《语文》教材七年级下册《活版》一课,基于语文和历史文本知识内容的高度重合性,以及语文"文化自信"与历史"家国情怀"学科核心素养的天然契合性,语言闫老师与历史老师共同设计了"梦回宋朝——开活版印刷店"跨学科项目。驱动性问题在历史背景下展开——"假如我们回到宋朝,开活版印刷店,你将选在什么时间,什么地点?"历史老师带学生走进北宋时的繁华画卷,在确定时间和地点后驱动性问题实现二阶进化——"开活版印刷店,在技术、人力、物资等方面该筹备什么?"语文学科知识与历史知识交相辉映,学生了解"制字—排版—印刷—拆版"全流程,以及"活版"优缺点、"活版"应用情境和店铺订单选择等,由此形成成果产出和知识与素养的表达。

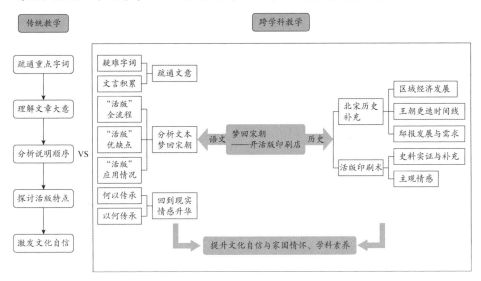

图2　《活版》进阶教学思路图谱

（案例来源:周芸颉、闫锋）

在跨界学习中,老师们通过自身的知识融合和思维方式扩展,实现了教学方式的创新,在文言文教学中,改变了文言文"板着面孔说话"的态度,引导学生由畏惧变为主动探索知识,这不仅是跨界学习带来的教学实践的创新,也是跨界学习给文言文教学带来的人文关怀。

（二）培育学生创新素养

在跨界学习中,教师学以致用,将跨界学习方式、创新思维引入课堂教学,激发了学生的想象力、创造力,促进其思维的多向拓展,让学生享受丰富、灵动的无边界课程,在综合多元的学习体验中深入探索,激发创意,提升创造力和思维品质。

教师跨界学习所"产出"的直接成果——教师设计的"无边界课程",以学生发展为终点,基于学生的成长逻辑和生活逻辑,建构各学科知识间、学科与社会生活间的关键链接,运用"学科+"综合思维来解决真实问题。在跨学科学习中,学生的参与度日益高涨,学生综合思维和创新能力的提升更是有据可循。一个个颇具新意的跨学科学习项目,让学生综合运用多学科知识解决问题,获得成功体验,培养学习兴趣,建立学习自信。这样的学习经历,激发学生对科学的好奇心与想象力、对实践的专注度和坚韧性,培养学生高阶思维能力和创造性解决问题的能力,逐步养成创新人格的优秀品质。

近五年,卢湾中学学生共获得全国、市区级以上科技类奖项共计718人次。其中18人次获上海市青少年科技创新大赛一等奖,28人次获二等奖,35人次获三等奖;15人次获评上海市青少年明日科技之星;在2018—2019、2020—2021、2021—2022、2022—2023年度DI创新思维竞赛中,共56人次获上海赛一等奖、全国赛一等奖;在各类机器人编程、人工智能竞赛中共有48人次获得市级各类奖项;在跨学段信奥课程中,共计72人分获信息学奥林匹克全国联赛初中组一、二、三等奖,创造了初中培养计算机编程人才的奇迹。最新的上海市学业质量绿色指标测试报告中显示,我校学生高层次思维能力指数为7,高于全区和全市平均水平。

【案例5-5】"孵"创意点亮灵感瞬间 "化"未来打造智创平台
——以跨学科项目"科技企业孵化器"学习为例

"科技企业孵化器"项目依托六年级科创课程进行推进,科创教师们将自己跨界学习的知识观和创意思维融会贯通,带进课堂,以"为未来生活和工作设计一款能推向市场的创新产品"为驱动问题,激发学生将创新融入真实生活,将创意注入产品设计,让创造变成未来可期。整个项目学习历时两个月,以合作学习的方式有序开展,学生们在老师的悉心指导下,融通产品原理涉及的各学科知识,综合并创新思考;通过头脑风暴发现生活中亟待解决的真实问题,并以此为基础展开市场调研,经过反复论证和深入研究,对现有产品作现状分析,再设计并逐步形成解决实际问题的创新产品方案,并在老师和专家的指导下,进一步开展产品实验论证,进而加以调整和优化。诸如"智能太阳能耳返""无尘自动化黑板擦""神奇的便携游泳圈""自动叠衣机""AI咖啡机"等项目产品都尽显学生们的创意思维和研究能力。科创教师团队还组织学生开展创意产品年度发布会,各小组集众人智慧进行场景营造、配乐演说、动画软件模拟、线下调研视频展示,各尽巧思,各显奇才。在每年度的现场发布会上,我们不难发现,学生们的设计灵感源自对生活的细致观察,学生们的创意方案是他们以企业项目经理的视角,经过深入调研—团队讨论—升级迭代后的产品,每一项设计既有产品研发的科学性流程,也有对现实问题解决的创造性回应,既关注了产品性能与生活所需的契合,又不乏美观便捷的外形特征。

（案例来源:陈昌杰）

【案例 5-6】DI 社团中的奇思妙想

DI 全称为:Destination Imagination,翻译为有目的的想象,是一项培养青少年实践创新能力的国际性教育项目,旨在培养青少年学生的三个至关重要的生活技能:创意、团队合作和问题解决。

学校 DI 社团是学校的明星科技社团,在历次的国内国际大赛中屡获佳绩。2022 学年卢湾学子挑战赛题的名称为"荒诞不经"。团队成员发挥创意,尽情奇思妙想,为创造并展示出一个足够荒诞却又在逻辑上合情合理的故事,从故事设计上、技术展示上以及表演和展示上,逐步深入,进行了大量的创新探索。在此过程中队员们不断地总结经验、发现问题、创新探索、摸索前行。在 2022—2023 DI 上海市和全国青少年创新思维竞赛中,七位同学组成的代表队"荒诞不经"组,在一众参赛队中脱颖而出,荣获了上海市一等奖和全国一等奖的好成绩,并获得特别奖"文艺复兴奖"。

在老师的精心指导下,学生集思广益,素养得以提升。正如社团学生李天诚所言,团队成员积极发挥想象,认真投入到作品的剧本设计、道具制作、表演排练、作品录制等各个环节中,团结一心,克服各种困难,在指导老师的支持和鼓励下,将奇思妙想付之于创新实践,锻炼了学生的团队合作能力和创新创造能力。

（案例来源:陈昌杰）

【案例 5-7】"未来校园梦想改造"跨学科项目

"学校今年已经 70 岁了,未来的校园可以有哪些变化?""无边界思维坊"的老师们又寻找到新的学习生活情境和问题,向全校学生发起了项目学习"召集令",引导学生们积极深入调研现今校园生活,提出了"未来校园梦想改造"计划,围绕未来校园的建设开展了深度学习。

在前期深入调研校园生活的基础上，参与学生被分成三个小组，分别基于生物实验室、车库、空中花园目前存在问题进行了改造设计，并通过科学论证、合理想象提出可行性方案，利用软件、模型、海报等方式进行方案呈现。

生物实验室改造小组紧扣实验室功能，设想了中央控制教师讲台、磁悬浮座椅、多功能实时感应且屏幕带有实验操作资源的学习桌、磁吸式吊轨式实验材料运输装置、实验设备自动清洗机、实验室生态圈等极具未来感的设计，并运用 3D 建模呈现了整体设计的构思图。学生们的创意设计让未来的实验室可以满足学生多样化学习的要求，有更生态环保的教室环境，有更高效便捷的课堂管理，更完善的实验支持。

校园地下车库改造小组在空间有限的现实困境中，基于车库现有隐患、空间利用率、整体布局等问题，对未来车库进行了重新规划：通过实地测量、科学划分，对现有车库出入口进行方案改进，增强车库安全性；同时引入智能技术，设计了"卢湾号"停车机器人掌握车库泊车平台，提升空间利用率；呈现了人工智能的自动洗车系统满足了个性需求。学生们基于现实问题，融合工程、技术等知识，主动构造了未来车库方案并绘制了整体设计图。

空中花园改造小组针对花园利用率低的问题，将花园重新进行功能划分，整体设计成野趣休闲、漫步绿廊、清新氧吧、乐学拓展、种植养殖等五大功能区域，并引入海绵城市理念、滴灌技术、人工智能技术，将花园打造成充满未来科技感的"奇境岛"，让花园生态更美好。学生们通过测量，还根据设计方案制作沙盘模型来呈现"未来花园"的实景，并用电子感应设备材料制作并演示了花园的智能灯光系统、智能大棚管理系统。

同学们在项目探究中基于学科学习又"跳出"学科学习，各具亮点的"未来校园"可行性改造方案充满奇思，为学校的未来建设提供了崭新思路，也实现了知识、素养和能力的同步发展。

（案例来源：王春燕）

【案例 5-8】世界地理学术挑战赛金奖学生的故事

参加世界地理学术挑战赛，一举拿下英文组个人赛写作金奖和竞答铜奖，同时还被评为上海市"科技希望之星"，七年级的刘载育同学这样谈到他的成长故事：

　　能够在国际地理赛事上获奖,离不开平时的积累。我们学校特别重视地理学科,我的班主任也是一名非常优秀的地理老师,学校地理课程设计高度凝练,极具匠心,启发式课堂中经常有类似的实际运用题型、跨学科案例分析等。

　　除了地理学科,学校开展的无边界课程会邀请不同学科的老师一起来上同一节课,让我们换个视角从不同学科看待问题,也在跨学科学习中运用多学科知识综合解决问题。学校的跨学科学习项目也大力主张学生开放思维、触类旁通,潜移默化地养成分析性思维习惯。比赛中需要英文写作,这也得益于学校平时在英语教学中的严谨要求和能力培养。

　　除了这些习惯,寒假里科创老师指导我完成入选上海市青少年科技创新大赛的论文"浅议中西方神话与天文学——以《西游记》和《波西·杰克逊》为例",也让我得以学习学术论文的写作。选定选题、查资料、选材料,并进行论文写作,当找到一些有趣的资料写进文章的时候,我觉得特别有成就感,体会到了学术研究的乐趣。记得暑期那时候学校要求阅读《西游记》,我小时候看过好几个版本的《西游记》,但读原本感受很不一样。这让我用全新的视角去重新阅读它。我想起看我看过的美国作家雷克·莱尔顿的神魔小说《波西·杰克逊》,它背景设定都跟神话和天文相关,选题因此确立。从论文框架、资料查找到写标准的注释和文献,不断修正,获益良多。

(案例来源:陈昌杰)

(三) 提供多元研究视角

　　教学研究是教师实现自我提升的一条重要道路。在日常教学中,教师往往对实践中所发生的研究点视而不见,或是在常规的教学中难以发现新的研究点、新的启迪,这是因为思维中存在的固化和定势在一定程度上造成了研究视角的局限。

　　在跨界学习中,教师通过增强多元交互的体验和认识,进而增强教师专业的活动性和生产力。人际多元交互的背后是教师与多元知识、多元文化、多元经验、多元观念之间的交互。在跨界学习中,教师与来自不同领域、不同背景的人们交流和合作,从而将自身已有的知识、教学方法与其他领域知识进行积极互动,在互动中发现联结点和相关性,获得新的想法和视角,发现不同领域之间的联系和相互作用,提高自身的专业素养和综合能力,同时也提供了更多元的研究视角。

【案例 5-9】跨界学习,打开我教学的不同"视角"

我在大学时并不是一名师范生,但我一直有一个教师梦。因此当我刚刚走上三尺讲台时,我还保留着流程式课堂的刻板印象,以为语文课就是:引入、介绍作者、概括内容、分析语言、主旨小结……我教师生涯的第一堂课就是这样"流水账"般上完的。看着台下只是机械记录笔记的学生,我充满忐忑和迷茫。究竟怎样才算是上好了一堂课? 称得上是一名好老师呢? 幸运的是,"跨界学习"作为卢湾中学的教师研修文化第一时间帮助了尚为一张白纸的我。跨界学习对我产生了很大的影响,那时我才发现,以前的我只是在运用学生时代的固化思维,而一名好老师是要具备开放包容、深度挖掘、创新变通的思维。

视角从单一变得多元,这很大程度得益于卢湾中学有着丰富的学习空间,让我们教师去质疑、想象、幻想、表达,图书馆、咖啡吧、空中花园,处处是舒适休闲的空间,随处可写可画的屏幕和区域,吸引着我们进入、驻足。一次随意的路过,让我看到信息技术徐老师正在指导卢湾梦工厂的学生拍摄校园,好奇心油然而生,于是借由"酷课·创学中心组"的研讨机会,我向徐老师请教了学生学习拍摄、剪辑的情况,产生了借助数字体验开展语文写作的想法。最终我们共同设计了以"校园风景"作为写作对象,运用课本六年级上册已经学习过的"情景交融"和"点面结合"的基础知识,来实践六年级下册第二单元中的片段写作,让学生在校园环境中全方位去感悟、体验写作挖掘的过程,享受写作的乐趣。

当我把视角从狭隘的角落转移后,我面前的选择也多了起来,在卢湾中学"无边界思维坊"中,点滴汇集的跨界思想让我的思维进一步从线性变得立体起来,在那里所有学科、所有学段的老师都在毫无壁垒地畅聊自己所知、未知、想知的内容,课本内课本外、校内校外应有尽有。正是在这样的研修氛围中,2021年庆祝中国共产党成立 100 周年的研修创造活动应运而生。如何梳理与呈现上海百年党史作为问题放在了卢湾教师面前。最终大家群策群力,历史、道德与法治、艺术、信息、科创、语文……老师们运用跨学科知识,设计了研修任务链,经过资料论证、数据库建立、3D 建模、线上展馆设计、实物模型制作,带领着卢湾学子一道将"党在上海的百年足迹"通过富有创造性的原创成果带进了校园。

在立体的视角空间中,我发现我总能迸发出新形象和新假设。在教学中慢慢从求同走向存异,不再追求一致的作业答案,而是想要与学生一道探寻百花齐放的知识成果。在"新课标核心素养"研讨中,我和艺术老师关注到了两门学科中文化、审美和创造的素养是相通的。一些元素在我的脑海中快速串联起来:《但愿人长久》《经典咏流传》、网络歌《琵琶行》? 加上七年级的古诗文学习和诗歌学习创作? 说干就干,研讨会上语文组的老师们与艺术组的老师们一起进行"头脑风暴",最终设计出"诗词新曲"这一跨学科长作业。这一作业的设计重在异而非同,学生融合现代诗歌和古代诗词,创作多媒体作品并在平台发布。在中华诗词文化、语文诗歌创作、图文乐曲的美学素养和多媒体制作的技术知识,不同领域的思维碰撞和视角融合中,老师们灵感满满,学生们硕果累累。

从单一到多元融"技术"促进多元视角,从线性到立体串"学科"打造思维殿堂,从求同到存异敢"想象"卷动思维风暴。一路走来,随着我对教师跨界研修体验的逐渐深入,我从小校园的风景走到大上海的党史,从自己学科的舒适圈走到众多学科的陌生地,从求援信息老师到独立指导多媒体创意作品,跨界学习让我能批判、会创造、敢融合。四年里我在全国、市、区的诸多平台上收获了迅速的成长。教师跨界学习不是一个人的探险。在卢湾的跨界研修氛围里,我们分享创意、彼此联结,在未来,这片土壤中必将孕育更多的思想果实。

(案例来源:陈澂雯)

跨界学习中的多元视角与路径助推教师打开学科边界,各学科老师基于"学科内跨"融通创生,基于"学科互跨"跨界整合,基于去学科超学科的活动主题融合,整体研发并设计出学校无边界课程之跨学科课程群。

【案例5-10】多元视角与路径研发卢湾中学跨学科课程群

卢湾中学无边界课程的跨学科课程群内容框架包含三个单元:大主题、大问题和大概念系列。第一单元"大主题"系列侧重于从内容融通到大主题统整;第二单元"大问题"系列侧重于从问题中心到大问题整合;第三单元"大概念"侧重于从概念解构到大概念重构,三大系列的项目呈现了跨学科视域下"学科内跨""主题内跨""学科+生活""学科+社会""学科+学科"等多样化的联结样态,体现的是交叉学科、关联学科、超学科的项目化学习,超出单学科研究的视野,关注复杂问题的全面认识与解决。

表1　学校跨学科课程群研发内容框架

系列	项目化学习	适用年级
第一单元"大主题"系列	走进经典之京剧脸谱(美术＋戏剧)	七年级
	情韵江南(语文＋音乐＋舞蹈)	六、七年级
	曲情画意(语文＋美术)	八、九年级
	诗词新曲(语文＋艺术)	七、八年级
	森林里的故事/未来故事(英语＋戏剧＋信息)	六、七年级
	历史的温度与旋律(历史＋音乐)	八年级
	端午话屈原(英语＋语文＋戏剧)	六、七年级
	"一带一路"系列一(历史＋道法)/系列二(地理＋历史)	七、八年级
	敦煌乐舞系列(音乐＋美术＋历史)	八、九年级
	我的国宝会"说话"(历史＋语文＋科学)	八年级
	校园风景线(语文＋信息)	六、七年级
	寻找中国年(历史＋艺术＋劳技)	六、七年级
	科技企业孵化器	六年级
	水质净化(科学＋化学)	六年级
	百年时空·立方展馆(历史＋道法＋艺术＋信息)	六—八年级
	未来校园梦想改造(地理＋科学＋工程＋劳动)	六—九年级
	燃情冬奥(体育＋美术＋物理＋语文＋科学＋地理＋化学＋音乐)	六—九年级
	自主学习:科学创意画	六、七年级
	自主学习:诗词赏花	八、九年级
	自主学习:走近石库门	七、八年级

（续表）

系列	项目化学习	适用年级
第二单元"大问题"系列	新两小儿辩日（语文＋地理＋物理）	六、七年级
	寄情梅兰竹菊（语文＋美术）	七年级
	漂浮的结构（科学＋物理）	六年级
	不倒的斜塔（科学＋物理）	七年级
	承重的结构（科学＋物理＋艺术）	七年级
	一个鸡蛋引发的学科海啸（生物＋物理＋化学）	七、八年级
	守护上海（地理＋数学）	七年级
	设计"大山"（地理＋生命科学）	八、九年级
	澳洲兔治理（地理＋生命科学）	九年级
	校园定向跑（体育＋地理）	六、七年级
	设计"起跑线"（体育＋数学）	八年级
	格斗中的芭蕾（体育＋美术）	七、八年级
	多姿的线条（音乐＋数学）	六、七年级
	蝉（语文＋数学＋生物）	八年级
	我的编钟（音乐＋物理）	八年级
	诗意中的科学（语文＋化学＋地理＋生物＋物理）	八、九年级
	问"鼎"（历史＋语文＋化学）	七、八年级
	初建昆虫博物馆（语文＋生命科学＋艺术）	八年级
	梦回宋朝—开活版印刷店（语文＋历史）	七、八年级
	老旧小区"上上下下"的幸福（道法＋数学＋物理）	七、八年级
	寻找沙棘（生命科学＋地理）	八、九年级
	顶碗少年之秘诀（语文＋物理）	六、七年级
	自主学习:象形文字与色彩构成（化学＋艺术）	九年级

（续表）

系列	项目化学习	适用年级
第三单元"大概念"系列	以无胜有之"留白"（语文＋美术＋书法）	八、九年级
	瓶吞鸡蛋（化学＋物理）	九年级
	谁主沉浮（化学＋物理）	九年级
	风，从哪里来（地理＋物理）	六年级
	创意投石机（体育＋物理＋劳技）	七、八年级
	文有灵犀数点通（语文＋数学）	七年级
	三段论（语文＋数学）	七、八年级
	统筹方法（语文＋数学）	八年级
	黄金分割（数学＋美术）	八年级
	平面镶嵌之美（数学＋美术）	六、七年级
	海陆变迁与板块漂移（物理＋地理）	八、九年级
	奇妙的镶嵌图形（美术＋数学）	七年级
	自主学习：密封式生态系统	八、九年级

跨界学习使教师观察课堂生活的触角不断延伸，对固有的教学模式和课堂生活有了重新的认识。跨界学习打开了教师的思维路径和思想藩篱，为教师重新审视课堂、观察课堂生活提供了新视角，使教师立足无限制的视域审视自身的专业教学，跳出桎梏去思考、研究问题，实现了思维上的创新，发展了突围创新的思考力。

三、提升了基于协作的深度教学能力

学生的深度学习建立在教师深度引导的基础上，深度教学是一种理想的教育理念和教学形态。追求教学的发展性、促进学生深度学习、实现"知识之后"的价值是深度教学的本质要求。深度教学对于促进教师专业成长，促进师生协作共生、教学相长，促进课堂教学转型等具有重要价值。

跨界学习让教师深刻地理解，教学不是停留于对学科的静态概念和固有知识的传递，而是对生活情境中实践能力的培育，是创造性地解决现实世界中的真实问题。跨界学习在知识无界的基础上塑造了教师可持续学习的能力，给予教师、学生相互协同、探究问题的机会，教师也变成学习者，在平等、民主、共生的知识观的基础上，教师与学生之间的相处模式更加多元，成为"学习共同体"，促进师生作为学习者更好地实现真正的学习。这不仅有助于拓展学生探究学习的空间，并且能推动他们参与统整性更高的高阶认知过程。

（一）协作共生下的深度教学

问卷调查数据显示，通过跨界学习，教师间的交流协作产生了积极的作用，有助于激发创造力，迸发新思维，形成协作共生的氛围，更好地指导深度学习。

表 5-1　跨界学习提升教师间的交流协作

选项	小计	比例
从去中心化协作的特点出发，形成了平等、互相尊重的协作氛围	27	79.41%
从异质群体的协作出发，激发了个体的创造力和好奇心	26	76.47%
在问题解决中形成了知识互补，迸发了新思维	31	91.18%
没有什么变化	0	0%

除此之外，88.24%的教师认为跨界学习提高了教师协作能力，跨界学习氛围形成并逐渐深入，产生"和而不同"的学习共同体；82.35%的教师认为跨界学习使学校形成了教师之间良好的关系氛围；76.47%的教师认为知识壁垒逐渐消融。

跨界学习的去中心化组织模式，让所有成员走向学习的中间地带，逐渐形成学习共同体，共同体内形成个性化学习和群体学习相结合的态势。教师之间通过多维度、多视角、多层次的合作与共享，实现了信息的多向流动，达到专业互补、教学方法互促的良好效果，促进了教师的专业发展。此外，学习共同体向外扩展探索边界，借助与校外专家组等的对话、交流活动，最终实现知识的持续生长。

在跨界学习过程中，教师在提升自身文化素养，广泛吸收其他学科课程知识的基础上深入探究学科课程内容之间的纵横联系，实施多学科知识融合的课程教学，增强课程的新鲜感和吸引力，有利于激发学生的求知欲，有助于学生理解力的提升和思维能力的培养。教师间的跨界共生，不仅可以使教师博采众长、开阔视野，更能促进教师由课程实施者向课程创生者转变，让教师由被动执行者向主动创造者转变，共同推动深度教学。

【案例5－11】"跨界学习"实现高品质的深度教学

我在学校"无边界工作坊"跨界学习熏陶之下，通过一次次的磨课和教研，完成了跨学科项目化课程"老旧小区'上上下下'的幸福——共奏集体生活的和谐乐章"。在该项目教学实践过程中，运用跨界学习理念，有效提升自身的深度教学能力，促进学生的成长发展，从而实现更高品质的深度教学。

在"跨界学习"理念的指引下，项目开展过程中始终把自己放进去、把教学实践中的问题放进去、把职责放进去，做到学、思、用贯通，知、行、信统一。"老旧小区'上上下下'的幸福——共奏集体生活的和谐乐章"项目受到学生的欢迎，学生们出色地完成了项目式学习的任务，项目成果具有多样性。在项目式学习中，学生和老师都获得了成长。

1. 为学生成长搭建平台

本次项目式学习活动涌现出许多优秀作品，学生们都交出了令自己满意的答卷。在成果交流会上，学生以小品对话、调研采访视频、海报设计展示、自编原创歌曲、楼组长工作方案、调研报告、公益视频等形式，分享了他们在项目实施过程中的收获和成长。在传播这些成果的过程中，学生得到了老师、同学、家长的积极、正面反馈，提高了参与社会生活的能力和责任意识，让教学映照了真实世界。学生们通过实地走访调研黄浦老旧小区，借助道德与法治课学科认知，综合多方因素，最终以多元化的方式，设计可行的加梯方案，达成项目目标。

2. 学生成为学习的主体

在成果交流会上，参与的学生分享了他们的学习体会和收获，他们发挥了主观能动性，成为学习的主体。只要给孩子足够的时间和学习支架，他们能做的事情超乎我们的想象。项目式学习，让孩子们去思考、去探索、去发现，让每个孩子都用自己的方式去收集资料、整理信息、解决问题。

3. 教师提升专业素养

该项目与道德与法治学科、数学学科、物理学科知识相关，融合多学科知识。孩子们可以运用所学的数学知识给出加装电梯各楼层费用分摊方案,方案要体现公平、公正原则;运用物理学科知识进行加装电梯的选址设计,最大化解决噪声、占用过多空间、影响采光等问题。

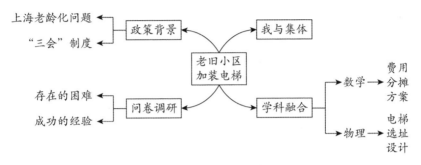

图1 "老旧小区'上上下下'的幸福"项目图谱

课堂中综合运用了多个学科知识,并在成果研究中加深了道德与法治学科"个人与集体利益""个人意愿与共同规则""社会老龄化"等核心知识的深度理解。在解决个人与集体利益关系中,项目在合理性方案解决中又自然涉及数学的"分摊费用方案"和涉及物理的"电梯选址、材质、结构"问题,在综合多方面因素情况下学生又会创造性地形成不同的"加梯"工作方案。在本次跨界尝试中,道德与法治知识在课堂中大放异彩,学生的积极性得到极大的激发,即便此项目的备课量远超日常备课量,但仍让我期待接下来与数学老师和物理老师的跨界合作,以及更为深度的跨界教学。

(案例来源:方红艳)

此外,在教师"跨界学习"到"深度教学"的层进中,学校还搭设"专家引领—名师帮扶—自我发展"的三级培养阶梯:一方面通过名优教师展示、课例研修、专家诊断、校外培训研修等途径加强教师的培养,另一方面通过跟踪学习、定期交流反馈推动教师群体的自我发展。

在这样的组织和前进征程中,卢湾中学逐渐拥有了一支有集体智慧,有深入实践、研究能力和合作精神的教师团队。在跨界学习的文化氛围和深度教学的不断尝试中,教师浸润在学习共同体中呈现出主动的学习与选择、主体的体验与感悟、自我与互相的激励、积极地重构与创造的态势,深度学习的领导力得以不断提升。

（二）深度学习中实现教学相长

跨界学习中,教师与学生的深度学习是相辅相成、相互成就的。所谓"学然后知不足,教然后知困",没有教师恰当的引领,就很难有学生的深度学习。同样,教师在引领学生走向深度学习的过程中,自身也得到持续的发展。师生之间的多向支持引领深度教学不断推进。问卷调查数据显示,跨界学习给教师与学生的交流协作带来积极的变化。

表 5-2　跨界学习提升师生间的交流协作

选项	小计	比例
在新知识观的关照下,师生之间更为平等地交流	30	88.24%
师生形成学习共同体,教学真正成为一个教学相长的过程	29	85.29%
促进学生多视角地思考和质疑	28	82.35%
教师依旧占据绝对的权威和主导地位	4	11.76%

随着"互联网+"的发展和数字教育的普及,学生能够通过搜索引擎获得越来越丰富的知识,在这种情境下,单一学科的教师便不再占领知识高地。教师若想要引发学生的深度学习,发展高阶思维,前提是要对整个问题有大局观,问题解决中不是要知道每个学科的琐碎知识,而是要知道在新的情境中如何运用各学科知识建立新的关联以解决问题。

跨界学习让教师知识丰盈的同时,也带来了知识观的变化,教师不再是知识界的权威者,而是可以和学生组成学习共同体的学科引领式学习者。跨界学习带来的意识观念的变化,让教学过程变成了一个师生互相交流、教学相长的过程;同时教师跨界学习所延续创生出的跨学科课程学习,则是师生间更全面多向的知识流动、教学相长的载体。在跨学科课程中,师生形成学习共同体,让学生的学习在多个教师高质量的引领和学生主动探索中不断深化,以"抛锚+支架"的形式,促进学生自主学习与主动建构,让学生在认知领域,从低阶思维向高阶思维,从单一知识到多维知识,从机械地接受到多视角思考顺利过渡,让教师以"一棵树推动另一棵树"的形式实现教育的使命。

【案例 5－12】项目中的师生"二重奏"

——以"设计起跑线"为例

小 A 在"设计起跑线"项目化学习小组中,担任处理数据设计方案的角色。他非常投入地查阅体育比赛 4×100 相关知识,以此为依据引入数学公式进行数据的处理,提出设计方案。他认为整个过程非常有趣,没有成绩和刷题的压力与枯燥,有的只是利用好所学知识为实际生活出谋划策的快乐与动力。

"我进入初中后一度丧失了学习数学的兴趣,反复的讲题刷题考试磨灭了我对数学的热忱,我也曾一度怀疑自己到底为什么要坐在这个教室里学习这些与生活毫无关联的符号。可这学期接触了数学跨学科项目'设计起跑线'学习之后,我似乎又找回了曾经追逐数学的热情,因为在其中我深刻感受到了小组合作与各种现代工具和一些 APP 是如此新奇有趣,探究设计方案让我体会到了前所未有的体验,数学不再是题目和分数的叠加,而是实实在在与我的生活密切相关。因此我不再排斥初中数学课堂,而是调整了自己的状态打算从头开始好好学习。"从此以后,小 A 对课堂的期待方面有很大提升。

小 B 谈到:"经历了数学跨学科项目"设计起跑线"的探究过程,我担任了组里查阅背景知识、测量数据和制作汇报 PPT 的工作,这让我惊喜地发现数学原来是可以这么学的,因此我动了很多脑筋并借助 iPad 的测量工具以及实际生活的测量工具进行双向测量比较,确保我的数据真实有效,来为后续同学的数据处理提供数据准确度。我在数据处理方面较为逊色,所以小组长希望我发挥美术特长制作汇报 PPT,并且鼓励我如果 PPT 做得清晰美观,也会给整个团队增色不少,毫无疑问这给我带来了很大的动力,在汇报会上当我看到我收集的数据和 PPT 呈现在大屏幕上,并且旁边的制作人写着我的名字时,又看到了在小组互评中,同组组员给了我很高的评价时,我感受到了前所未有的肯定。"

基于混合式教学的初中数学项目化学习,能将课堂"还给"学生本身,将学习的"主人"身份交给学生本人,学生受到了"尊重"。在项目实施中我引导并鼓励学生大胆提出问题、积极解决问题、多方位利用信息工具探究任务式地学习,有利于学生深入理解所学知识,提升自信心和增强数学学习兴趣,也让学生感受到了数学与生活息息相关。在这样的学习中,学生的深度学习和深度思维自然形成。有的小组采取"倒推法",先定好终点线位置,再根据跑步路程逐步倒推,计算每一棒起跑线的定位;有的小组干脆用编程处理数据;有的小组选择手绘制图,在测量了操场的直道距离与弯道半径之后,结合比例尺画出了操场的平面图;有的小组选择将数据导入电脑软件进行电子绘图,配以不同的颜色来解释说明。各小组最终呈现的工程设计图都让我耳目一新。很多学生在一次次项目完成后都期待下一次的跨学科项目化学习。

(案例来源:祝光兢)

在这个过程中,教师变"教学主体"为"教学主导",让学生变"学习客体"为"学习主体",师生之间呈现出课堂教学的"二重奏"。

【案例 5-13】 打破规则的质疑

学校数学老师开发的"转换角色,玩转游戏"之"巧玩五子棋"项目,让学生从棋手变身为棋局的设计者,多视角质疑,打破规则。如何推陈出新设计五子棋游戏的新规则? 基于这一思考,数学组经过多次研讨与修正,将"如何基于平面直角坐标系设计五子棋游戏的新规则?"作为项目探究的本质问题,将"五子棋是我们生活中的常见游戏,作为玩家,在享受原有对弈乐趣的同时,如果变身游戏设计者,你能设计出新的五子棋游戏规则吗?"作为项目开展的驱动性问题,让项目源于真实生活,又兼具趣味性和挑战性,极大地激发了学生深度探究的原动力和积极性。

在项目学习中,我们感到项目成果可以展示出学生对整个项目的理解和学习情况,也是评价学生是否实现深度学习的一个重要衡量环节。评估学生深度学习的状况,可以从学生对真实情境中问题的理解,用数学语言表达问题的迫切性,结果预测的合理性,关注解决问题的实施方案,解决问题过程中的思考、交流与创意表现,项目公开成果的质量等多个维度去观察、分析、评价。

例如,通过成果展示,展现学生的深度学习和应用意识、创新意识。"巧玩五子棋"这个项目,将成果展示课分为四个环节:整理回顾、成果展示、小组 PK赛、总结评价。

① 整理回顾。在之前的学习中,学生对整个项目的背景、任务及所学的数学知识十分了解,但学生关注更多的是局部知识的学习和应用,通过回顾整理,学生对项目的整体有了新的认识,能够从整体的角度去理解整个项目的学习。

② 成果展示。这个环节主要是每个小组展示、分享五子棋新规则的设计方

案,其他小组根据他们分享的情况进行提问,给出评价,在所有小组展示结束后,评选出最佳方案。评价的要素包括学科知识的使用,规则设计的合理性、创新性等以及语言表达能力情况。通过提问回答,学生可以跳出自己的思维,重新审视设计的规则,有助于之后的修改完善。经过展示,学生语言表达能力有所提高,也体会了团队合作的重要性。

③ 小组 PK 赛。此环节的具体设置如下:PK 赛的裁判和相关工作人员是最佳方案小组成员,具体的五子棋规则按照他们的设计方案来进行,其他小组进行抽签决定 PK 对象,完成整个 PK 赛。这个环节的巧妙之处在于五子棋规则的选择,获得最佳方案的设计也可以通过实践来验证它的合理性、可行性,不仅使比赛公平公正,也让他们意识到理论与实践相结合的重要性。

④ 评价总结。具体分为学生总结和老师总结。学生可以根据自己在整个项目的所学所得进行总结,也可以对自己的整个学习过程做自我评价。教师对整个项目的开展实施和学生在整个项目中遇到的问题以及如何解决问题等进行总结。

(案例来源:李佼)

对于中学生来说,具有问题意识和质疑能力是深度学习和深度思考的起点。因此,教师通过自身跨界学习后会在教学中有意识地培养学生的问题意识和质疑能力,增强学生在学习中的主体性,强化学习方式的对话性和协同性,积极引导学生用质疑的态度去发现问题、思考问题、解决问题,在问题的解决过程中更好地理解、掌握和应用知识,实现深度学习。

四、提高了深度融合的数字胜任力

面对全球范围的沟通、交流与协作,新技术给边界突破带来更多新的可能,也影响着教师学习的研究边界。学校敏感地捕捉到技术价值,始终坚持将新技术的学习融入教师的日常跨界学习中,以认知跨界、领域跨界带动学科跨界。在跨界学习的不断推进中,老师们的教研形态也在悄然发生着变化。通过一次次系列培训和学习,老师们学习新的工具、新的技术,从而去链接全学科、全世界,助力教学新样态的逐步生成。互联网的技术变化,深度融合的数据思维,正推动着每一位教师成为终身学习者。

　　问卷调查数据显示，通过跨界学习，教师的数字胜任力有显著提升，这体现在以下方面：79.41％的受访教师认为自己能够利用多样的信息技术形态，打破线上、线下的教学时空壁垒；82.35％的教师认为自己能够合理有效地将信息技术应用于教学环节，将其变为教学工具，实现多元辅助的教学新样态；79.41％的教师在项目学习活动中，能够积极使用学校搭建的评价E平台开展学生"数字画像"评价；70.59％的教师能根据学生活动数据生成的数字画像，分析学生的学习情况；61.77％的教师能根据学生活动数据生成的数字画像，分析活动设计是否合理得当，及时调整教学策略，因材施教；70.59％的教师能根据课堂或活动数据反馈，及时进行课程或活动的优化迭代。

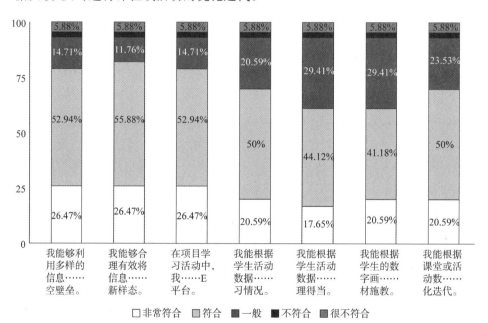

图 5-3　教师在跨界学习中数字胜任力的变化和提升

（一）数字应用与交互思维

1. 从"单一"到"多元"

　　数字应用促使教学行为从"平面"走向"立体"，实现教学方式多样化。"酷课·创学中心组"跨界学习共同体的老师们，融通多样的信息技术形态，打破线上、线下的教学时空壁垒，起到更广泛的示范效果，实现泛在学习的效益最大化,让学校的课堂改革呈现新的生机。教师们在运用设备、平台、工具资源进行课堂实践的过程中,学生间讨论、互动、交流的时间多了,学生更加能够融入课堂中,自己参与构建课堂,提高了学习兴趣。教师们对教学的理解更多的是设计学习环境、设计学习过程,而非仅仅进行内容的传递,他们让教学从单一的教材解读,走向了利用丰富教学情境和教学工具,实现多元辅助的教学新样态。教师利用技术、融合技术、活用技术,开展学习活动,指导学生以问题为导向,进行自主探究和协作学习,鼓励学生们多样化地创造与分享,师生之间建立了新的沟通空间。教师通过课堂管理系统,即时并且清楚地掌握每一位学生或每一个小组的学习动态,并给予反馈与指导,呈现了学习评价的即时性、交互性。教学行为从传统的教材—黑板—学生平面式传授,走向运用丰富信息手段的立体式探究,为学生提供了形式多样的体验形式和学习项目,这些改变都是学校对现代新课堂样态的实践与追求,也成为推动学校课堂再次发生转变的原动力。跨界学习助推新技术的引入和实践,在实施中凸显教师、学生、学习内容与媒体四者间的交互,将"一维"学习转变成"多维"学习,教师成为学习情境和学习引导的设计者,也引发深度学习。

从单一到丰富,以真实情境为导向,促进感知深层次体验。诸如 VR 仿真实验室、互动学习桌、全息技术等丰富资源,创设与生活情境高度吻合、与真实情境融为一体的情境体验,在感知体验中激发兴趣、主动学习。

从单边到多边,以交流对话为导向,促进情感深层次参与,诸如"用文字品味阅读""文字云"独特方式,创设一个共享的、深刻的多边讨论学习场,生成更多有效的对话,促进学生情感深层次参与。

从多边到多层,以知识建构为导向,促进认知深层次参与。诸如基于思维导图为导向的自主学习、基于微视频的自主学习、基于项目的整本书分级阅读等多元自主化的学习,使学生在学习环境中不断探索和建构自己的知识。

从多层到创建,以成果可视为导向,促进行为深层次参与。诸如微项目化的"云说"、沉浸式体验的"云读"、博览会式的"云写"、精准化的"云练"等特色做法,促进"听、说、读、写、练"等学习行为深层次参与。

从创建到创新,以创造探究为导向,促进思维深层次参与。诸如原创寓言故事定格动画、镶嵌图形创造、水墨作品创作、党史展馆 3D 建模等混合式学习项目,建立新旧知识联系,活用技术,激发创造潜能,促进思维参与。

学校从 2020 年开始建设了混合式校本交互平台,老师们在教学实践中基于校本平台展开线上线下混合式教学,形成丰富的成果,提升并展示着教师的数字胜任力。

【案例 5 - 14】云端阅读新体验

依托学校混合式交互平台,陈老师为学生布置与能力相匹配的阅读任务、设计明确的阅读目标、提供及时的阅读反馈,云平台同样能使阅读收获不亚于线下阅读的沉浸式体验。平台书籍按不同分类呈现,既基于书本知识,又切合生活,将阅读的自主选择权交给学生。通过阅读课程、交流感想、分享成果,"云读"实现了阅读内容丰富化、阅读环境延展化、阅读时间自由化、阅读成果个性化。

陈老师在六年级开展的《鲁滨逊漂流记》"整本书阅读"教学实践,线上教学期间通过提供阅读小课程、图书馆板块课外延伸阅读等任务,给学生创设锻炼自主学习能力的契机,使学生形成自主学习的习惯。同时,通过"任务打卡""成果分享"和"评比展示"三部分让学生将原本枯燥的阅读转化为"旅行打卡晒图"式的身心体验,增强了学习兴趣和自主性,使其真正成为在书海畅游的学习达人。

(案例来源:陈潋雯)

结合市、区、校三级信息技术能力提升工程课程,将教师信息技术培训作为跨界学习的必修内容,积极推行"ADE(苹果杰出教育工作者)计划"。中心组教师每月定期开展 1—2 次技术专题培训,并辅以"实战练习"。学校一位教师因积极实践,因材施教,推进个性化学习,被评为上海地区仅有的 4 位"苹果杰出教育工作者"之一,获得赴澳大利亚参加全球教师培训的机会。在实践中编制了"无边界iPad 英语课堂实例讲座"课程成功申报了黄浦区教师培训区级共享课程。

2. 从"技术辅助"走向"技术融合"

教育数字化曾大多停留在把技术作为工具来促进教育与技术发展融合的发展阶段,仅是起到技术辅助的作用。面对这一现状,学校从跨界学习全过程中建立有效的突破点,关注技术与教学活动的全面渗透和深度融合,助力教师在教学中更新教学形态,实现了技术与内容的五维融合。"五维"即在教学内容的选择上,实现学科知识与生活世界的深度融合;在无边界学习理念的运用上,实现课堂教学时空的深度融合;在知识接入方式上,实现了教师、学生与教学媒体的深度融合;在课堂教学技术运用上,实现学生多元学习方式的深度融合;在教学评价过程中,实现传统数据和信息大数据的深度融合。课堂教学实践中的"五维融合",让教师的角色定位正在逐步被模糊化,从传统的教学主导者,逐步向与学生共同学习、共同探讨、共同解决问题的合作者转变。在整个交互过程中,教师不再是高高在上,不可逾越,而逐步衍生出了共融共享的新课堂形态。

同时,数字技术与跨界学习的融合也有效实现了教师的研、教师的教和教学互动的全面更新,实现了跨界学习教研方式、环境、内容、时空等的全面更新,在潜移默化中提升了教师的数字胜任力。

在"数字技术的融合"跨界学习主题活动中,教师经常与技术人员进行交流。在交流探讨过程中,技术人员会根据资源库更新情况,定期向教师推荐相关普适性软件和学科专业型软件,并组织培训和使用心得交流共享。

在跨界学习中,共同体的教师根据建立起的新的知识观、数字观,与专业领域人员跨界合作互动,对混合式交互环境下的课堂教学技术、过程、要素进行融合优化,经历初建、试点、完善三个迭代历程,老师们自主研发了混合式交互环境下课堂教学设计的校本通用模型和教学设计流程。

【案例 5 – 15】优化融合技术指向深度学习的课堂教学设计
——混合式交互环境下课堂教学设计的通用模型和流程

跨界学习中教师经历"通识＋专题＋个性"新技术跨界学习历程,中心组成员研发了混合式交互环境下教师进行学年、学期、单元、课时教学设计的通用模型,从技术、要素、过程三个维度,优化教学设计。

其一是技术维,强调用好工具,用好资源,用好技术,用好数据,教学与技术共生,从学习的本质依托混合式交互校本平台来优化设计教学;

其二是要素维,遵循教学设计的基本要素,从学科整体教学出发,以学习者为中心,设计学期教学、单元教学和课时教学,分析实施混合式互动教学开展的学情、目标、内容、过程和评价;

其三是过程维,整个教学设计过程包括:观念、任务、问题或项目学习时间的分配—学生需求、能力、认知的实证分析—核心素养具体化、学习目标转化与细化—教学内容情境化、结构化、条件化处理—情境、支架、任务的介入—表现性评价和学习反馈评价。

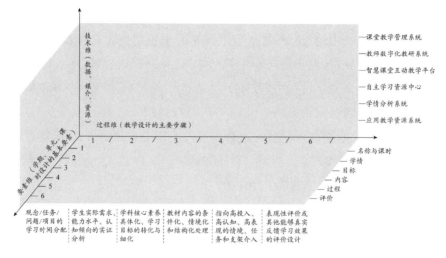

图1 混合式交互环境下课堂教学设计的通用模型

在通用模型基础上,教师能够设计更为规范的教学基本流程,以充分利用学校混合式学习平台的技术资源,优化教学设计,形成"教学设计链"和"技术资源链"双线并行的教学设计流程。

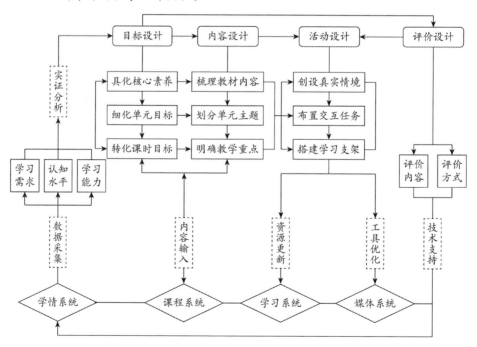

图2 混合式交互环境下课堂教学设计的基本流程

跨界学习让教师在更为开放平等的知识观的引领下,充分利用网络、设备、技术、媒体、资源开发的模型,重塑了一个开放、互动、多元、动态、共建、共享的教育生态系统,充分展现出教师的数字胜任力。

(二) 数据驱动与反馈思维

通过跨界学习,教师在教学中从"知识本位"转为"学生本位",从统一标准地检测知识到个性化地评价学生。如何基于数据、基于资源,更及时、更客观、更精准地对学生进行多元的、个性化的评价? 如何通过评价反馈进一步迭代升级教学内容? 从传授知识走向支撑学习和服务学习? 卢湾中学教师在跨界学习实践中给出系列答案。

多元主体评价:师生、生生和自我三个评价方式相结合;质性评价与量化评价相结合;线上评价和线下评价相结合等,从而实现评价多元。

多类数据分析:学生学习和教师教学的数据分析反馈的及时性、精准性显得尤为凸显。也有学习探究数据、互动交流数据、作业考试数据等,既有个体数据,又有整体数据。数据驱动精准教学,数据促进个性分析。

个性针对指导:开展分层答疑、分层教学、分层推送,信息技术的介入可以充分发挥其实时性强和互动性强的特点。教师通过个性化指导解决教学问题,促进对学生学习情况的了解,互动性强,并进行针对性反馈和过程性评价,从而实现学生个性的有效提升。

【案例 5 - 16】依托"移动听评课"在信息化教研中彰显数字胜任力

信息化教研的前提条件是产生可分析的数据,基于数据对教研作出精准指导。老师们在跨界学习中依托校本混合式平台教研系统"移动听评课"功能,充分围绕课堂"听与评",旨在解决教师在教学、教研、学习、培训等常态化工作中所面临的痛点和需求。通过常态使用,满足集体听评课、自由听评课、赛课活动的承载,逐步积累教师常态教学教研过程中的"小数据",反馈出教师教学教研能力的差异,通过课堂外显的细节,帮助教师不断发现改进、优化和提高教育教学的能力,有针对性地提供教师成长解决方案。通过长期使用,累积教师被评价数据,通过大量数据收集分析教师能力水平,快速定位教学问题。

【案例5-17】分层推送"专属作业"和"个性化错题集"

在跨界学习驱动下,学校众多备课组都已经在学校混合式交互校本平台学科校本资源库中存储有丰富的课程资料,建立了较为完善的习题库。教师根据班级学生课上课下的表现,设置了一些分层作业,为学生量身定制"专属习题"。学科教师在线上通过平台题库按需选择所需试题,进行组卷,并可以选择按个体发放、推送,学生会收到属于自己的"个别化作业"。而平台可以实时反馈学生的作业数据,为教学的多元性、个别化提供了便利。

利用平台,积累学生在本学科历次作业和练习中生成的真实数据。只要学生在课程平台答过作业或者练习,答错的题目都会收录到"错题集",平台自动进行整理,为每一位学生每一门学科定制生成"个性化错题集",学生可以定期导出自己的错题,进行自主复查和复习练习。学生若已掌握该题,可从错题集清除此题。教师也可以根据此阶段该生错题集的错题积累设计知识点,为其推送"个别化作业",进行归因分析、个别化巩固练习。

【案例5-18】项目化学习评价与诊断系统助力项目学习评价

在教师跨界学习和深度教学实践中,学校逐步建立"项目化学习评价与诊断系统",开展"素养e评价"。依托数字化平台加大"评伴全程",教师依据每个项目按步骤分解编制评价量表(包含素养和综合素养),全程记录学生参与项目的过程,并通过数据分析形成基于学科素养、能力素养的评价报告和"学生画像",实现项目学习的"教—学—评一致性"。

表1　卢湾中学项目化学习"素养e评价"量表编制

(以《老旧小区"上上下下"的幸福》项目设计量表为例)

量表内容						
科目	学科素养	学校培养方向	测评项	良好	合格	有待改进
项目主要学科:道德与法治	健全人格(理性平和、开放包容)	多元视角	平衡不同角色利益	能结合个人与集体利益关系,能清晰阐述如何平衡不同角色的利益行为	能初步寻找到个人与集体利益的平衡点,能简要阐述两者之间的利益冲突的解决方式	尚未能正确寻找到个人与集体利益的关联点和平衡点

（续表）

科目	学科素养	学校培养方向	测评项	良好	合格	有待改进
项目主要学科：道德与法治	责任意识（主人翁意识、担当精神）	问题意识	难点问题分析	对获取的数据结果进行科学分析，对加装电梯的难点问题进行重要性排序	有对数据材料的分析表述，能寻找到加装电梯的难点，但分析不够完整	无具体数据分析，未能找到难点问题
		问题解决	形成解决方案	能总结形成符合不同角色群体的可实施策略，并能够逻辑清晰地运用科学、合理的语言介绍解决方案	可实施策略只能符合部分群体的需求，能介绍初步解决方案，无科学性错误	无可具体实施的策略，或方案介绍不清晰，有常识性错误
		设计决策	方案整体优化	能根据获取的数据迭代和优化项目解决方案，使之具有实用性、创新性和可复制性	项目设计基本合理，无明显设计偏差	方案存在明显不合理、不科学的方面
	政治认同（价值取向）	多元视角	分析利弊因素，表达个人观点	能全面分析加装电梯的利弊，有正确的观点，并能够清晰表达	能分析利弊因素，但个人观点尚不够明确	利弊分析不客观，表达逻辑不清晰
其他涉及学科	数据观念	问题意识	项目数据收集整理，实践经验总结	有全面的问题调研分析和问卷数据，并能对数据进行合理的梳理与整合，能利用数据清晰总结不同地区/不同小区的成功经验	有不同角色的问卷数据，对数据能进行初步的整理，能在数据反馈的基础上，对部分地区加装电梯的成功经验进行总结，但尚不全面	无问卷分析数据或数据统计出现明显科学性错误，无归纳总结成功的项目经验

　　基于以上各阶段的评价量表，教师对其进行数据分析，根据跨学科项目中涉及的主要学科所对应的知识点和学科素养，运用平台生成学生评价数据，形成项目组（班级）数据和个人数据，生成学生数字画像。

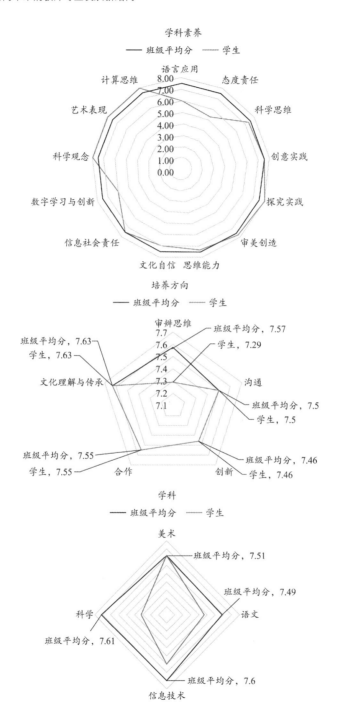

图1 "百年时空·立方展馆"项目组(班级)跨学科项目学科知识、素养及培养方向数据图

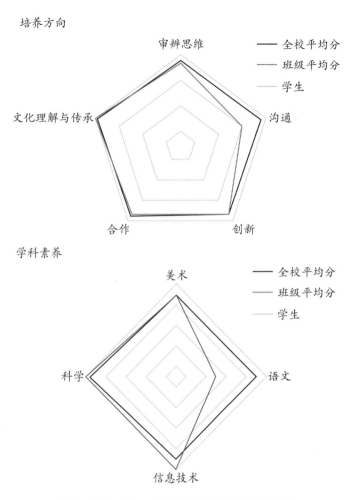

图2　"百年时空·立方展馆"项目学生个人数据

　　根据平台反馈的数据和学生个人的数字画像,教师能够分析学生对教学各环节的把握情况,以及各环节难易程度与学生能力水平的适应性,能帮助教师及时调整教学策略,更合理地对教学内容进行更新迭代,根据学生的最近发展区,适时调整教学内容的难易度。此外,通过学生个人的雷达数据图,能更明确地分析出学生的优势和薄弱之处,能够依此做到更为精准客观地因材施教。

　　在信息化背景下,数字应用成了教师在跨界学习中深度教学的助推器。跨界学习活动,让数字应用中所得出的更为直观、快捷、客观的数据,有效驱动教师进行课堂内容或项目内容的更新迭代，为教师更恰切地因材施教提供依据。

五、形成了自我导向的专业成长阶梯

指向自我研究与发展的心智模式是影响教师专业能力持续发展的关键深层次动因，这是一种处于开放状态，稳定的，具有持续发展生命力的认知模式。拥有此心智模式的教师，往往有崇高的职业信仰和价值追求，以及较强的自我效能感，其职业生涯发展不是固化和封闭的，而是在内在的动力下，持续发展与优化的。

跨界学习为教师自我发展与完善提供的有效通路，在新时代背景下助推教师实现成长的"蝶变"。从过程看，跨界学习是充满创新内涵和自我反思的专业学习活动，是重要的自我发展和完善的活动过程。这一学习过程的内涵就是教师个体的专业成长和持续的自我更新完善。从结果和成效看，跨界学习使教师视野开阔，思维活跃，对课程教学的理解更深刻，由此提升职业认同度、工作热情、敬业精神、专业成就感等。这些变化不仅显示出教师自我发展和完善的成效，也蕴含着教师自我发展完善能力的可持续的提升。

问卷调查数据显示，超过八成的教师学会利用已有资源，充分发挥主观能动性，构建自身的知识、技能和方法；能根据教学需要主动更新和学习所教学科的知识以及其他相关学科的知识；能有效地从伙伴处和组织里搜索、识别相关知识和技能，实现自身的成长；能将获取的知识技能应用于教学和学习过程中，实现有效转化；在遇到有困惑的问题时，乐于在跨界学习共同体中去寻求帮助。

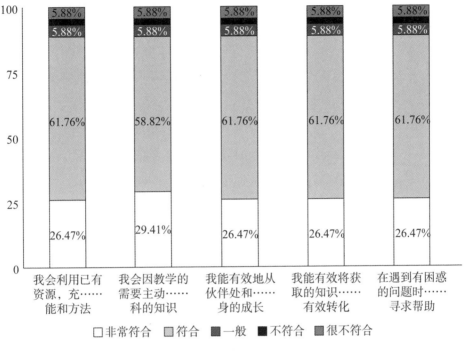

图 5-4　跨界学习提升教师自我发展的内驱力

（一）志趣引领，以达自我成长

1. 时代前沿与志趣引领

2018 年中共中央、国务院印发《关于全面深化新时代教师队伍建设改革的意见》，这是指引新时代教师队伍建设的行动指南和发展方向。2022 年 4 月，教育部发布《义务教育课程方案和课程标准（2022 年版）》。新课标中强调要进一步深化教学改革。教学上的改革，便会带来"强化专业支持"的要求，这为教师能力发展提供了新方向。

面对机遇与挑战并存的教育改革，卢湾中学教师积极参与跨越边界的学习交流活动，打开教育视野，重塑思维方式，更新知识结构，提升创新能力，旨在把"努力让每个孩子都能享有公平而有质量的教育"的理念落地生根。跨界学习不是一蹴而就的"时髦"，也不是无中生有的"新名词"，它是伴随着教育变革的发展趋势和互联网学习时代到来在卢湾中学应运而生的。

新时代教师在时代变革中发现自己的兴趣、禀赋、心之所向，并且认识学科专业领域的社会需求与发展大势，进而迈向变革浪潮。这是一种与个人志趣相辅相成的立志和定向。志趣不是简单地等同于兴趣，兴趣也许是一时，但志趣是在兴趣基础上坚定探索并持之以恒地向目标前进。在志趣的引领下，卢湾中学积极开展"无边界课程"的开发与建设，从而打开师生的跨界思考之门。无边界课程以"整个世界都是教室"为理念，变"教科书是学生的世界"为"世界是学生的教科书"，有利于学生从整体上把握客观世界的角度出发，适当地突破学科的边界，将具有内在逻辑或价值关联的分科内容整合在一起，引导学生借助于"树木"来认识整个"森林"。

这种"志趣"引领是契合时代发展的，也是面向未来的。早在 2013 年，卢湾中学教师发现单一学科在教学中的局限性，因此自发地在校内组织跨界学习，从教师开始逐步辐射到学生，进行无边界课程的开发。这种"志趣"是自主的，又是超越个人的。教师"志趣"肯定个人的价值选择，必须自觉自愿，发自内心地向往。只有自主的"志趣"才能为学习与长远发展带来勃勃生机。卢湾中学教师自主自愿地进行跨界学习，并逐渐成为共同愿景中的一部分。

2. 内驱力与自我成长

志趣能激发学习内驱力，让人以自我提高为目标，从内在意识上主动接受并探索新事物，并在探索之路上具有不怕困难、勇于解决困难的意志品质。同时要在志趣的基础上系统加强教师的能力建设，还要变革传统的教师学习组织架构，以破除知识边界为基准，打破上下纵横的"组织边界"，形成一个无学科壁垒、无学段屏障、无垂直领导的自由、开放、包容的新型组织体系。

教师基于自我志趣形成共同愿景后，不断深入开展跨界学习，依托学校发展规划制定、教育教学研讨会等契机，开展形式多样的"面向未来的教学新主张"教师论坛，形成了跨界学习中心组，由意识固化到制度，让教师在集体思想碰撞中激发自我建构的状态，生成专业成长的智慧，在群体激励和熏染中，完成超越和创生。诸如教师提出了课程观"整个世界都是教室"、无处不在的学习场，又如指向跨学科的"学科不只是单数""既见树木又见森林"等，指向课堂教学的"低结构激活高创意""让思维占领课堂"等……这些理念背后都与新课标倡导的真实情境、社会情境、深度学习、学科联结等特征等相一致。这些语句简单明了，通俗易懂易记，显示出在跨界学习影响下学校教师共建课程教学改革的愿景。

学校有组织地进行教师跨界学习,集结合力打破学习边界,基于边界学习资源,实现自内向外的学习,向外的学习最终成就了教师实现知识的向内转化,实现教师个体的专业发展,完成教师自身知识的重塑与整合。

【案例 5-19】跨界学习成为专业成长的助燃剂

如果不是真正将跨界学习落实到教学实践中,我可能无从得知所谓的"项目化学习""酷课·创学中心组""无边界思维坊"到底意味着什么。"一个学科的力量是单薄的,而多个学科的交叉和渗透往往能迸发出奇妙的创新思维",这是我在亲历跨界学习研修之后最真实的体会和感悟,同时也成为我专业素养和综合能力提升的重要途径。

在尚未站稳三尺讲台的第一年里,我有幸参加了北师大微项目中心组,依托于本校的项目化学习平台和"无边界思维坊",从入项到实施到学生的反馈与评价,我在不断的学习与尝试中,逐渐摸索出了区别于传统课堂的新型教学模式,也由此打开了我积极探索自主学习、合作学习、主体参与型课堂模式的大门,在学生的乐与学过程中,我也在各方面获得了一些进步,在见习期间我获得了黄浦区"萌芽杯"教学比赛一等奖、上海市"四有好老师"征文比赛三等奖,我录制的微课也获得了黄浦区二等奖,并被选送中央电教馆参评。一年多以来,虽有小成就,但不止于此,在今后的跨界学习研修中,我将继续秉持不断学习、不断进步的信念,努力提高自己的创新思维能力和实践探究能力,让跨界学习真正成为我专业成长的助燃剂。

(案例来源:刘静)

【案例 5-20】跨界学习助我更上层楼

我是参与学校"无边界课程"建设、实践和发展的"元老",从 2013 年到 2023 年,十年磨一剑,磨去的不仅仅是我的青春,更收获了对跨界学习深刻的理解和学习共同体给予我的帮助。

其一,跨界学习给予了我创新的勇气和底气。

创新是教育改革的不竭动力,没有创新意识和创新精神的教师一定会被未来淘汰,更不可能培养出具有创新思维和创新人格的学生。但很多人惧怕新环境,拒绝新事物,总是安逸于自己的"舒适圈"。2013 年无边界课程落地卢湾中学的时候正好是我工作的第十个年头，对于大多数老师来说，十年的教学积累已经完全可以轻松驾驭课堂，可以"躺平"吃老本了，也许教育创新只能在小小的花园里开一朵小小的花。但是我很幸运，成为被跨界学习养料滋养的原生种子。

卢湾中学的无边界课程正式亮相，我就是其中的一位参与教师，我记得当时是和物理老师一起上了一节"风从哪里来"跨学科课程，这是一节关于季风原理的地理课。这节跨学科课程的缘起是基于问题解决为导向的一种主题选择，七年级的学生还没有关于比热容的物理知识储备，因此很难理解海陆热力差异所导致的风向转变，这一直是季风知识点教学中的难点。之前的十年，我用过板书、用过板画、用过多媒体来演示和讲解，教学效果始终不如人意。但十年后"无边界思维坊"里的物理老师，用 DIS 装备了装满沙子和水的烧杯，现场模拟了大气受热的情况，让原本生涩难懂的知识点变得鲜活易懂，一目了然。这种思维的碰撞是让人惊喜和惊异的，物理老师的介入，打开了我原本固化的地理教学思维，跨学科的设计实施让课堂变得灵活而富有创意，创新和重构的种子在我的地理课堂里开了一朵大大的花，也为我后续尝试开展项目化学习积累了宝贵的经验，让我逐步从传统教授型教师向构建引领型教师在转变，让我更关注整合问题的探索、创造性问题的解决和学生高阶思维的培养。其实，在跨界学习共同体里，你的困惑和问题始终会得到来自不同学科同伴的智力支持，在这里，思维的火花会吸引着你不断寻求突破，不断开拓创新，新理论、新观点与新方法成为教育创新的生长点，成为培育教师突围创新的思考力的摇篮，当你在打开新思路的同时，会感觉你不是一个人在战斗，你的背后有一群人在支撑着你，让你拥有乘风破浪直面教育改革的勇气和底气。

其二，跨界学习给予了我日益强大的深度学习的领导力素养，这也得益于我作为学校课程研发的负责人的工作。最初的教师跨界研修课程，主要基于跨学科课程的研发与实践，但当实际运作愈加成熟之后，我发现不同教师群体对于跨界学习的需求是不同的，如何设置教师的研修课程以满足教师的异质发展需求，同时回应学校关于教师素养提升的五大核心能力，是摆在我面前的一大难题。既要让课程有趣，又要让课程有新意，课程的实施要能够引发教师的深度学习和迭代思考。深入的调研和访谈，对于现有资源和工具的整合与运用，多样的课程体验都是需要综合考量的因素，于是跨界学习素养课程、跨界思维训练课程和跨界实践能力课程三大类课程的形态逐步清晰,在这一过程中,引领教师开展深度教研的领导活动和专业能力得到了持续的发展。今年以"未来新能"为主题的跨界研修就受到了广大教师的喜爱,新能知识的科普讲座为老师拓宽了知识半径,自动驾驶 PK 手动驾驶的乐高小车实践课程,让老师亲身体验了程序代入生产实际所带来的巨大变革,特斯拉超级工厂博物馆的场馆参观课程更是让老师能够近距离接触新能源、低碳排放等高端科技,开阔了视野,现场引发了多位教师对于人类未来环境、能源问题的共鸣。

跨界学习之于我,是教改之路上的源头活水,让我始终保有一颗年轻、求知、敢于创先、勇于改革的心,它是支持和陪伴我不断前行的良师益友,更是提升教师能力素养的重要途径。

(案例来源:吴丹)

(二) 问题导向,以达自我实现

跨界学习是教师共同解决真实问题的过程。问题发现、问题分析、问题解决⋯⋯教师要面对许多综合性的,具有新颖性、复杂性和挑战性的问题。教师在此过程中不断学会合作解决问题,在此过程中批判性地进行思考。在不断重复的问题发现—解决过程中,教师素养得到了提高。

1. 问题导向与课程开发

教育变革是为了解决"教育要培养什么样的人"这一根本问题。2016 年,以林崇德教授为代表的专家团队关于中国学生核心素养的研究成果正式公布,2022 年中华人民共和国教育部颁布了新的《义务教育课程方案和课程标准(2022 年版)》,具体明确了学生所应具备的核心素养。在以核心素养为目标的培养环境中,传统的教育教学方法已不能匹配时代发展要求,不能满足学生的成长需求。

面对这样的问题,卢湾中学将跨界学习与课程开发相结合,在传统教学中寻找素养培养之路的同时,也为教师的专业成长带来了机遇。一方面,教师课程能力的提升必须要在实践中实现,让教师参与课程建设,能够促使教师在过程中不断进行自我反思,增强专业成长的自觉性;另一方面,课程开发与跨界学习相结合,在跨界学习过程中完成课程开发的任务,形成学习与任务相结合的一种模式,可提升教师在新情境中的应用能力。

学校将跨界学习和课程开发相整合,开展了无边界课程的实践,初步实现了五个维度的突破:一是突破学科边界,消解学科各部分内容之间、不同学科之间、学科知识内容与现实世界之间的边界的束缚;二是突破时空边界,在互联网技术的支持下,将学习内容扩展到无限的时空;三是突破学段边界,通过将各学段学习内容、学习方法进行融通,帮助学生实现无边界的高效学习;四是突破围墙边界,打通校内校外的学习空间和资源,重构学习场域,开拓学习视野;五是突破家校边界,形成并充分发挥学校、家庭和社区等的教育合力,全面整合多方教育资源,为学生的成长提供全方位的支持。由此,我们认为学校以跨界学习为基点,营造教师创新、学生创新、校园文化创新的氛围,促进了学校无边界课程的开发,同时在课程开发中也促进了教师跨界学习的开展,促成了跨界学习在新的情境中的应用。

【案例 5-21】跨界学习
——孵化学科核心问题,实现知识转化

跨界学习,是不同学科的老师聚集在一起,以解决真实问题为核心,诸如解决单学科系统学习之外的跨学科教学的研发和实施。在这样的异质性的学习共同体中,大家聚在一起分享、探讨、思辨,碰撞出创意的火花。

作为学校跨界教师,我们开发了一些非常有意思的音乐跨学科课:比如音乐与美术、文学、舞蹈联系的"音画诗舞 情韵江南"就是通过四门艺术科目的融合学习,协同培养学生用多元化的视角欣赏、表现、创造江南荷塘之美。研发之初跨界教师们就"如何表现江南荷塘之美"展开讨论,我提出有一首根据乐府诗《江南》谱曲的歌曲,认为其中的装饰音很能表现"鱼戏莲叶间"的灵动,学生可以学唱;语文老师说这首《江南》里重章叠唱的韵律很有表现力,学生可以朗诵;舞蹈老师提出可以学习中国古典舞的"采莲""鱼戏"几个动作;美术老师则认为美术的线条能够表现荷叶婀娜多姿之美。那么我们四位教师就有可能合作研发一节跨学科课,我们的问题又进一步聚焦为"如何整合四门学科表现江南荷塘之美"。我们通过各自查阅资料、分享探讨、沟通合作,最后决定采用央视"经典咏流传"节目的一个表现形式,即学生通过学习积累各科目基础和学习经验,分小组创作集诗、歌、舞、绘为一体的综合表演。四位老师在本课核心问题的驱动下先分工再合作促成了这节跨学科课,解决了多学科互跨的难题。

跨界学习让我们在研修中寻找和深度挖掘出值得探究的核心问题,激发了教师的深度学习动机,并不断丰富专业知识,在思维坊里共同聚焦跨学科的关键问题和核心任务,并彼此形成的新的知识和思想,研发出新的跨学科课程,实现知识转化。

（案例来源：杨海蓉）

2. 教学改进与自我效能感

跨界学习属于一种行动学习。行动学习的基本特征是为改进自己的教学而学习,在自己的教学过程中学习,学习伴随于教学过程之中。教师根据自身情况,在跨界学习中,充分发挥专业知识、兴趣优势和思维活力,吸收新的知识,学习教学经验,提高创新阈值,尝试自主或与他人合作形成研究项目,实现合作协同。通过跨界的研究,进一步理解教学目标如何设置,教学计划是否创新,教学实施能否落实,教学评价是否指向素养发展等,从而不断优化自身的课堂教学,进而形成迁移应用的能力。

通过跨界学习所达成的创新性教学改进能在很大程度上提升教师的自我效能感。自我效能感会影响教师工作的开展与面对问题的坚持性,更会影响教师对他人及情境的思考与情绪的反应,并因此直接影响学生的发展和教育的有效性。

马斯洛需求层次理论指出,人最高的需求是自我实现的需求。教师在自我实现中会达成高度的自我效能感,自我效能感越高,教师对自己所从事职业和所进行的创新的认同、情感依赖与投入也越高,往往能够进一步激励教师去取得更加满意的工作效果和成绩。

【案例 5－22】跨界学习中的螺旋上升

进入跨学科中心组后我和其他学科教师进行交流讨论,我清楚地认识到学科虽然有区分,但是学生碰到的实际问题往往不是割裂的,而是一个综合的整体。于是我们将这些问题搜集起来放到一起进行讨论,通过学科整合的方式,尝试开展跨学科教学。而由学生所提出的一个又一个真实问题,就是跨学科研讨的核心。通过对学生所提出的问题的分析,以及与不同学科教师的交流合作,我学会了通过学科间合作进一步创新教学方式,实现教学上的突破和改进。

通过不断的合作与反思,不断的创新与改革,随着一门门跨学科课程的推进,我惊喜地发现,自身的教学视野和教学能力获得了长足的进步。由教学倒逼学习,由学习促进教学。教学能力在不断的发现问题—思考创新—解决问题的过程中螺旋上升。最终,也帮助我在上海市中青年教学技能竞赛中获得了一等奖的好成绩。

(案例来源:陈昌杰)

【案例 5 - 23】"自我实现"缺"跨界"不可

进入学校后,我就加入了我校最早的教师跨界学习组织"无边界思维坊",开启了我的专业教师成长之路,一路上经过又承蒙"酷课·创学中心组"的熏陶,一路学习,一路思考,一路自我实现。

在我校的跨界学习组织内,我第一次看到学科边界是可以突破的,学段的边界是可以融通的,学习的边界是可以向校外延展的。在跨界学习组织内,我们边教研边创新课程,在创新中探索、思考、改进。入职一年的时候,迎来了区新教师"萌芽杯"教学比赛的挑战,跨界的磨炼助我获得区一等奖,收获了第一次自我实现。

也是"跨界"教会了我要发挥自身的专业特长和兴趣优势,发掘并学习其他教师的特长与优势,在协作共赢中成长。在诸多碰撞与磨合中,我面对教学问题更具坚持性了,也就是说,我的自我效能感提升了。也正因此,我前后两次在黄浦区教学评比中获奖,一次是拓展课一等奖,一次是语文教学一等奖,收获了第二次、第三次自我实现。

经过持续不断的跨界熏陶,我形成了不断探索课堂生活的边界、不断重塑课堂生活拼图的习惯,习惯于跳出学科边界,立足于更宽广的视域审视我的语文教学。我在第四届上海基础教育青年教师教学竞赛中获优胜奖,这是我收获的第四次自我实现。

勇于尝试,不断积累,已经成为作为跨界学习组织一员的我的工作惯性,在"跨界"的帮助下,我坚信将来的我还会收获很多个"实现"。

(案例来源:吴骏)

（三）价值认同，以达自我超越

1. 社会性与个体性的价值统一

跨界学习的效用不仅在于自我实现和短期的问题解决，将其放在教育系统乃至整个社会系统角度去分析时，它对社会的作用也显而易见。这种社会性和个体性的价值统一，能够在教学实践中催生出新的生成与超越，催生出教师自我导向的学习力。自我导向的教师学习能力的升华与归宿就在于教师的自我实现，以及进一步的自我超越。

"社会变迁催生教育变革，教育变革要求教师变化，教师变化成为推动教育变革甚至是社会进步的关键。""自我导向"中的"我"在本质上便是社会的产物，其发展注定要对社会产生或大或小的影响。教师学习能力是促进教师学习的良方，是导致教师变化的关键，二者的结合最终也会指向社会价值的实现。知识经济的到来，终身学习观念盛行，在这种社会大背景之下，教师跨界学习成为社会变革的必然。现代教育理念会渗透到教师工作场之中，教师通过自学或加入共同体学习，充分发挥学习能力，并通过积极开展研究、对话活动，促进自我觉醒，推动更高层面的教育变革，进而从下到上适应社会变化。①

2. 向研究型教师的层级进化

美国著名教育家玛克辛·格林认为："使我们保持原状的惯性，是阻碍我们成长的因素。"跨界学习有助于教师突破固有认知局限，进入更加广阔的知识版图，克服思维定势的消极影响，向新领域研究探索，有助于教师在自我导向学习中实现层级进化，向研究型教师转变。

从新手教师到优秀教师，教师学习能力会产生升华的作用，而从优秀教师到研究型教师，则是教师学习能力带动教师自我升华的过程。在跨界学习中，我们探索改变组织的学习形态和格局，重构教师的学习时空，让教师成为"超级学习者"，让教师成长为研究型教师，在提升教师学习力的同时促进其专业更好地发展。

---

① 刘万海，靳荫雷.自我导向的教师学习能力发展：要义、困境及破解对策[J].教育导刊,2020(13).

【案例5-24】"跨界学习"实现自我超越

跨界学习为教师能力提升提供了丰富、多元的支持,这些力量聚集起来就会呈现1+1>2的效果,这些跨界能力的融合和加成助力教师实现自我提升、自我成长甚至是自我超越。

在知识能力方面,学校提供专家引领、提倡互动研讨、组织走出去的跨界学习。专家与时俱进、高屋建瓴的专业引领夯实了我的跨界知识基础;和同事的互动研讨弥补了我对其他学科知识知之甚少的不足;走出去看世界、看跨界等一系列活动开阔了我的跨界视野。可以说我的跨界素养在这样多维度的学习中得到明显提升。

在教育创新方面,学校对教师跨界素养的培育一向走在前沿,学校成立"无边界思维坊"以来,许多教师在"思维坊"中备课、研讨、开拓,开发了许多成功的跨界课例,我本人就是一个成功的代表,我和"思维坊"里其他学科的教师共同研发了一系列艺术跨学科项目,如跨音乐与数学的"多姿的线条"、跨音乐与语文、美术、舞蹈等的"情韵江南"、跨音乐与历史的"历史的温度"等,这些跨学科课程受到了学生的喜爱,不仅使学生整体感知了艺术之美,并引领学生用各种不同的学科思维来整体认识和解决生活中的问题,也体现了学科协同育人的功能。其中跨音乐与数学的无边界课"当格里格遇见笛卡尔"多次向来自全国各地的教育同仁展示,获得了领导和专家的高度评价,体现了我在跨学科教学上的大范围辐射和引领示范作用。

在教学研究方面,我已经发表了多篇跨学科主题的论文。同时,跨界学习促使我不断反思,不断改进,将实践总结为教学成果。倡导发现式教学,用兴趣激发学生的求知欲望,用科学和符合逻辑的思路引导学生一步步探求知识、掌握知识、提升学力,也是我长期在一线音乐教学中的实践。我将自己多年来的实践结合教育科研,提炼为经验,个人出版专著《"发现学习"在上海市音乐课的实践研究》。这本书秉承教育家布鲁纳的发现学习思想,依托现行音乐教材内容,结合我们本土的音乐教育实际阐述了如何在上海的音乐课堂实施"发现学习"。著书期间,我在连续的40℃高温下,在几个图书馆来回奔波,查阅资料,有时为了研究报告中某一句话是否贴切,专门跑上海图书馆,借阅馆藏资料。撰写通常要持续到凌晨两三点,然而这种疲劳却没有让我感到苦和累,因为执着于教育研究是我喜欢的事情。

多年的跨界学习经历，让我实现了自我成长、自我提升和自我超越。去年我凭借音乐跨学科教学特色和个人专著的研究成果，被评为区级音乐学科带头人，后又获评正高级职称，可以说真正实现了基层教师的自我超越！

（案例来源：杨海蓉）

对于持续成长的学校而言，真正的障碍并不是技术变化或者环境变化，而是组织和文化跟不上变化。打造学校生态文化中最为核心的就是教师发展状态，唯有激活教师，打破教师传统的自我封闭，唤醒教师的自我认同，开展有意义的同伴互动，实现专业自治自主，方能变革课程形态，积淀学校文化。而卢湾中学将教师专业发展纳入学校生态文化管理系统之中，教师跨界学习就是通过变革组织，打造学校生态文化，从而促进教师成长。

教师跨界学习的内涵与要素，路径与机制，环节与操作，充分展现了教师跨界学习共同体实现了去行政化管理，体现了价值提升、重心下移、结构开放、过程互动、动力内化、主体互依；一场场的教师跨界学习，关注教师的智力流动、体力流动、物质循环和信息传递，兼顾成事与成人，将团队建设和个体发展相融合，将教师"全域素养"的发展与学校生态文化共息、共生和共荣。

利用跨界学习提供的信息优势，培养教师的迁移学习能力，使教师能将各领域的知识线索与教育教学产生应用联结，帮助教师既在专业学科领域深入探究，成为专家，解决复杂问题，同时又在其他相关领域博采众长，成为全才，实现跨界思考。促使教师群体在横向上具备比较广泛的一般性知识修养，在纵向的专业知识上具有较深的理解能力和独到见解，较强的创新能力，从而为学生提供更新颖、更专业、更全面的教学服务。

历经十年的教师跨界学习探索，让我校的教师专业发展和五大核心能力提升也走出了独具特色的路径，表现在以下两种发展方式：

第一，阶梯式的层升发展。在实践中，学校逐步形成了"价值认同—组织合作—奠基更新—转化赋能—固化优化"的"阶梯式"发展路径，最大程度地激发教师的学习热情和实践兴趣，充分利用已有的资源，不断开拓创新性平台，形成一套系统完整的"阶梯式"路径，实现教师能力建设的层级渐升发展。通过学校跨界学习中阶梯式培训路径和层进式研修课程，老师们对跨学科教学这一新颖的教学形式，正从茫然忐忑转为主动悦纳，逐步呈现了"学科性"向"综合性"的融合，"知识性"向"思维性"的进阶，"内容性"向"方法性"的超越，不断发展着"全域素养"的五大核心能力。

第二，回环式的恒常发展。在进阶探索中，保持教师能力建设体系的恒常发展是一个重要的命题。学校依托跨界学习强有力的固化和优化机制、灵活创新的研修模式，让教师不断在"学习—实践—评价—优化—再学习—再实践"中形成一个回环往复又螺旋上升的发展模式，让教师在跨学科教学中保持长久的实践耐力和学习动力。最终有效地激活了教师发展状态和教师潜力动能，让教师更具有与时俱进的知识力、突围创新的思考力、深度学习的领导力、数字运用的胜任力、自我导向的学习力，让教师专业发展之路渐行渐宽。

袁振国在《走向 2030 年的教育》一文中提出，当我们在谈论未来的时候，未来已来；当我们讨论将至的可能性时，将至已至。面对席卷而来的未来浪潮，我们必须以变革的姿态迎接教育的明天。

教师是教育的第一资源，是建设高质量教育体系、实施高质量教育的根本力量。培养和造就高素质、专业化的创新型教师，需要改变学习方式，打开教育视野，重塑思维方式，更新知识结构，提升创新能力。如何培养面向未来的教育者？以跨界学习提升教师专业素养，培养教师与时俱进的知识力、突围创新的思考力、深度学习的领导力、数字运用的胜任力、自我导向的学习力，是卢湾中学基于多年来对教师跨界学习的实践和研究，探索出的培养面向未来教育者的新路向。卢湾中学会继续在跨界学习领域深耕，激发教师的学习力和创造力，通过跨界思维碰撞，引发教师教学创新，实现教师在专业发展上的"二次突破"，以"全人"育"完整人"，切实培育学生的核心素养，面向未来培养创新人才。

后　　记

"跨界学习"道路虽远，"教师发展"行则必至

　　创办于 1953 年的上海市卢湾中学，至今走过 70 年的风雨历程。七秩卢湾，始终与教育改革走向一脉相承，矢志创新，立德树人。2013 年至今，学校在"无边界"理念引领下，积极推进课程与教学改革，淬炼学校"无边界课程"特色，以教师跨界学习打造高质量教师队伍，深入推进学校内涵发展。学校在全国和上海课程改革中担当先行试验与实践重任，"跨学科教学""项目化学习""教师跨界学习"实践经验与成果显著，形成了可复制、可推广的学校样本。卢湾中学的这十年改革之路也已深深刻在我的生命里，我与它共同成长。

　　本书为全国教育科学"十三五"规划 2018 年度教育部重点课题"以跨界学习提升教师专业素养的行动研究"的研究成果。在全国课题立项初期，恰逢学校承担的上海市教育科学研究项目"推进教师跨界学习的实践研究"结题，在前任校长何莉的带领下完成阶段成果《跨界学习：教师专业发展的新境界》一书，并于 2019 年 6 月出版。本书《跨界学习：面向未来的教师专业发展新路向》为《跨界学习：教师专业发展的新境界》的姊妹篇，承上启下，传承发展，走出新路，全面凝练了学校推进教师跨界学习，促进教师专业素养提升的研究成果，呈现了跨界学习理论与实践不断精进的过程，也诉说着学校在着力培养面向新时代的未来教师探索中"识变—思变—创变—应变"的心路历程。

　　识变，新时代@学校践行"未来教育观"。一所优质的学校要坚持把学校的发展放到更大的空间去审视学校的价值何在、教育的价值何在，要始终能站在未来的制高点深刻洞察到时代何变，教育何变，教师何变。新时代呼唤教育要拥抱变化，面向未来；要突破定势，打开边界；要整体育人，系统实施。全球化主

导下,跨越边界的工作日益剧增。"跨界"在时间、空间、社会、文化等脉络交织下,呈现出复杂样态,迸发出创意价值。这十年,卢湾中学着眼于未来,着眼于学生,着眼于教师,主动识别改革的趋势,以"跨界"努力践行"未来教育观"。

思变,面向未来教育的教师"全域素养"。教师专业成长具有丰富的内涵,而在我眼里,教师专业成长的核心是教师主体性发展。教师的成长道路上,必须主动调整,主动适应,勇敢地走出舒适圈,去面对自己可能不擅长的情境,从而促进其向外学习,向内转化,从吸收到转化的过程让专业成长,知识创生,学科创新,育创新人。卢湾中学构建了面向未来的教师"全域素养"结构和核心能力,从教育者的基本知识、核心素养、自我态度三个层面设计了"与时俱进的知识力、突围创新思考力、深度学习的领导力、数字运用的胜任力、自我导向的学习力"五大核心能力,并力图以跨界学习和教学创造为路径激活教师状态,推动教师自我成长。

创变,跨界学习撬动教师专业成长的"支撑点"。"水本无华,相荡而生涟漪;石本无火,互击而闪灵光。"学校坚持推进跨界学习撬动教师成长支点,在"跨越边界"中实现能量迸发,催生教师具有新思想、新知识、新能力、新品质。我们的跨界学习是以解决"真实"问题为核心,以打破认知、空间、情感边界为组织,开展"去中心化"异质群体的教师学习。依据教师"全域素养"能力模型,构建教师跨界学习"三大系列"培训课程和"6+N"领域模块。教师跨界学习包含愿景、组织、内容和工具资源四大要素,以识别边界、协商破界、生态融界、数字跃界为四大机制,以自上而下的正向推演与自下而上的逆向推演为双向路径,一般具有"主题选择—目标确定—设计活动—实施评价—调整优化"五大操作环节。并建立教师跨界学习的评估机制、支持机制和激励机制,形成可持续成长的内驱动力系统。跨界学习创新了教师学习活动,打通了教师成长的"能力系统"与"实践系统"。

应变,跨界学习增强教师专业成长的"创新点"。"路虽远,行则将至;事虽难,做则必成。"多年的教师跨界学习,逐步改变了学校教师知识结构单一,认知思维线性,教学方法固化的现状,以及自我发展被动,学科创造缺乏等问题,让曾经分割的学科差异从一种传统的、固化的文化屏障转换为一种教师学科创新发展的新路径。因为跨界学习,教师在学科教学活动中通过整合多学科的知识深化了多元智能教学活动,在深度融合的过程中寻找到学科教学中的增长点和创新点,更让新课标提出的学生核心素养发展有章可循。因为跨界学习,促使教师形成融合的视角、整合的思维、复合的行为、聚合的效应,进而优化了教师的课程理解、课程执行和课程创造。本书中的大量案例也展示了我校教师进行跨界学习的过程、收获和辐射,呈现出教师提升"全域素养"的"回环式"动态循环和"恒常式"发展态势,展现了学校跨界学习实践的创新发展。

卢湾中学的"无边界课程"和教师跨界学习一路走来,得到了许多领导、专家和教育同仁的支持和指导,在此一并表示感谢!很多同道中人也与我们一起致力探索新时代背景下教师专业成长之路。在进行全国教育部课题研究期间,我校吴丹、闫锋、陈溦雯、陈丹、周燕、李文雅、王春燕、李佼、吴骏、杨海蓉等老师作为课题组成员参与本课题的研究与推进,并共同完成课题成果的梳理汇总与案例提供。本书的出版也是学校跨界学习共同体全体成员的智慧和汗水的结晶,他们是最智慧的实践者、最勇敢的探索者、最潜心的研究者,是跨界学习的推动者。

感谢黄浦区教育学院科研室陈玉华主任、呼琼霞老师、陈一馨老师在本书写作过程中从目录的梳理、结构的调整,到文稿的修订,不遗余力,多次指导!感谢复旦大学徐冬青副教授,上海市教师教育学院韩艳梅博士、宁彦锋博士,华东师范大学教育学部熊万曦博士等专家在课题研究进程中的关注和指导,尤其是对课题成果给予了专业的建议!感谢上海教育出版社隋淑光编辑为本书倾注了大量的心力!更感谢我的前任何莉校长带领我们开启跨界学习之门。

"思多久,方为远见;行多远,方为执著。"教师成长是一个锲而不舍的过程,是一个负重前行的修炼过程。卢湾中学的教师跨界学习,从无到有,从有到特,找到了一定的理论依据,找到了实践的方向,找到了教师生长的抓手,让教师们在自己"应为"方向上转变,在自己"可为"实践中作为,进而在自己专业发展上"大有可为"。

一所校,一群人,一个梦,这是"跨界学习"赋予卢湾教育人的愿景与行动。教师跨界学习,面向未来,只有起点,没有终点,还有很多等着我们去实践、去挖掘,教师成长之路步履不停。新时代,愿学校"跨界学习"文化场的引力、场的辐射、场的影响成就卢湾中学发展新样态,以卢湾教师的"全域素养"胜任"培育面向未来完整的人"的教育使命!

张　怡

2023 年 7 月于卢湾中学

图书在版编目（CIP）数据

跨界学习：面向未来的教师专业发展新路向 / 张怡
著. — 上海：上海教育出版社，2023.10
ISBN 978-7-5720-2182-4

Ⅰ.①跨… Ⅱ.①张… Ⅲ.①师资培养－研究 Ⅳ.
①G451.2

中国国家版本馆CIP数据核字(2023)第152875号

责任编辑　隋淑光
封面设计　蒋　妤

跨界学习：面向未来的教师专业发展新路向
张　怡　著

出版发行	上海教育出版社有限公司
官　　网	www.seph.com.cn
地　　址	上海市闵行区号景路159弄C座
邮　　编	201101
印　　刷	上海商务联西印刷有限公司
开　　本	700×1000　1/16　印张 15.75　插页 1
字　　数	257 千字
版　　次	2023年10月第1版
印　　次	2023年10月第1次印刷
书　　号	ISBN 978-7-5720-2182-4/G·1947
定　　价	68.00 元

如发现质量问题，读者可向本社调换　电话：021-64373213